Gunnar Strunz

# Uckermark

## Zwischen Schorfheide und Nationalpark Unteres Odertal

52 ausgewählte Touren

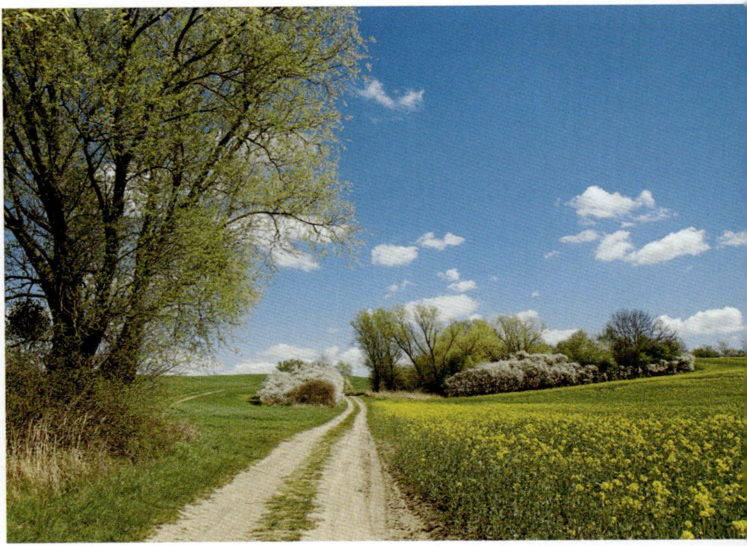

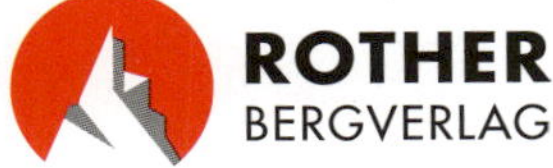

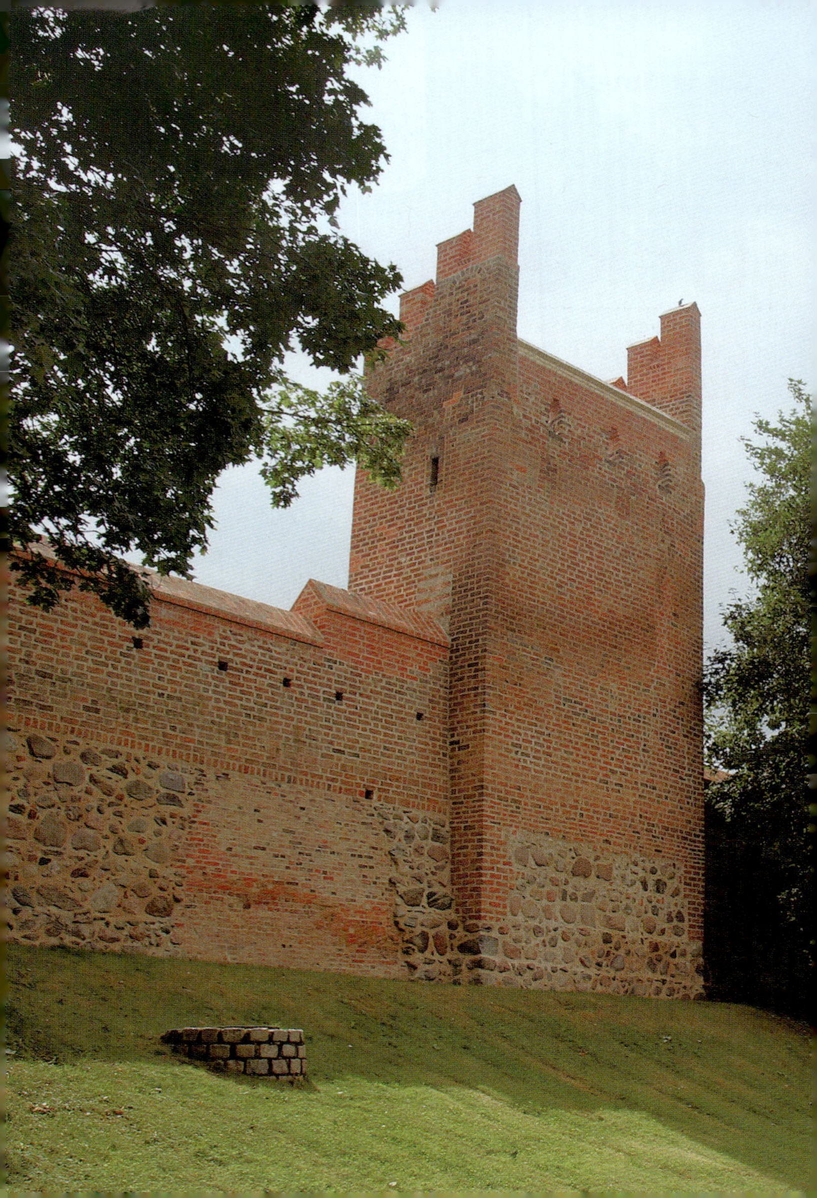

# VORWORT

Trotz ihrer Nähe zur Bundeshauptstadt Berlin zählt die Uckermark zu den weniger bekannten Regionen Deutschlands. Die Gründe dafür sind schwer erkennbar. Sie ist reich an wunderbaren weiten Landschaften, zauberhaften Waldgebieten, still verträumten Seen, idyllischen Niederungen und weitgespannten wiesen- und ackerbekrönten Ebenen. Wegen der geringen Bevölkerungsdichte ist die Natur der Uckermark großenteils unberührt; es konnte eine besonders reiche Fauna entstehen. Im Osten reicht die Uckermark bis zur deutsch-polnischen Grenze an die Oder heran und ist damit dem Nationalpark Unteres Odertal direkt benachbart. Somit bietet sich das Land für Wanderungen, Radfahrten, Naturbeobachtungen, aber auch kulturhistorische Begegnungen bestens an. Die Uckermark ist altes Grenzland. Um ihren Besitz stritten im Mittelalter die brandenburgischen und die pommerschen Fürsten. Viele mit Mauern, Türmen und Toren bewehrte Städtchen der Uckermark künden von der Geschichte des Landes. Einige Orte haben aber ihr historisches Gesicht verloren. Die Uckermark war 1945 bei Einmarsch der Roten Armee Ort schwerster Kämpfe. Doch trotz allen landschaftlichen Zaubers scheint die Uckermark ein ungeliebtes Stiefgeschwister der anderen märkischen Landschaften zu sein. Und auch Fontane widmete ihr vor knapp 150 Jahren in seinen »Wanderungen« keine Aufmerksamkeit. Die Lande nordöstlich von Berlin, zwischen Schorfheide und Odertal, sind keineswegs eine »dürre Heide«, wie man – gemessen an der Popularität der Uckermark als Reiseziel – gemeinhin anzunehmen versucht ist. Der heutige Kreis Uckermark (übrigens mit über 3000 km² Fläche bis 2011 der größte Deutschlands) deckt sich im Wesentlichen mit der alten kulturhistorischen Region, wenngleich diese bezüglich ihrer Grenzen nie ganz exakt definiert war. Der vorliegende Wanderführer möchte der Uckermark Gerechtigkeit zollen und sie als eine einzigartige und sehr besuchenswerte Region darstellen. Die 52 ausgewählten Touren decken das gesamte Gebiet der Uckermark sowie den Nationalpark Unteres Odertal ab. Des Weiteren beinhalten sie sechs Wanderungen auf angrenzendem polnischen Gebiet, die eine interessante Ergänzung in naturkundlicher, kultureller wie historischer Sicht darstellen. Der bleibende Eindruck von der Uckermark ist der einer stillen, verträumten, friedvollen, weltfernen, ja in manchen Ecken sogar verwunschenen Landschaft, deren zahlreiche junge und alte Kirchenruinen und Wüstungen von einer bewegten Geschichte zeugen. Und innerhalb dieser Landschaft machen dem Wanderer oft nur die allzu vielen Windräder bewusst, dass er sich in der Jetztzeit und nicht in längst entschwundenen Epochen befindet.

Frühjahr 2021 — Gunnar Strunz

*Stadtmauer in Prenzlau (Tour 24).*

# INHALTSVERZEICHNIS

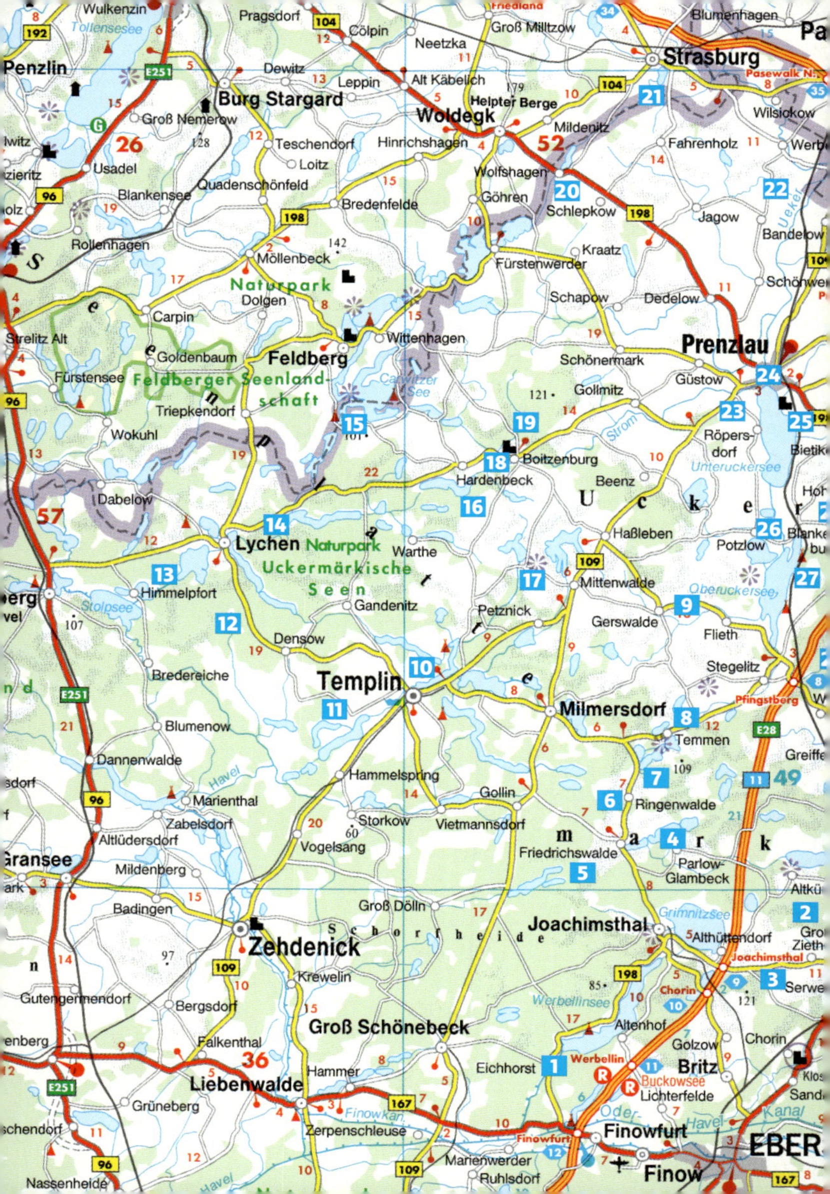

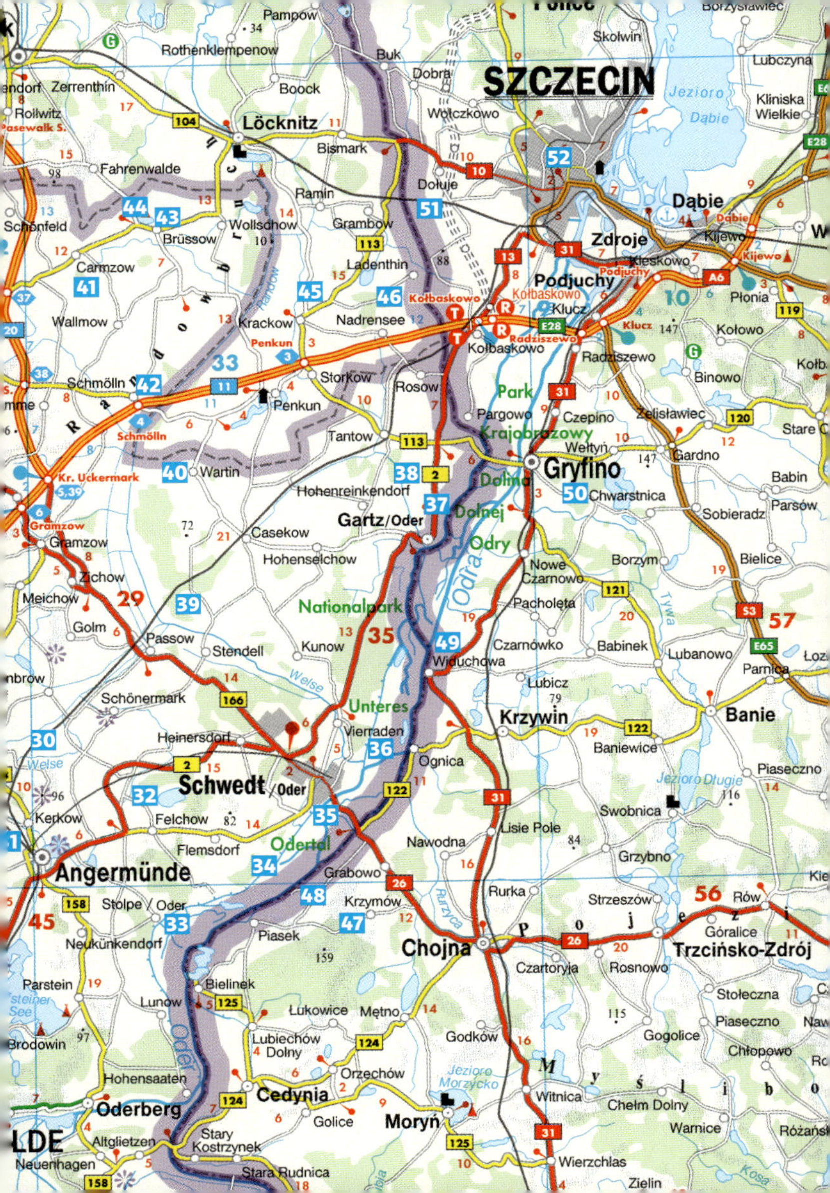

SZCZECIN
Pampow
Rothenklempenow
Buk
Dobra
Skolwin
Borzysławiec
Lubczyna
Jezioro Dąbie
Kliniska Wielkie
Zerrenthin
Rollwitz
Pasewalk S.
Boock
Löcknitz
Bismark
Wołczkowo
Fahrenwalde
Ramin
Dołuje
Dąbie
Schönfeld
Wollschow
Grambow
Zdroje
Kijewo
Brüssow
Carmzow
Ladenthin
Kleskowo
Podjuchy
Płonia
Kołbaskowo
Klucz
Wallmow
Krackow
Nadrensee
Radziszewo
Kołowo
Penkun
Storkow
Binowo
Schmölln
Rosow
Park Krajobrazowy
Pargowo
Czepino
Żelisławiec
Stare Czarnowo
Tantow
Wełtyń
Gardno
Gryfino
Randowbruch
Wartin
Kr. Uckermark
Babin
Hohenreinkendorf
Dolina Dolnej Odry
Chwarstnica
Parsów
Gartz/Oder
Sobieradz
Gramzow
Casekow
Hohenselchow
Nowe Czarnowo
Borzym
Bielice
Zichow
Meichow
Nationalpark
Pacholęta
Golm
Passow
Stendell
Kunow
Czarnówko
Babinek
Lubanowo
Widuchowa
Parnica
Lubicz
Schönermark
Unteres
Vierraden
Krzywin
Banie
Heinersdorf
Baniewice
Ognica
Piaseczno
Jezioro Długie
Schwedt/Oder
Kerkow
Felchow
Swobnica
Lisie Pole
Flemsdorf
Odertal
Nawodna
Grzybno
Angermünde
Grabowo
Rurka
Stolpe/Oder
Krzymów
Strzeszów
Rów
Neukünkendorf
Piasek
Chojna
Góralice
Trzcińsko-Zdrój
Pojezierze Myśliborskie
Czartoryja
Rosnowo
Parstein
Bielinek
Stołeczna
Lunow
Łukowice
Mętno
Piaseczno
Brodowin
Godków
Gogolice
Lubiechów Dolny
Chłopowo
Hohensaaten
Orzechów
Jezioro Morzyckie
Witnica
Chełm Dolny
Oderberg
Cedynia
Golice
Moryń
Warnice
Różańsko
Altglietzen
Stary Kostrzynek
Neuenhagen
Stara Rudnica
Wierzchlas
Zielin
Oder
Odra
Welse
Rurzyca
Tywa
Kosa

# TOP-TOUREN

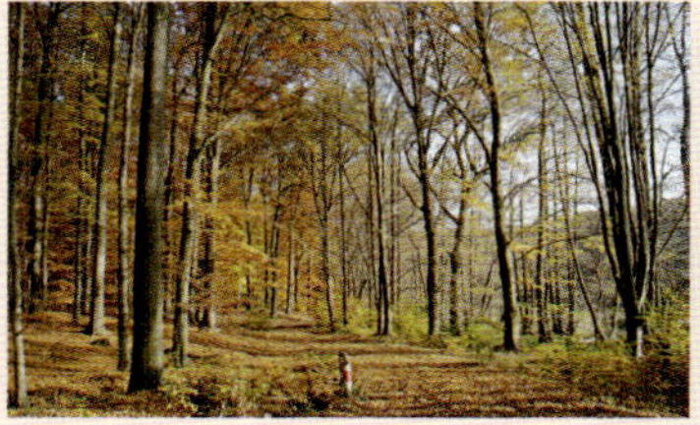

**Grumsin**
Zauberhafte Tour durch ein Buchenwald-Weltnaturerbe *(Tour 2, 3.30 h).*

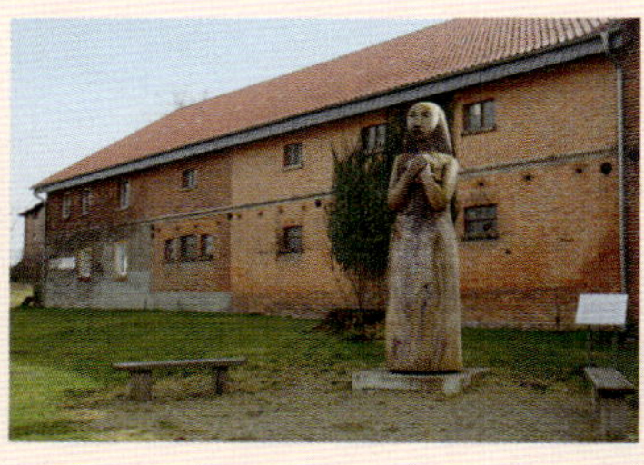

**Von Ringenwalde nach Poratz**
Durch einsame Regionen zu verwunschenen Dörfern *(Tour 7, 3.45 h).*

**Von Temmen nach Hessenhagen**
Hügelauf und hügelab durch Wiesen und Wälder, durch einen der schönsten Landstriche der Uckermark. Und eine Begegnung mit der Adelsfamilie von Arnim *(Tour 8, 3.30 h).*

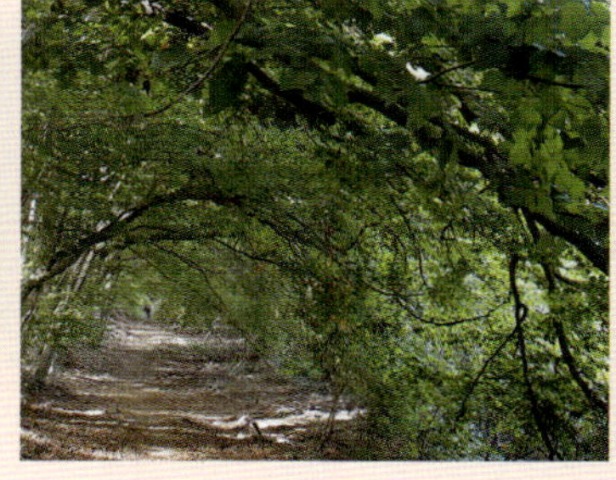

**Von Röddelin nach Annenwalde**
Die Quintessenz aller landschaftlichen Reize der Uckermark: eine Begegnung mit einsamen Seen, dahindämmernden Waldungen und mit einer der schönsten Dorfkirchen ganz Brandenburgs *(Tour 11, 4.15 h).*

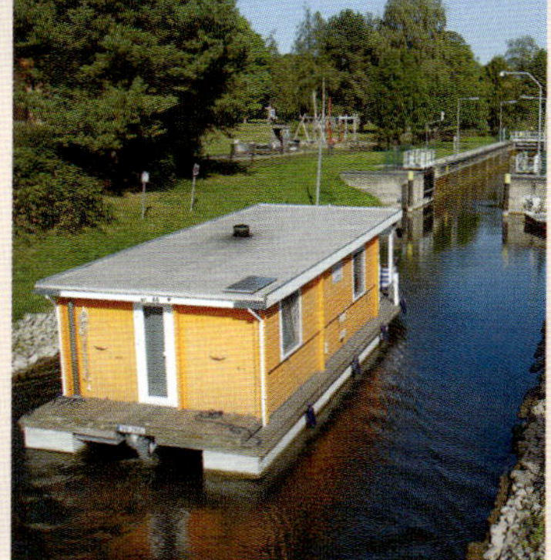

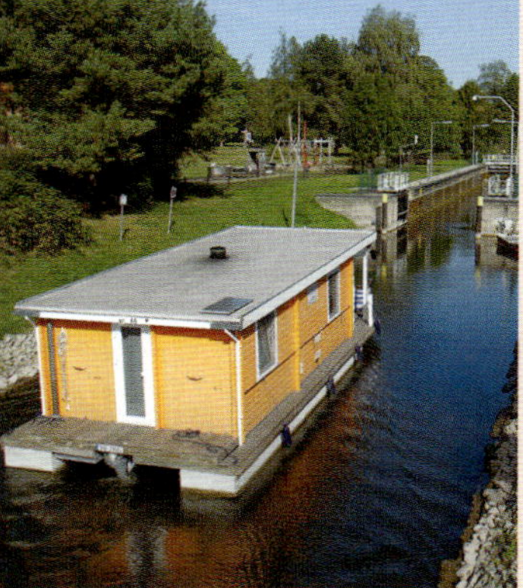

**Von Lychen nach Himmelpfort**
Malerische Seeufer, eine mittelalterliche Klosterruine und still dahinträumende Wälder im Westen von Lychen, das als historisches Städtchen einiges Sehenswerte aufbietet *(Tour 13, 4.15 h).*

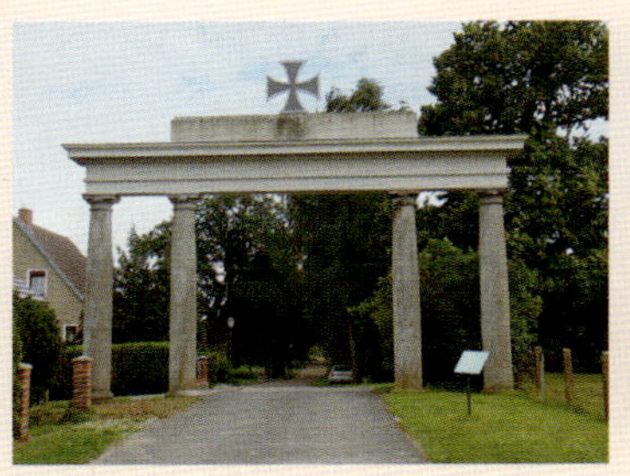

**Große Wolfshagener Runde**
Seen, weite Felder, verträumte Dörfer und monumentale Denkmale im äußersten Norden der Uckermark *(Tour 20, 6.00 h).*

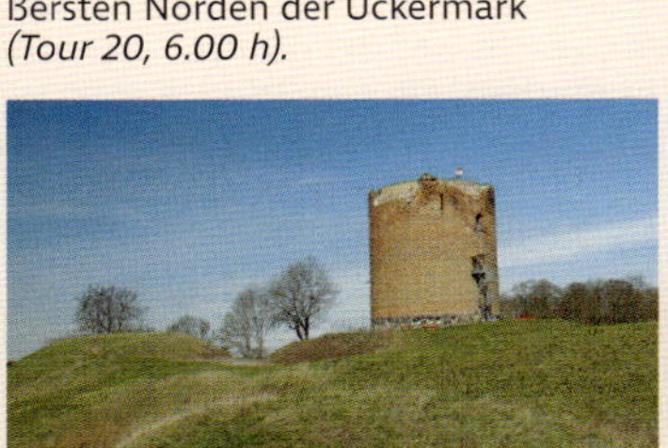

**Durch die Oderauen von Stolpe**
Durch die weiten Oderauen und hinauf zu einer grandiosen Burgruine *(Tour 33, 3.30 h).*

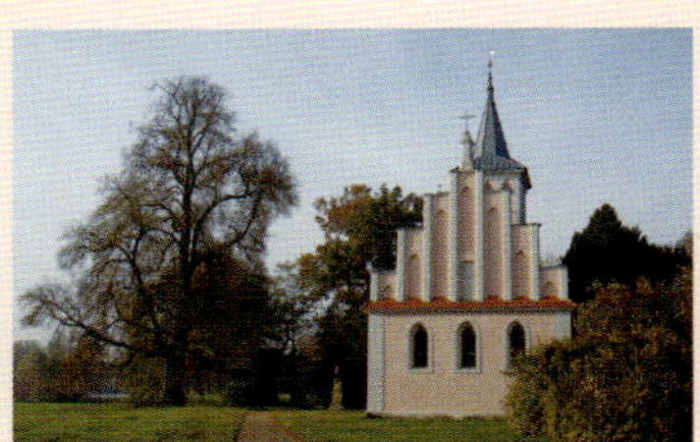

**Zwischen Criewen und Stützkow**
Ein historischer Landschaftspark, steile Moränenzüge und weite Wälder *(Tour 34, 3.30 h).*

**Am und im Randowbruch**
Zu einem sehr markanten Urstromtal und seinen Abhängen *(Tour 40, 3.45 h).*

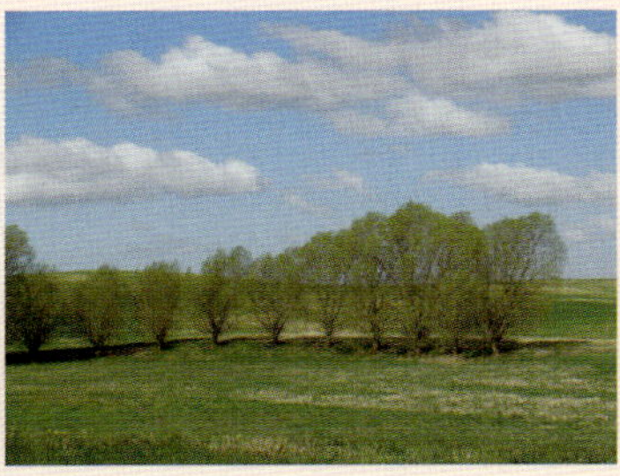

**Carmzow, Cremzow und Wallmow**
Durch die weiten Ebenen der Nordost-Uckermark *(Tour 41, 5.15 h).*

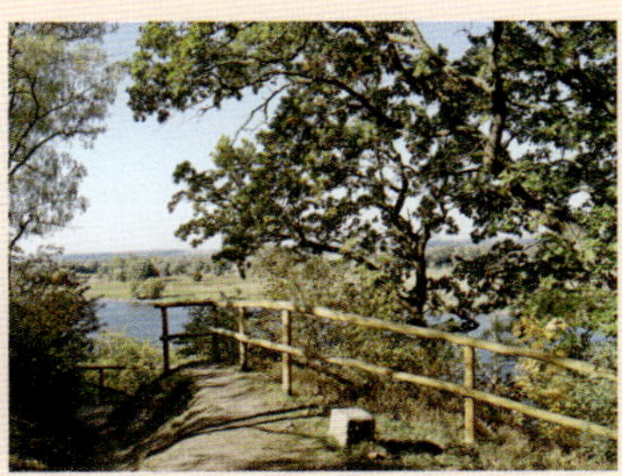

**Das Tal der Liebe**
Traumhafte Waldschluchten und hinreißende Ausblicke über das Odertal *(Tour 48, 3.15 h).*

# WICHTIGE HINWEISE FÜR UNTERWEGS

## Schwierigkeiten

Alle Wandertouren folgen deutlichen Wegen und Pfaden, die jedoch nicht immer mit Markierungen versehen sind. Während der Arbeit am Buch musste festgestellt werden, dass Markierungen von kleineren Wanderwegen, wie sie in den Karten der Region eingezeichnet sind, entweder im Gelände überhaupt nicht vorhanden sind oder dort eine andere Farbe besitzen. Dazu kommt noch, dass bestimmte markierte Routen in Karten aus unterschiedlichen Verlagen nicht korrelieren: Oft sind sie mit unterschiedlichen Farben gekennzeichnet, oft gibt es in der einen Karte nur den einen Wanderweg, in der anderen nur einen anderen – es empfiehlt sich also nicht, sich auf Markierung und/oder Kartenbild zu verlassen. Daher ist überall in der Region ein gewisses Orientierungsvermögen unerlässlich, wenngleich man sich nur bei wenigen Touren tatsächlich verwandern kann. Bei der Wegbeschreibung wurde daher Gewicht auf detaillierte Angaben gelegt, um den Tourverlauf eindeutig zu machen.

Die beiden großen Fernwanderwege der Uckermark (Uckermärker Landrunde und Märkischer Landweg) sind jedoch in der Natur vorbildlich markiert und ausgeschildert. Einige der vorliegenden Touren verwandern auf Teilstücken dieser beiden Fernwanderwege.

Die ausgewählten Touren sind mit 2 bis 36 km sehr unterschiedlich lang. Fast immer sind es Rundwege mit gleichen Höhendifferenzen im Auf- und Abstieg. Ganz bewusst wurde auf eine leichte Erreichbarkeit der Ausgangspunkte – entweder eine Stadt oder ein Dorf bzw. ein Wanderparkplatz oder touristische Attraktion –, auch mit öffentlichen Verkehrsmitteln, geachtet. Viele reizvolle Feld- und Waldwege wurden zu DDR-Zeiten mit Plattenbe-

### SYMBOLE

**Symbole im Tourenkopf**
- Mit Bahn/Bus erreichbar
- Einkehrmöglichkeit unterwegs
- für Kinder geeignet

**Symbole im Höhenprofil**
- Ort mit Einkehrmöglichkeit
- Einkehrmöglichkeit
- Schutzhütte, Unterstand
- Parkplatz
- Bushaltestelle
- Bahnhof / S-Bahn-Haltestelle
- Brücke
- Kirche, Kapelle
- Burg, Schloss, Ruine
- Aussichtsturm
- Windmühle
- Wassermühle
- Aussichtsplatz
- Picknickplatz
- markanter Baum
- Bademöglichkeit
- Archäologische Stätte

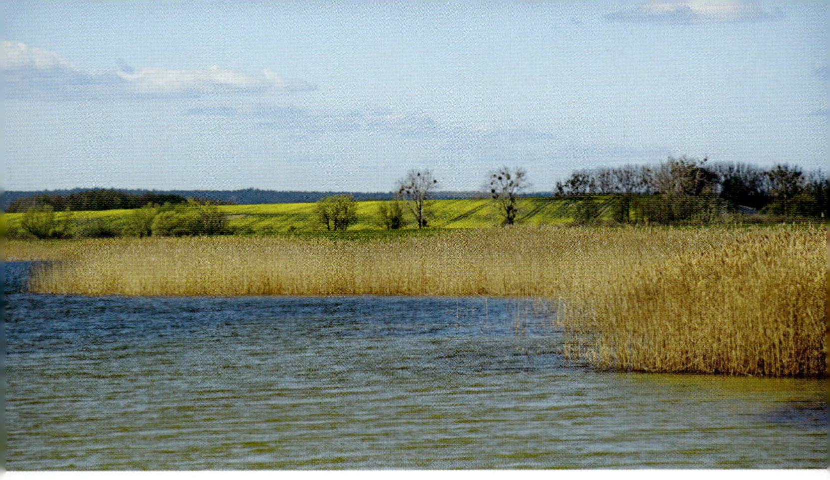

*Der Unteruckersee besitzt einen breiten Schilfgürtel (Tour 25).*

lag versehen, um den landwirtschaftlichen Großmaschinen leichter den Zugang zu Acker und Wald zu ermöglichen. Aber auch in den letzten Jahren erfolgte in der Uckermark bei den kleinen Feldwegen und -straßen ein Ausbau. Im Rahmen der Verbesserung der lokalen Infrastruktur wurden nach dem Jahr 2000 nochmals viele hübsche alte Pflasterstraßen asphaltiert und manche bis dahin unbefestigte Verbindungsstraßen zwischen den kleinen Dörfern und Weilern ausgebaut bzw. ebenfalls asphaltiert. Dass daher manchmal einige Teilstücke auch auf befestigten Wegen verwandern, war nicht vermeidbar; es wurde aber versucht, solche Wege in möglichst geringem Umfang in den Tourenverlauf einzubeziehen.
In der Uckermark, wie überhaupt in der norddeutschen Tiefebene, spielen Höhenunterschiede im Auf- und Abstieg auch bei längeren Wanderungen kaum eine Rolle. Ein Höhenunterschied von beispielsweise 100 Metern bei einer 12 km langen Tour ist praktisch vernachlässigbar. Was die technischen Anforderungen betrifft, sind alle Touren in der Uckermark als »leicht« einzustufen. Wenngleich sie durchaus in der Länge variieren können, gibt es keine mittelschweren oder schweren Wanderungen, die ein hohes Maß an Trittsicherheit, Schwindelfreiheit und Orientierungsvermögen im weglosen Gelände voraussetzen.
Im Tiefland können alle Wege bei guter Witterung – kein Gewitter, kein Sturm, keine Schneelagen – gefahrlos begangen werden. Für einige Touren sind wasserfeste Wanderschuhe anzuraten (siehe jeweilige Tourenbeschreibung), da es Abschnitte gibt, die bei Nässe oder im Frühjahr feucht und sumpfig sein können. Die meisten Touren sind, soweit sie nicht zur Einförmigkeit neigen, für Kinder geeignet.

## Wegenetz und Markierungen

Die Uckermark ist wie die gesamte norddeutsche Tiefebene kein traditionelles Wandergebiet. Erste Überlegungen zur Schaffung eines Wanderwegenetzes erfolgten in den 1990er-Jahren. EU-Infrastrukturprojekte und solche von Bund und Land ließen bis heute ein durchaus umfangreiches Wegenetz entstehen, das etwa 1000 km umfasst und alle Ecken der Region berührt – auf im Allgemeinen sehr gut begehbaren Wald-, Feld- und Wiesenwegen, bisweilen auch auf befestigten Abschnitten. Zu oft ist die Markierung dort, wo sie den Weg weisen soll, nicht vorhanden bzw. an nicht geeigneter Stelle angebracht. Dazu kommt die bereits erwähnte unterschiedliche Darstellung der Wanderwege in den verschiedenen Kartenwerken. Im Gelände würde man sich zum Teil mehr Wegweiser wünschen; oft ist aus der Markierung nicht ersichtlich, ob es sich eventuell um einen Rundwanderweg handelt, bzw. was Start- und Endpunkt des Wegs ist. Sehr oft treten (abgesehen von den beiden Fernwanderwegen) bei den Markierungen verschiedener kürzerer Routen innerhalb kleinerer Teilregionen ein und dieselbe Farbe oder Symbol auf, obwohl die Wege überhaupt nicht zusammenhängen bzw. miteinander verbunden sind.
Lokal gibt es einige Themenwege wie etwa den »Heidenweg« um Biesenbrow und Greiffenberg, der durch die Landschaft der Romane des in Biesenbrow geborenen Ehm Welk (»Die Heiden von Kummerow«) führt, oder den »Wallpfad«, der allerdings nicht als zusammenhängender Rundweg angelegt ist, sondern in der gesamten Uckermark zu Orten mit allen Wallburgen führt. Er kann daher nur einzeln in Teilabschnitten begangen werden.

## Einschränkungen

In der Uckermark können alle in der Natur vorhandenen Wege ohne Beschränkung begangen werden – selbstverständlich ausgenommen sol-

### GPS-TRACKS UND KOORDINATEN DER AUSGANGSPUNKTE

Zu diesem Wanderführer stehen auf www.rother.de GPS-Tracks und Koordinaten der Ausgangspunkte zum kostenlosen Download bereit.
2. Auflage, Passwort: 449702ina
Sämtliche GPS-Daten wurden vom Autor auf einer digitalen Karte erfasst. Verlag und Autor haben die Tracks und Wegpunkte nach bestem Wissen und Gewissen überprüft. Dennoch können wir Fehler oder Abweichungen nicht ausschließen, außerdem können sich die Gegebenheiten vor Ort zwischenzeitlich verändert haben. GPS-Daten sind zwar eine hervorragende Planungs- und Navigationshilfe, erfordern aber nach wie vor sorgfältige Vorbereitung, eigene Orientierungsfähigkeit sowie Sachverstand in der Beurteilung der jeweiligen (Gelände-)Situation. Man sollte sich für die Orientierung auch niemals ausschließlich auf GPS-Gerät und -Daten verlassen.

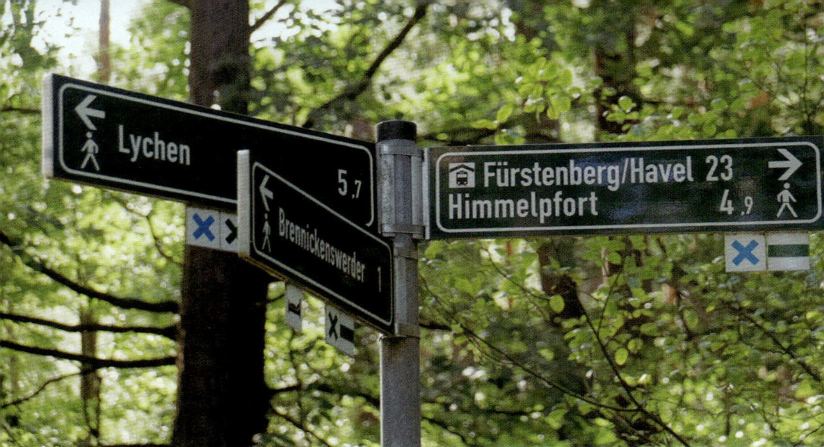


*Auf dem Weg von Lychen nach Himmelpfort (Tour 13).*

che, die über eingezäunte Viehweiden oder über mit Schildern versehene Privatgrundstücke führen. Nur an wenigen Stellen sind aus Gründen des Naturschutzes Wege gesperrt. Das gilt in erster Linie für die Umgebung der Teiche an der Blumberger Mühle, allerdings in nur geringer Form für den Nationalpark Unteres Odertal. Dort ist die Kernzone 1 ohnehin unzugänglich, es sind Sümpfe, kleine Oderinseln o.Ä., in die bzw. zu denen man ohne Boot nicht gelangen kann. Auch im Nationalpark können also alle vorhandenen Wege begangen werden.

## Fernwanderwege

Durch die Uckermark ziehen sich zwei Fernwanderwege. Sie verwandern aber nur innerhalb der Uckermark und es sind keine Teilstücke längerer, bundeslandüberschreitender Wege.

Die »Uckermärker Landrunde« ist ein zertifizierter, 152 km langer Qualitätswanderweg und kann in acht 15–24 km langen Tagesetappen bewältigt werden. Der Weg ist mit einem großen roten Punkt markiert und beginnt offiziell in Prenzlau, man kann die Runde aber natürlich an jedem der sechs Etappenziele starten. Er führt von Prenzlau in einer großen Runde gegen den Uhrzeigersinn über Naugarten, Boitzenburg, Templin, Ringenwalde, Angermünde und Biesenbrow nach Seehausen, wo er endet.

Der 270 km lange »Märkische Landweg« trägt ein blaues Kreuz als Symbol, ist in zehn Tagesetappen unterteilt und kein Rundweg. Er beginnt in Feldberg bzw. Fürstenberg/Havel mit zwei »Aststrecken«, die sich bei Lychen vereinigen, von wo es über die Kolbatzer Mühle nach Templin geht, dann weiter über Ringenwalde bis Wolletz. Von dort wandert man nach Angermünde und weiter an die Oder nach Stolpe, dann flussabwärts bis Schwedt.

# Der Umwelt zuliebe …

Auch als Wanderer hinterlassen wir einen ökologischen Fußabdruck, aber im Einklang mit der Natur unterwegs zu sein, ist gar nicht so schwer!

## VORBEREITUNG UND ANFAHRT

- Sich vorab informieren, worauf in Bezug auf Natur und Umwelt in der jeweiligen Wanderregion besonders zu achten ist.
- Soweit möglich mit Bus und Bahn anreisen, Wander- und Rufbusse nutzen.
- Ist eine Anfahrt mit dem Auto nötig, Fahrgemeinschaften bilden.
- Bei weiten Anfahrten Mehrtagestouren planen oder von einem Quartier vor Ort aus mehrere Touren absolvieren.
- Flugreisen möglichst reduzieren und durch Beiträge zu Klimaschutzprojekten kompensieren.

## KLEIDUNG UND AUSRÜSTUNG

- Beim Kauf von Outdoor-Kleidung auf umweltfreundliche und faire Herstellung achten und Kleidungsstücke möglichst viele Jahre nutzen.
- Ausrüstung kann man eventuell auch gebraucht kaufen oder ausleihen.
- Reparieren statt neu kaufen.

## VERPFLEGUNG

- Beim Einkauf Bio-Ware, regionale und saisonale Erzeugnisse bevorzugen.
- Hütten und Gasthäuser auswählen, die regionale Produkte verwenden.
- Auf Einwegflaschen und Plastikverpackungen verzichten, stattdessen wiederverwendbare Trinkflaschen und Brotzeitboxen verwenden.

## ÜBERNACHTUNG

- Bei lokalen Anbietern buchen, damit Menschen vor Ort profitieren.
- Auf Hütten und in anderen Unterkünften Strom und Wasser sparen.

## UNTERWEGS

- Wege benutzen und Abkürzer vermeiden.
- Sperrungen von Wegen und Schutzgebieten respektieren.
- Keine Blumen pflücken und keine Pflanzen entnehmen.
- Waldbrandgefahr beachten.
- Müll wieder mit nach Hause nehmen und dort entsorgen.
- Toilettengänge in freier Natur möglichst vermeiden.
- Lärm vermeiden.
- Hunde an die Leine nehmen.

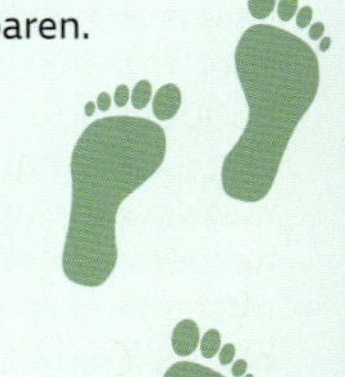

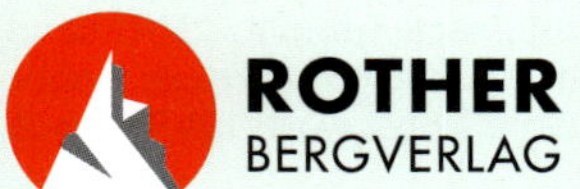

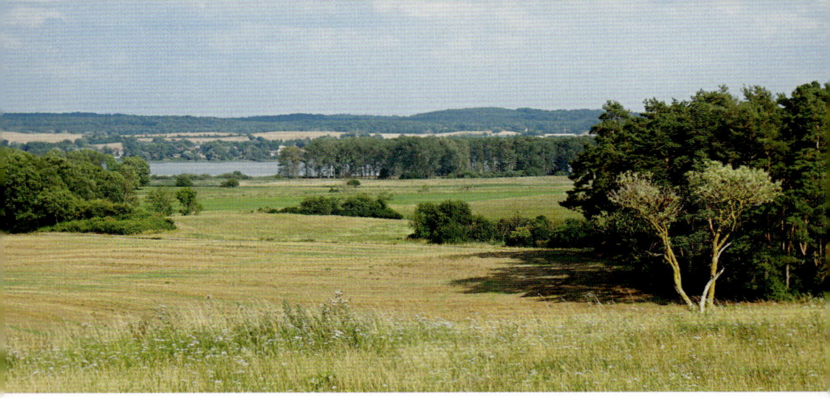

*Seenlandschaft südlich von Potzlow (Tour 26).*

Von dort verwandern die beiden letzten Etappen über Groß Pinnow bis Mescherin, ganz im Nordosten der Uckermark. Zu beiden Fernwanderwegen und zu ihren Etappen gibt es genauere Informationen unter www.tourismus-uckermark.de.
Durch die Uckermark verwandern auch die Radwege Berlin-Usedom und der Oder-Neiße-Radweg. Sicherlich sind einige Abschnitte dieser im allgemeinen asphaltierten Wege auch für den Wanderer geeignet.

## Karten

Die zweifellos detailliertesten Karten der Uckermark neben den amtlichen topografischen Karten bzw. Messtischblättern sind im Verlag Dr. Andreas Barthel (Leipzig, www.verlag-dr-barthel.de) erschienen. In der Reihe »Schöne Heimat. Radwander- und Wanderkarten 1:50 000« sind für das Gebiet der Uckermark und die Nachbargebiete folgende Blätter erhältlich:

- 094 Eberswalde – Biesenthal – Werbellinsee
- 101 Angermünde – Eberswalde – Bad Freienwalde
- 195 Feldberger Seen – Fürstenberg – Lychen
- 214 Prenzlau – Uckerseen
- 219 Pasewalk – Szczecin
- 221 Fürstenberg – Lychen – Templin – Zehdenick
- 246 Nationalpark Unteres Odertal – Schwedt, Angermünde, Gryfino, Chojna und Umgebung

Für die nördlichsten Teile der Uckermark (die die Karten aus dem Verlag Dr. Barthel bisher nicht abdeckten) ist die Wanderkarte 1:50 000 Ueckermünde – Pasewalk aus dem Kompass-Verlag anzuraten, der die auch für Wanderer bestens empfohlene Fahrradkarte 1:70 000 »Schorfheide – Barnim – Unteres Odertal« herausgibt.

Für den Nationalpark Unteres Odertal empfiehlt sich auch die topografische Karte 1:50 000 »Nationalpark Unteres Odertal«, herausgegeben von der Landesvermessung Brandenburg (LGB). Die empfohlenen Karten für die Wanderungen auf polnischem Gebiet sind bei den jeweiligen Touren angegeben.

## Gefahren

Anders als in Gebirgsregionen warten auf die Wanderer in der Uckermark im Allgemeinen keine Naturgewalten. Zweifellos sollte man bei Gewitter und Starkregen auch hier keine Touren unternehmen, aber letztlich sind die Rutschgefahr auf lehmigem Boden oder nassem Wurzelwerk sowie nasse Füße auf feuchten Wiesen oder in Sumpfgebieten die vorrangigsten Widrigkeiten, die einem widerfahren können. Andererseits darf vor allem im Winter von den Flügeln der Windräder herabfallendes Eis nicht unterschätzt werden. Es kann lebensgefährliche Verletzungen hervorrufen oder sogar zum Tode führen. Wer zwischen Dezember und Februar in der Uckermark unterwegs ist, sollte die großen Windräder weitläufig meiden.

## Gehzeiten

Die angegebenen Gehzeiten sind grobe Orientierungshilfen und verstehen sich ohne Rast- und Fotopausen. Je nach individueller Kondition, Wetter oder persönlicher Laune und/oder eventueller Gruppen- bzw. Partnerschaftsdynamik können sie mehr oder weniger stark abweichen. Im Idealfall gilt folgende Faustregel: 4 km = 1 Std. Gehzeit.

## Ausrüstung

In den schneefreien Monaten besteht eine adäquate Wanderausrüstung generell aus festen, möglichst wasserabweisenden Wanderschuhen. Knöchelhohes Schuhwerk mit griffiger Sohle ist grundsätzlich empfehlenswert – sowohl für ermüdungsfreies Gehen wie auch für die Sicherheit in rutschig-feuchtem Umfeld. Rucksack, Sonnenschutz und bei Bedarf Kälteschutz sollten ebenfalls nicht fehlen.
Des Weiteren können Windschutz, Regen- und Mückenschutz unverzichtbar sein, ebenso ist eine gute Wanderkarte immer vonnöten. Dazu kommen Proviant und Getränke sowie für Notfälle ein Mobiltelefon. Innerhalb der Touren gibt es vergleichsweise wenig Einkehrmöglichkeiten, vor allem solche, die auch unter der Woche oder außerhalb der Saison geöffnet sind.

## Fremdenverkehrsämter

Auskunftsstellen in der Uckermark:

- Tourismus-Marketing Uckermark, Stettiner Str. 19, 17291 Prenzlau, Tel. +49 3984 835883, www.tourismus-uckermark.de
- Infopunkt Weltnaturerbe Buchenwald Grumsin, Altkünkendorfer Str. 20, 16278 Altkünkendorf (Angermünde), Tel. +49 170 9077731; geöffnet April–

Okt. Mi.–So. 10–16 Uhr bzw. nach Voranmeldung, www.weltnaturerbe-grumsin.de

- Besucher- und Informationszentrum des Nationalen GeoParks Eiszeitland am Oderrand, Zur Mühle 51, 16247 Groß Ziethen, Tel. +49 33361 6338-0, +49 1573 1359023, geöffnet April–Okt. Mi.–So. 10–15 Uhr bzw. in der Nebensaison nach Voranmeldung, www.geopark-eiszeitland.de und www.weltnaturerbe-grumsin.de sowie www.tourismus-eberswalde.de
- Besucherzentrum Nationalpark Unteres Odertal, Am Speicher 3, 16303 Criewen, Tel. +49 3332 2677244, geöffnet April–Oktober Mo.-So. 9–17 Uhr, November–März Fr.–So. und Feiertage 10–17 Uhr

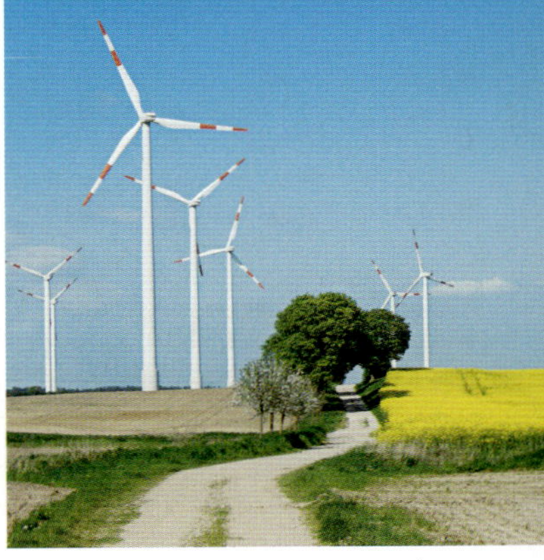

*Windräder (wie hier bei Groß Pinnow) sind in der Uckermark landschaftsbestimmend.*

- Besucherzentrum Naturpark Uckermärkische Seen, Zehdenicker Str. 1, 17279 Lychen, Tel. +49 39888 64530 bzw. +49 3334 662714, geöffnet Mo.–Fr. 8–15 Uhr, www.uckermaerkische-seen-naturpark.de bzw. www.np-us.brandenburg.de
- Biosphärenreservat Schorfheide-Chorin, insgesamt 13 Informationsstellen, www.schorfheide-chorin-biosphaerenreservat.de bzw. www.grossschutzgebiete-brandenburg.de
- NABU-Besucherzentrum Blumberger Mühle, Blumberger Mühle 2, 16278 Angermünde, geöffnet April–Oktober Mo.–So. 9–18 Uhr, November–März Mo.–So. 10–16 Uhr
- Tourismusverein Angermünde, Hoher Steinweg 17/18, 16278 Angermünde, Tel. +49 3331 2976660, www.angermuende-tourismus.de
- Touristinformation Boitzenburg, Templiner Str. 4, 17268 Boitzenburg, Tel. +49 173 6197080, www.boitzenburgerland.de
- Touristinformation Brüssow, Prenzlauer Str. 6, 17326 Brüssow, Tel. +49 39742 80360, www.tourismus-bruessow.de
- Touristinformation Fürstenwerder Seelandschaft, Ernst-Thälmann-Str. 26, 17297 Fürstenwerder, Tel. +49 39859 202/230, www.fuerstenwerder-seengebiet.de
- Touristinformation Lychen, Am Markt 12, 17279 Lychen, Tel. +49 39888 2255, www.tourismus.lychen.de
- Stadt- und Touristinformation Prenzlau, Marktberg 2, 17291 Prenzlau, Tel. +49 3984 75163, www.prenzlau-tourismus.de
- Touristinformation Ringenwalde (mit Dorfmuseum), Dorfstr. 22, 17268 Ringenwalde, Tel. +49 39881 4010, www.ringenwalde.de

- Touristinformation Schwedt, Vierradener Str. 31, 16303 Schwedt, Tel. +49 3332 2559-0, www.unteres-odertal.de, www.monumentum-schwedt.de
- Touristinformation Templin (im Alten Rathaus), Am Markt 19, 17268 Templin, Tel. +49 3987 2631, www.templin.de
- Touristinformation Uckerseen, Lindenallee 26, 17291 Warnitz, Tel. +49 39863 78122, www.tourismus-uckerseen.de und www.ferienregionuckerseen.de

Auskunftsstellen in der Polen:

- Touristisches Informationszentrum Gryfino, ul. Nadodrzańska 1, PL 74-100 Gryfino, Tel. +48 91 8523183, geöffnet Okt.–Mai Mo.–Fr. 9–17 Uhr, Juni–Sept. Mo.–Sa. 9–17 Uhr, www.gryfino.pl
- Tourismusinformation Stettin (Centrum Informacji Turystycznej), PL 70-540 Szczecin, Korzary 34 (im Stettiner Schloss), Tel. +48 91 4891630, geöffnet täglich 10–18 Uhr (zwischen November und Mitte April jedoch So. geschlossen), www.zamek.szczecin.pl/tourism
- Neben der zentralen Touristeninformationsstelle im Schloss gibt es noch eine am Hauptbahnhof gleich neben der Eisenbahnbrücke: PL 70-950 Szczecin , ul. Kolumba 1, Tel. +48 91 4340801, geöffnet Mo.–Fr. 9–18 Uhr und Sa./So. 9–15 Uhr, www.szczecin.eu/de

## Anreise

Die Uckermark erreicht man aus dem Süden Deutschlands via Berlin und dann über die A 11 in Richtung Stettin. Die Autobahn durchquert zwischen den Anschlussstellen Joachimsthal und Schmölln die Osthälfte der Uckermark, sodass über sie viele Orte schnell und einfach erreichbar sind. Angermünde, Schwedt und Gartz haben sehr gute Autobahnanbindung. Von Hamburg aus kommt man über die A 20 gut in die Uckermark. Die Autobahn erreicht bei Strasburg deren Nordsaum, sie mündet nahe Prenzlau am Kreuz Uckermark in die A 11 ein. Lychen und der ganze Westen der Uckermark sind möglicherweise über die B 109 Berlin–Oranienburg–Neubrandenburg eher zu erreichen – Templin und seine Umgebung jedoch eher via Anschlussstelle Joachimsthal (A 11).

Mit der Eisenbahn ist zumindest die östliche Uckermark bestens erschlossen. Der Regionalexpress RE 3 Wittenberg–Stralsund bzw. Falkenberg–Schwedt hält auf uckermärkischem Gebiet u. a. auch in Nechlin, Prenzlau, Seehausen und Pinnow. In Angermünde besteht Anschluss an die Regionalbahn RB 66 von

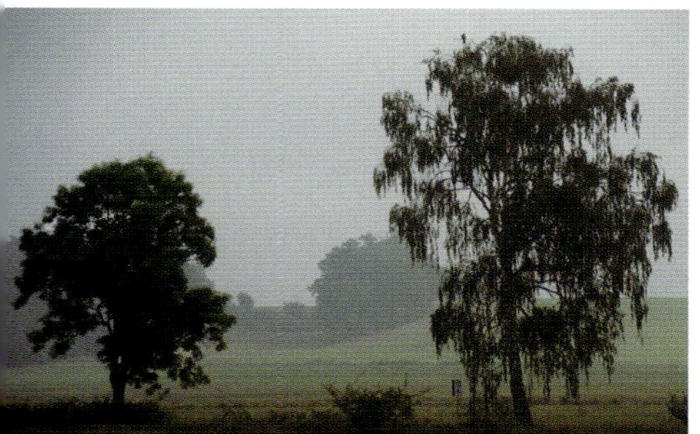

*Wiesenlandschaft bei Casekow.*

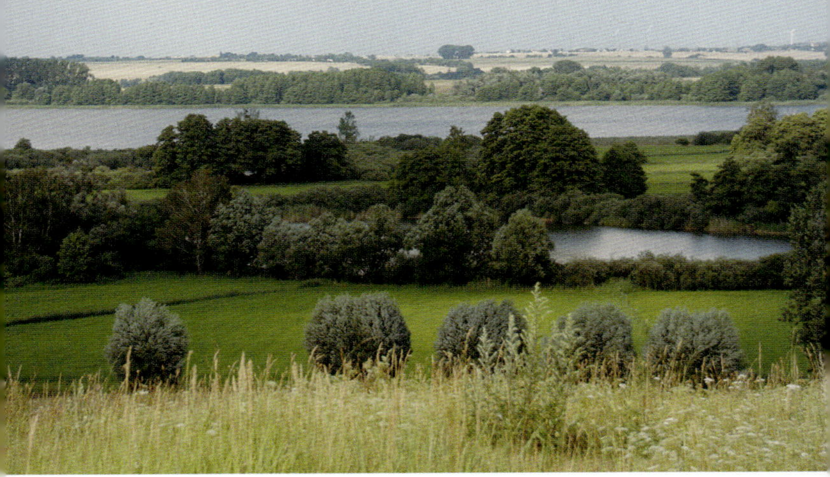

*Landschaft um den Oberuckersee.*

Berlin-Gesundbrunnen nach Stettin. Dieser Zug hält in Passow, Schönershagen und Tantow. Nach Angermünde kommt man von Berlin-Hauptbahnhof aus in nur gut einer Stunde. Templin ist mit der Bahn ab Berlin-Ostkreuz mit der RB 12 erreichbar (via Oranienburg, Löwenberg, Zehdenick). Templin ist via Schorfheide-Bahn (RB 63) mit Joachimsthal und Eberswalde verbunden.

**Reisezeit**

Grundsätzlich ist es das ganze Jahr hindurch lohnend, in die Uckermark zu fahren. Die beste Wanderzeit liegt zwischen Mai und Mitte Oktober. Die Oderauen können noch bis Mitte Juni feucht sein, sie empfehlen sich eher im Herbst als Wanderziel. Juli und August sind mit durchschnittlicher Höchsttemperatur von knapp 25° die wärmsten Monate in der Uckermark, die niedrigsten Temperaturen liegen im Januar bei durchschnittlich etwa –5° Grad Celsius.

Infolge der Corona-Krise können sich Änderungen ergeben haben, die bei Redaktionsschluss noch nicht absehbar waren. Soweit möglich, werden wir aktuelle Hinweise unter www.rother.de (beim Buch) zur Verfügung stellen. Bitte informieren Sie sich vor der Wanderung zusätzlich über die derzeitigen Gegebenheiten.
Sollten Sie geänderte Gegebenheiten vor Ort feststellen, freuen wir uns über Korrekturhinweise per E-Mail an leserzuschrift@rother.de.

# ZUR REGION

## Naturschutzgebiete

In der Uckermark befinden sich drei unter staatlichem Schutz stehende Naturareale. Im Westen und Nordwesten liegt der 1997 gegründete Naturpark Uckermärkische Seen (www.naturpark-uckermaerkische-seen.de). Er umfasst eine Fläche von fast 900 km², auf der sich 230 große und kleine Seen befinden. Wappentier des Naturparks ist der Fischadler, der hier mit 30 Brutpaaren lebt. Auch andere seltene Tiere wie Bachforelle, Fischotter, Sumpfschildkröte und der Edelkrebs leben in den Gewässern des Naturparks. An seltenen Pflanzen ist besonders das Strohgelbe Knabenkraut (Dactylorhiza incarnata subsp. ochroleuca) erwähnenswert. Über 100 km Wasserwanderwege machen die Region zu einem Paradies für Paddler.

Im Süden der Uckermark liegt, auf den Kreis Barnim übergreifend, das wasserreiche Biosphärenreservat Schorfheide-Chorin. Das 1290 km² große Gebiet wurde 1990 noch zu DDR-Zeiten ausgewiesen. Ein Teil davon, die Buchenwälder von Grumsin, sind seit 2011 UNESCO-Weltnaturerbe. Die großen Waldungen der Region waren seit dem Mittelalter traditionelles Jagdgebiet der jeweiligen Mächtigen, von den brandenburgischen Kurfürsten über Kaiser Wilhelm und Hermann Göring bis hin zu Erich Honecker. Mitten durch das Gebiet führt die Wasserscheide zwischen Nord- und Ostsee. Große Fließgewässer fehlen jedoch, selten sind auch kleinere Bäche. Dafür gibt es zahlreiche große und kleine Seen (Werbellinsee, Üdersee), Tümpel, Sölle und Moorgebiete. Der größte See ist mit 1003 ha der Parsteiner See, ein Zungenbeckensee. Er liegt allerdings nicht mehr in der Uckermark.

Der Nationalpark Unteres Odertal ist zweifellos der bedeutendste Naturraum der Uckermark. Er wurde 1995 auf 105 km² Fläche gegründet – als Teil eines grenzüberschreitenden deutsch-polnischen Naturschutzprojekts (offiziell genannt »Internationalpark Unteres Odertal«), das sich von Hohensaaten im nördlichen Oderbruch auf gut 60 km Länge bis kurz vor Stettin erstreckt. Dabei muss erwähnt werden, dass das untere Odertal auf polnischer Seite nicht als Nationalpark ausgewiesen ist, sondern auf 60 km² Fläche »nur« als Landschaftsschutzpark »Krajobrazowy Dolina Dolnej Odry«. Zusätzlich existiert südlich davon noch der Zehdener Landschaftsschutzpark »Cedyński Park Krajobrazowy«. Der Nationalpark erstreckt sich entlang der Oder, genau genommen entlang der beiden Arme West- und Ostoder über eine Breite von zwei bis maximal acht Kilometern. Das Westufer des Flusses sowie die Hohensaaten-Friedrichsthaler Wasserstraße (ein begradigtes Teilstück der Westoder) ist bis auf die Ecke um Stolpe und Criewen nicht sehr steil, im Bereich um Schwedt und die Welsemündung sogar sehr flach. Das Ostufer der Aue ist dagegen bei Stolpe eher flach, erhebt sich aber gegenüber von Schwedt auf der polnischen Seite bis gut 100 m Höhe und sinkt dann nach und nach Richtung Norden ab, bei Widuchowa sind es immerhin noch 30 Höhenmeter.

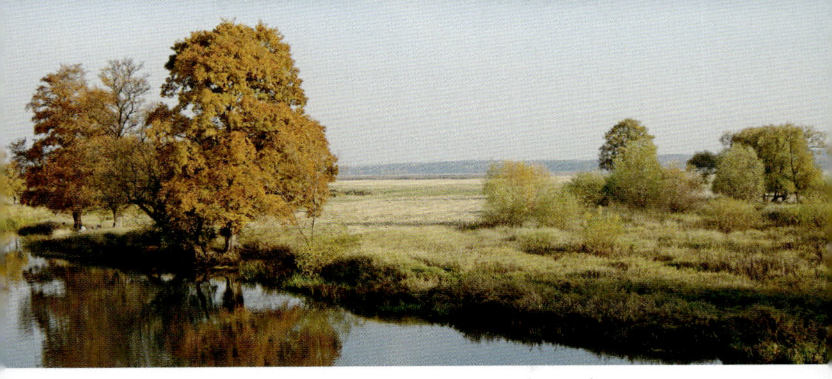

*Die Oderniederung an der B 166 südöstlich von Schwedt (Tour 35).*

Auf der deutschen Seite sind im Wesentlichen die Flussaue mit ihren Altarmen, die Waldungen entlang der das Tal säumenden Moränenhügel sowie die Trockenrasengebiete an diesen Hängen Bestandteil des Nationalparks. An keiner Stelle in Mitteleuropa sind Aulandschaften und natürliche Überflutungsräume in solchem Umfang erhalten geblieben wie im unteren Odertal, wofür nicht zuletzt die Grenzziehung nach 1945 mitverantwortlich ist. Verbauungen gleich welcher Art waren in unmittelbarer Grenznähe nicht möglich, sodass sich im Unteren Odertal Deutschlands einzige existierende intakte Polderlandschaft befindet. Unter Polder bzw. Poldern versteht man ganz allgemein ein eingedeichtes Gelände in unmittelbarer Nähe von Flüssen oder an der Meeresküste. Im Falle der Oder besteht schon seit Jahrhunderten ein Poldersystem. Hier existieren sogenannte Winterdeiche am westlichen Talrand (sie schützen die Dörfer unmittelbar vor dem Hochwasser) und Sommerdeiche, die im November geöffnet werden. Dann kann die Oder unbehindert über die Polderwiesen fließen, die dabei zum Rückhaltebecken von Hochwassern werden. Die überschwemmte Flussaue wirkt dabei zusätzlich wie ein großer natürlicher Filter, der das Oderwasser von Schadstoffen reinigt.

Zwischen Stützkow und Friedrichsthal stehen im Winterhalbjahr fast 50 km² Oderauen unter Wasser. Im April werden die Sommerdeiche geschlossen, Restwasser wird abgepumpt, womit die Polder bis in den Herbst als Weiden genutzt werden können. Allerdings ist das empfindliche, durch den Krieg 1945 stark in Mitleidenschaft gezogene Poldersystem auf der polnischen Seite, d. h. insbesondere nördlich von Friedrichsthal, nicht mehr instand gesetzt worden, sodass dort eine einzigartige Renaturierung der Flussaue stattfinden und sich ein Lebensraum vieler seltener Pflanzen und Tiere ausbilden konnte. Im Frühjahr und Frühherbst versammeln sich in den Oderauen auf ihrem Weg in den Süden und von dort zurück 150 000 Gänse, Schwäne und Enten, daneben 130 000 Kraniche. Im Odertal brüten

Schrei-, Fisch- und Seeadler und auch der Schwarzstorch und der seltene Seggenrohrsänger finden hier ihre Heimat.
Die Flussaue zwischen West- und Ostoder bzw. zwischen der Hohensaaten-Friedrichsthaler Wasserstraße und der Ostoder sind ab dem Frühjahr nur zwischen Hohensaaten und Friedrichsthal zugänglich. Denn nur hier existieren Dammwege, Wiesenpfade etc., die begehbar sind und als Wander- bzw. Radwege ausgewiesen sind. Wo nördlich von Friedrichsthal nahe der Welsemündung die begradigte Westoder (die erwähnte Hohensaaten-Friedrichsthaler Wasserstraße) endet und die Staatsgrenze vom Westufer der Ostoder an das Ostufer der Westoder wechselt, ist das aus den oben erwähnten Gründen nicht mehr möglich. Die Aue zwischen den beiden Armen ist von hier bis Stettin völlig unzugänglich, es ist eine Region völlig undefinierten Aggregatzustands zwischen flüssig und fest. Es gibt nur Wasserwege. Öffentliche, d. h. etwa von der Parkverwaltung oder von Naturschutzorganisationen durchgeführte Kanutouren gibt es seit Kurzem (www.unteres-odertal.de).

## Geografie und Geologie

Die Uckermark ist der nördlichste Teil der Mark Brandenburg und grenzt an Mecklenburg sowie an (Vor-)Pommern an. Als historische Landschaft ist sie im Westen von der Havel begrenzt, im Nordwesten von den Woldegker Höhen (Mecklenburg), im Nordosten vom Randowbruch und im Osten von der Oder. Die frühere Neumark, wie der östlich der Oder gelegene Teil Brandenburgs einst hieß, gehört heute zu Polen. Die Waldungen südlich von Templin und die Schorfheide sind weitere natürliche Grenzen der Uckermark – genau wie das Eberswalder Urstromtal, das die Uckermark vom Barnim trennt. Der heutige Kreis Uckermark ist jedoch nur der (wenn auch mächtige) Kernbereich der alten historischen Landschaft. Während die Uckermark im Westen zwischen Lychen, Fürstenwerder und Templin waldreich ist und auch ihr an die Schorfheide grenzender Süden reich an dichten Waldgebieten ist, zeigt sich ihr zentraler Bereich um Prenzlau und die Uckerseen eher waldarm. Die Rinne der Ucker zusammen mit den Uckerseen ist morphologisch gesehen die Nord-Süd-Achse der Uckermark und teilt sie ziemlich genau in zwei Hälften. Auch der Ostteil des Landes zwischen Ucker und Oder ist vergleichsweise arm an Waldungen. Seit alters ist die Mitte der Uckermark wegen ihrer reichen Lehmböden als Weizenanbaugebiet bekannt, die Sandböden der Gegenden um Templin und Lychen sind weniger ertragreich.
Wie die ganze Norddeutsche Tiefebene ist auch die Uckermark eine eiszeitlich geformte Landschaft. Granite, Gneise, Sandsteine, Kalksteine etc. sind als geschlossene Gesteinsverbände, »anstehend«, wie der Geologe sagt, nirgendwo anzutreffen. Erst in einer Tiefe von 1500–2000 m trifft man auf anstehendes magmatisches bzw. metamorphes Festgestein wie Granit und Gneis. Die eiszeitlichen Ablagerungen nehmen dabei im Durchschnitt

nur die obersten 250 m ein, darunter befinden sich voreiszeitliche Kalke, Mergel, Tone und Sande aus dem Tertiär; diese sind unterlagert von Tonen, Kalk- und Sandsteinen aus dem Erdmittelalter (Mesozoikum). Dreimal stießen die Gletscher in der jüngeren geologischen Zeit (Quartär) aus dem Norden nach Mitteleuropa vor: das erste Mal vor etwa 400.000 bis 320.000 Jahren (Elster-Eiszeit), das zweite Mal vor etwa 300.000–130.000 Jahren (Saale-Eiszeit) und das letzte Mal vor etwa 100.000–10.000 Jahren (Weichsel-Eiszeit), wobei sie sich immer weniger weit nach Europa hineinschoben und bei der letzten Eiszeit gerade einmal das spätere Brandenburg erreichten.

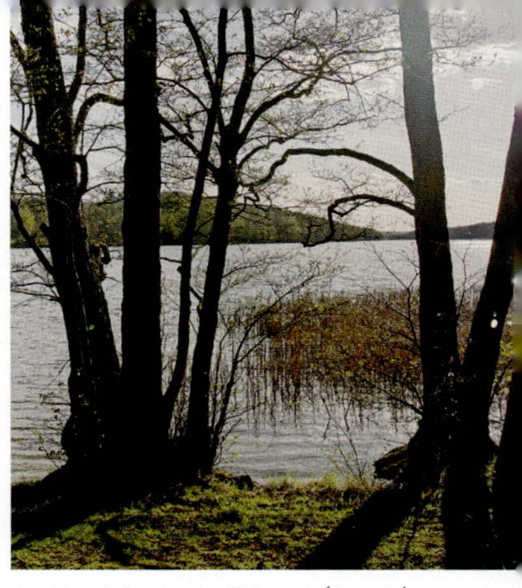

*Am Nordufer des Wolletzsees (Tour 31).*

Die Gletscher brachten dabei große Mengen an Gesteinsbrocken skandinavischer Gesteine mit. Teils waren diese im Eis eingeschlossen, teil wurden sie mitgeschleppt, bzw. wurde auch Material »von unterwegs« vor sich hergeschoben. Oft bildete sich eine lokal begrenzte Ausbuchtung eines Gletschers aus, so wie eine Amöbe ihre äußere Form ändern kann. Dies wird Eiszunge genannt. Gletscher können eine Aufhäufung ihrer transportierten Gesteine parallel zu ihrer Bewegungsrichtung bilden (Seitenmoräne), manchmal schleppt der Gletscher sein Material im Untergrund mit (Grundmoräne) und letztlich lagert er sie beim Abschmelzen an der Stelle des weitesten Vorstoßes ab (Endmoräne). Auch die kleinen Gletscherzungen können Moränen bilden.

Die Bewegung des Gletschers nach Süden erfolgte nicht kontinuierlich, sondern fast immer mit Epochen des Stillstands, eventuellem kurzen Rückzug und erneutem Vormarsch – mit jeweils unterschiedlichen Distanzen und abhängig von der großregionalen Temperatursituation. Innerhalb der Weichseleiszeit gab es mehrere Einzelschübe, einer davon lagerte in der Uckermark in Nordwest-Südost-Richtung eine verhältnismäßig markante Moräne ab. Die Zeit dieses Schubs wird Pommersches Stadium bzw. der Verlauf dieser Grundmoräne wird Pommersche Eisrandlage genannt. Diese Moräne ist die natürliche Grenze der Uckermark im Südwesten. Im Gebiet um Ringenwalde ist sie im Gelände deutlich auszumachen. Der berühmte Ringenwalder Steinbruch liegt genau in dieser Endmoräne. Es liegt auf der Hand, dass alle jüngeren Eisvorstöße die älteren Ablagerungen einebneten bzw. sie überdeckten. Daher sind im Brandenburger Raum keine Moränen der Saale- und Elstereiszeit mehr auszumachen. Diese findet man nur im

Süden (beispielsweise in der Oberlausitz bzw. im Zittauer Gebirge), da das überprägende Weichseleis nicht so weit vordrang.
Im Falle Brandenburgs bzw. der Uckermark setzte das Abschmelzen der Gletscher vor etwa 15.000 Jahren ein und dauerte bis zu 5000 Jahre an. Dabei blieben oft kleinere Einzelblöcke liegen, da die Schmelzung nicht gleichzeitig und gleichmäßig erfolgte. Diese Blöcke tauten dann später an Ort und Stelle, wobei sich die Schmelzwässer wie ein Strudel in den unmittelbaren Untergrund eingruben und kleine runde Hohlkehlen, die sogenannten Sölle, entstanden. Die Schmelzwässer großer noch zusammenhängender Eismassen suchten sich die einfachste Abfließrichtung zur Ostsee, wobei die großen und breiten Urstromtäler entstanden. Das Odertal wie auch das Randowbruch sind solche alten Urstromtäler. Größere Eisblöcke ließen beim Abschmelzen sehr oft – je nach Untergrund – Seen entstehen, vor allem, wenn nahe Moränenzüge oder ein wegen des Tongehalts wasserundurchlässiger Untergrund das Abfließen des Schmelzwassers verhinderten. Oft bewirkte das Abschmelzen mehrerer Eisblöcke bei geeigneter Lage zueinander die Bildung von Seenrinnen bzw. Seenketten. Die kleineren dieser Seen verlandeten oft und ließen moorige Feuchtgebiete entstehen, die in Norddeutschland oft »Luch« oder »Fenn« genannt werden.

## Geschichte der Uckermark

Die Uckermark ist eine historische Landschaft. Der heutige administrative Kreis Uckermark im Bundesland Brandenburg deckt sich in großen Teilen mit der geschichtlichen Region, weitere kleine Gebiete der früheren Uckermark liegen in den Kreisen Oberhavel und Barnim; ein weiterer kleinerer Teil um die Stadt Strasburg liegt heute in Mecklenburg-Vorpommern.
Der Name Uckermark bedeutet »Grenzland an der Ucker«. Vom frühen Mittelalter bis etwa zum 12. Jh. siedelte hier der Stamm der Ukranen, von denen sich auch der Flussname herleitet. »Terra ukera« wird die spätere Uckermark um 1200 genannt. Das Siedlungsgebiet der Ukranen befand sich jedoch im Norden, nach dem Jahr 1000 auch auf dem Herrschaftsgebiet der Pommernfürsten. Der Name »Uckermark« erscheint jedoch erstmalig 1465. »Mark« bedeutete damals Grenzgebiet (so wie u. a. Mark Brandenburg, Steiermark), in diesem Falle zu Pommern. Das heutige Wappen des Kreises Uckermark trägt daher nicht von ungefähr einen brandenburgischen Adler und einen pommerschen Greif.
Seit alters war das Gebiet umstritten. Die brandenburgischen Herrscher waren durch pommersches Land vom Meer und damit vom Handel abgeschnitten und suchten jahrhundertelang einen Zugang zu erreichen – entweder durch Gebietsgewinn durch Kriege oder eben durch Verträge. Umgekehrt stießen die Pommernherzöge tief nach Brandenburg hinein, teils um die Brandenburger zurückzuschlagen, teils um eben auch deren Lande sich einzuverleiben. Dabei geriet 1147 der Nordteil des Ukranenge-

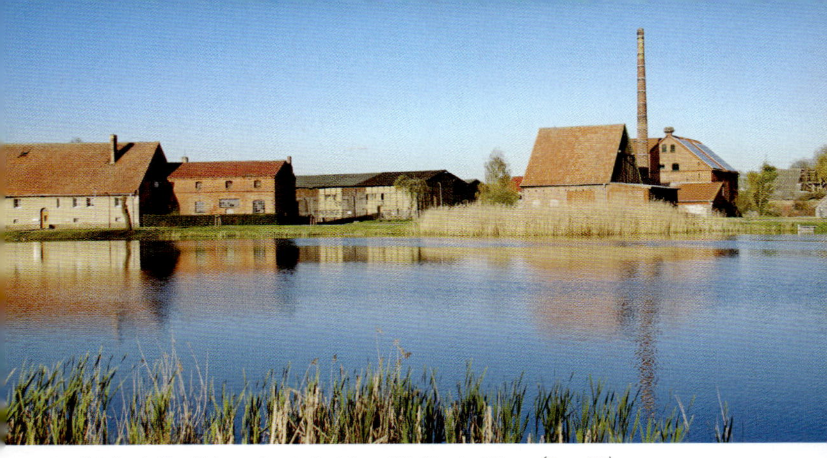

*Dorfidyll mit ländlicher, alter Industriearchitektur in Mürow (Tour 30).*

biets nach Landnahme durch Brandenburgs ersten Markgraf Albrecht den Bären (um 1100–1170) unter pommersche Herrschaft. Gegen 1180 wurde mit dem Prämonstratenserkloster von Gramzow das erste Kloster des Landes erbaut und dessen Christianisierung vorangetrieben. Der »Grützpott« von Stolpe zeigt in seiner starken Wehrhaftigkeit, für wie bedeutsam die Pommernherrscher ihr Land als strategischen Posten gegenüber den Askaniern ansahen.

Bedeutend wurde in jener Zeit die Fernhandelsstraße Stettin–Magdeburg, die über das anfangs noch wenig bedeutende Prenzlau verlief, ihm jedoch zu solchem Reichtum verhalf, dass es 1287 die Stadtrechte bekam. Magdeburg war um das Jahr 1000 als Sitz der ottonischen Kaiser gleichsam Hauptstadt des Heiligen Römischen Reichs Deutscher Nation gewesen, und auch jetzt, nach Aussterben der Ottonen, noch von großer Bedeutung. Die Uckermark wurde als Landschaft bekannt. Der Dichter Wolfram von Eschenbach erwähnt in seinem Versepos »Parzival« (um 1210) das »ukerlant«.

Friedliche Epochen ermöglichten in jenen Jahren den Brandenburgern den Kauf des »ukerlants«. Denn Pommernherzog Barnim I. überließ 1230 jenen den südlichen Teil des Ukranenlands und mit dem 1250 zwischen den brandenburgischen Askaniermarkgrafen Johann I. und Otto III. geschlossenen Vertrag von Landin (nahe Angermünde) traten die Pommernherrscher auch den Nordteil der Uckermark an die Markgrafen von Brandenburg ab, womit das alte Ukranenland erstmals unter einer Herrschaft vereinigt war. Warum es zu dem Verkauf kam, ist nicht ganz sicher, zumindest aber beendete er nicht den Streit um die Uckermark. Denn die blieb auch in den folgenden Jahrzehnten Streitobjekt zwischen Pommern und Branden-

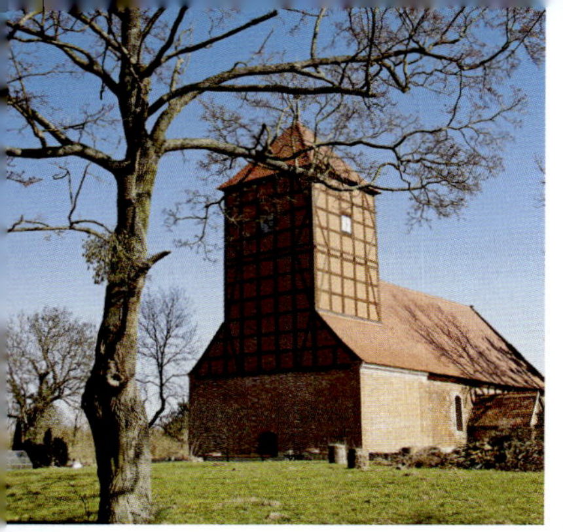

*Fachwerkkirche in Fergitz (Tour 9).*

burg, wobei auch mecklenburgische Herrscher Ansprüche anmeldeten. Wiederholt kam es dabei zu kriegerischen Auseinandersetzungen. Und erst der Frieden von Wittstock vom 12. April 1442 brachte das Ende dieser unwürdigen Rangeleien. Von diesem Jahr an blieb die Uckermark bei Brandenburg. Obwohl es seinen Charakter als umkämpftes Grenzgebiet jetzt verloren hatte, behielt das Land seinen Namen: »vker marckh«, wie es in einer Urkunde aus dem Jahr 1486 heißt.

Die nächsten hundertfünfzig Jahre der Landesgeschichte weisen wenig Erwähnenswertes auf. Erst der Dreißigjährige Krieg (1618–1648) brachte Veränderung. Seit 1626 wurde die Uckermark von Kämpfen heimgesucht. Mit der Landung des Schwedenkönigs Gustaf Adolf 1630 in Peenemünde durchzogen in den folgenden knapp 20 Jahren des Kriegs immer wieder Heeresverbände und marodierende Soldaten das Land. Brandschatzungen, Missernten und Seuchen ließen die Bevölkerungszahl zurückgehen. Um 1650 lagen 40 % aller Orte zerstört bzw. »wüst«, gut ein Drittel der Bewohner der Uckermark war in den Kriegsjahren umgekommen. Doch mit dem Ende des Dreißigjährigen Kriegs war beileibe kein Ende der Leidenszeiten gekommen. Der Schwedisch-Polnische Krieg (1655–1660) und insbesondere der Brandenburgisch-Schwedische Krieg (1674–1679) ließen die Uckermark erneut zum Truppenauf- und -durchmarschgebiet werden. Dass dabei die Zivilbevölkerung keineswegs geschont wurde, liegt auf der Hand. Doch zumindest nach 1680 setzte wieder eine friedlichere Zeit ein. In das teilweise verödete Land waren seit 1650 Neusiedler gekommen: Hugenotten aus Frankreich und Mennoniten aus Holland, die in Brandenburg ihre Religion frei ausüben konnten. Nicht zuletzt durch die Anwesenheit und den Fleiß der Hugenotten blühte Brandenburg und damit die Uckermark auf. Handelsprivilegien u. Ä. verbesserten die Lebenssituation aller Bewohner. Holländer und Hugenotten brachten auch den Tabak in die Uckermark mit. Die Gegend um Schwedt und Vierraden ist bis heute Tabakanbaugebiet (wenngleich ein sterbendes, da nur noch sieben Betriebe in Arbeit sind und die EU-Subventionen weggefallen sind). Mit dem Bau des Finowkanals nach 1746 wurde die Infrastruktur im südlichen Landesteil verbessert und der Getreideanbau auf den ohnehin guten Lehmböden wurde bis ins 19. Jh. hinein unter anderem durch das Ablassen von Seen optimiert, da damit die Anbauflächen vergrößert werden konnten. Friedrich der Große erließ gegen 1755, um Hungersnöten vorzubeugen, den Befehl zum Kartoffelanbau in seinen Landen, womit die Kartoffel in seinem Königreich heimisch wurde. Doch die Blütezeit der ersten Hälfte des 18. Jh. ging zu Ende: Der Siebenjährige Krieg (1756–1763) brachte neue Molesten. Diesmal waren es russische Truppen, die das Land verheerten. In den Jahren nach 1840 führte der Eisenbahnbau wieder zu einer Verbesserung der wirtschaftlichen Situation. Die Bahnlinie Angermünde–Prenzlau–Stralsund entstand bis 1865 und band die Uckermark besser an die Hauptstadt Berlin bzw. die Linie Berlin–Stettin an.

Vielleicht die größte Katastrophe in der uckermärkischen Geschichte war das Kriegsende 1945. Während ihres Vormarsches auf Berlin durchzog die sowjetische Armee auch die Uckermark. Die schwachen deutschen Verteidiger warfen alle noch vorhandene Kraft dem Gegner entgegen, der militärisch umso grimmiger antwortete. Die meisten Städte der Uckermark gingen bis Ende April in Flammen auf. Prenzlaus Innenstadt wurde erst nach der Einnahme durch Brandstiftung zerstört, wobei innerhalb des alten Mauerrings bis auf die Kirchen kein Haus verschont blieb. Mit dem Kriegsende und der Entstehung der DDR wurde das schwer geschundene Land wieder geteilt. Preußen war seit 1947 ohnehin durch alliierten Federstrich von der Landkarte getilgt und die DDR-Regierung löste 1952 die ehemaligen Provinzen des Landes auf und ersetzte sie durch in ihren Grenzen neu geschaffene Bezirke. Die Uckermark wurde in ihrem nördlichen Teil dem neuen Bezirk Neubrandenburg zugeschlagen, im Osten teilweise dem Bezirk Frankfurt/Oder, der südliche Teil gehörte fortan zum Bezirk Potsdam.

Mit der Wiederherstellung der alten Länder war nach 1990 die Teilung der Uckermark wieder aufgehoben. Abermals gehörte sie in der Gänze zum Land Brandenburg. Doch geriet nun das überwiegende Agrargebiet Uckermark in eine Schieflage. Da die meisten Bewohner der Uckermark in der Landwirtschaft tätig waren, brachten der Zerfall und die Auflösung der LPGs bzw. Kolchosen schwere soziale Spannungen. Viele Arbeitsplätze fielen weg, neue entstanden kaum, und zumindest die Jüngeren verließen ihre Heimat, um anderswo Verdienstmöglichkeiten zu finden. Die Uckermark machte zeitweise mit dem Negativrekord von 25 % Arbeitslosen Schlagzeilen. Zumindest in den letzten Jahren hat sich die Situation aber gebessert – zugegeben großenteils durch Abwanderung, was die Quote senkte. Aber die Uckermark strebt aufwärts: Windparkanlagen, neue Industrien (Solartechnik), die immer noch florierende Papierherstellung und Erdölverarbeitung in Schwedt, die weiterhin existierende Landwirtschaft und nicht zuletzt der Tourismus bewirken nach und nach eine ökonomische Konsolidierung der Uckermark. Für eine aufblühende touristische Region hat die Uckermark viel an noch nicht ausgeschöpftem touristischen Potenzial und braucht somit nicht mit ihren Reizen zu geizen.

*Bild Seite 28/29: Landschaft an der Westoder bei Stolpe (Tour 33).*

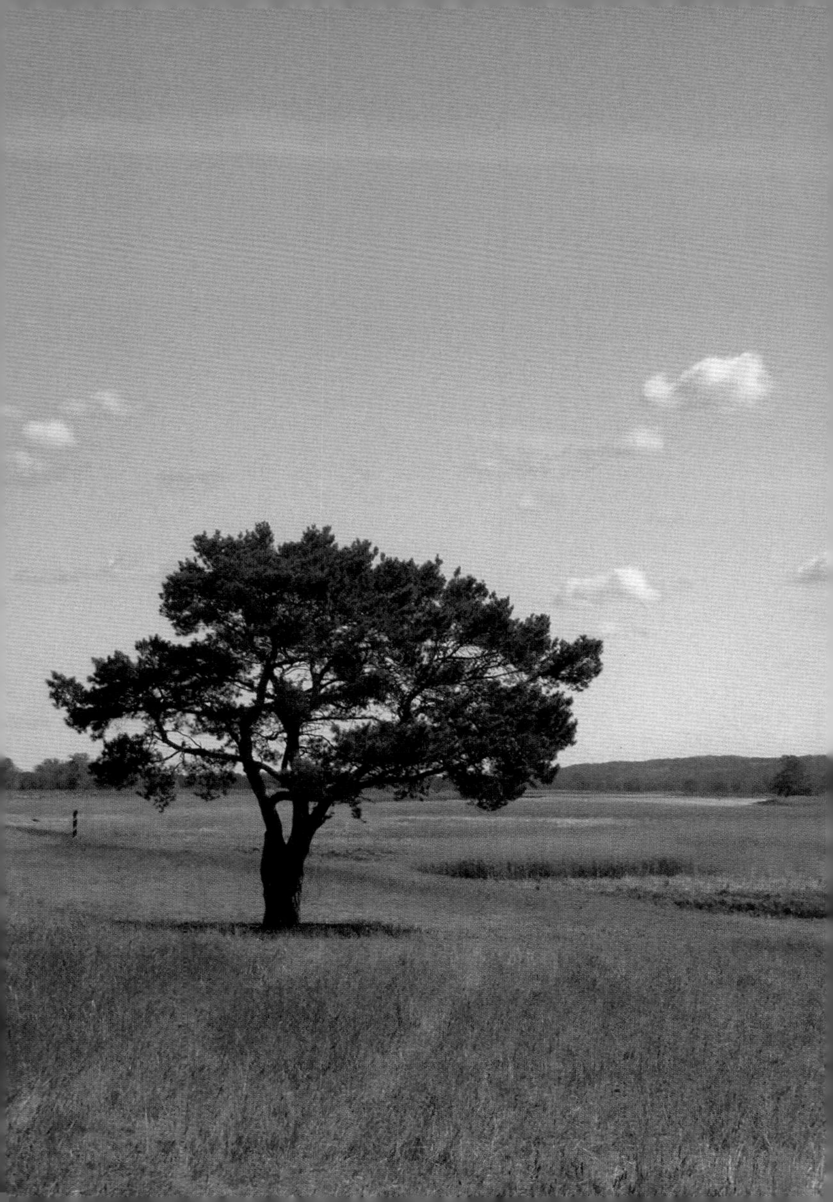

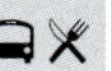


# 1 Am Werbellinsee

**3.30 h**

## Durch verträumte Wälder an einem der schönsten Seen Brandenburgs

*Der 9,5 km² große Werbellinsee in der Schorfheide ist einer der größten brandenburgischen Seen. Mit einer maximalen Tiefe von 55 m ist er nach dem Stechlin der zweittiefste des Landes Brandenburg. Zu DDR-Zeiten wurde 1952 an seinem Südufer unweit von Altenhof die Pionierrepublik Wilhelm Pieck errichtet, ein Ausbildungszentrum der künftigen Parteielite der SED. Die Gebäude bestehen heute noch. Am Nordufer liegt das Jagdhaus Hubertusstock, 1847 im Schweizer Landhausstil für den Preußenkönig Friedrich Wilhelm IV. erbaut. Die DDR-Regierung nutzte es als Gäste- und Begegnungshaus – so traf sich hier im Dezember 1981 der DDR-Staatsratsvorsitzende Erich Honecker mit Bundeskanzler Helmut Schmidt. Der Werbellinsee wird heute intensiv als Naherholungsgebiet genutzt, hat aber durch seinen Fischreichtum auch lokale wirtschaftliche Bedeutung.*

**Ausgangspunkt:** Werbellin, 56 m, Kirche; Bus 915 ab Busbahnhof Eberswalde nach Werbellin/Altenhof.
**Anforderungen:** Längere Wanderung auf breiten Wald- und Feldwegen.
**Einkehrmöglichkeiten:** Werbellin: Gasthaus Irrenhaus, Lichterfelder Weg 20, Tel. +49 171 9325827, geöffnet Fr.–So., www.werbellin-erleben.de. Eichhorst: u. a. Petras Fischexpress (legendäres Fischlokal bzw. Fischimbiss an der Schleuse), Eberswalder Str. 1b, Tel. +49 3335 330532, www.petras-fischexpress.de. Altenhof: u. a. Restaurant Alte Fischerei (auch Außerhaus-Verkauf von Fischbrötchen u. ä.), Am See 2, Tel. +49 33363 3141, www.alte-fischerei.de.
**Hinweis:** Viele Bademöglichkeiten am Südufer des Sees und in Altenhof. Natürlich kann man auch entlang der Nordseite des Werbellinsees wandern, doch verläuft der Weg dort unmittelbar neben der zumindest im Sommer vielbefahrenen Straße Joachimsthal–Marienwerder (Finowfurt). Die Wanderung gewinnt einen höheren Erlebniswert, wenn sie nicht am Werbellinsee in Altenhof beginnt, sondern an diesem als landschaftlichem Höhepunkt endet und mit der kleinen »Coda« des Rückwegs nach Werbellin gleichsam poetisch ausklingt.

Von der Kirche (als Autobahnkirche ausgewiesen, die ganztägig zur Erbauung einlädt) in der Ortsmitte von **Werbellin** ❶ gehen wir entlang der Dorfstraße mit der grünen Markierung westwärts bis zum Ortsende. Hier wenden wir uns mit Grün halbrechts (Straßenschild »Zum Sportplatz«) und

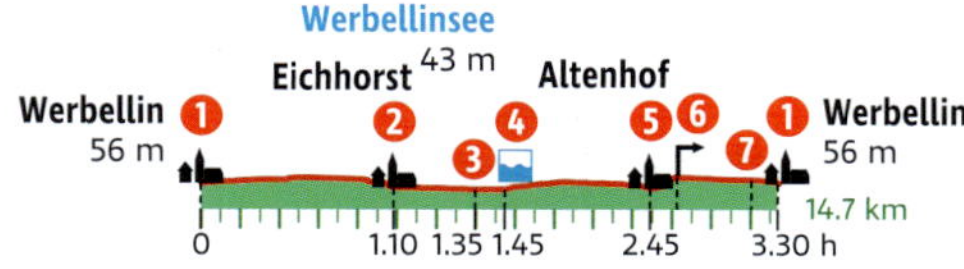

gehen auf einem unbefestigten, aber breiten und guten Weg etwa 500 m, passieren den Sportplatz und kommen an einer Datschensiedlung vorbei. Der Weg senkt sich etwas und macht eine deutliche Rechtsbiegung. Leicht an- und absteigend führt er nun etwa 2 km durch lichte und dunklere Waldabschnitte geradeaus (grüne Markierung nur sporadisch vorhanden), dann knickt der Weg nach links ab und senkt sich zum Werbellinkanal ab. Kurz davor kommen wir auf die Teerstraße Eichhorst–Altenhof, gehen auf ihr geradeaus weiter und gelangen alsbald zur Straße Eichhorst–Eberswalde und zum Werbellinkanal bei **Eichhorst** 2. Kurz vor der Straße machen wir einen kleinen Abstecher nach rechts über eine kleine hölzerne Brücke parallel zur Teerstraße zur Kanalschleuse bzw. zum nahen, weithin bekannten und viel besuchten Fischlokal (Petras Fischexpress). Die Wanderung setzen wir aber nun mit einer roten Markierung fort. Unmittelbar vor dem erwähnten Brückchen führt ein schmaler Pfad im spitzen Winkel

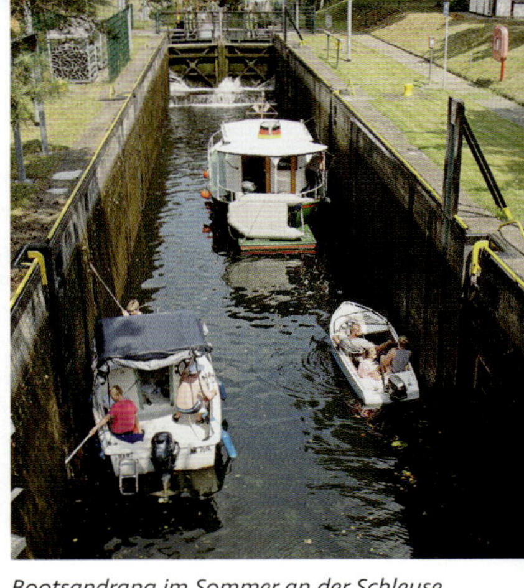

*Bootsandrang im Sommer an der Schleuse des Werbellinkanals.*

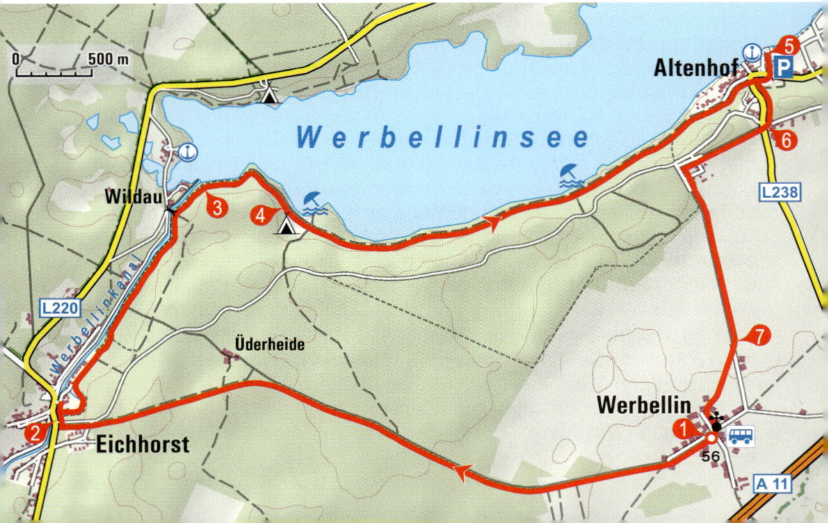

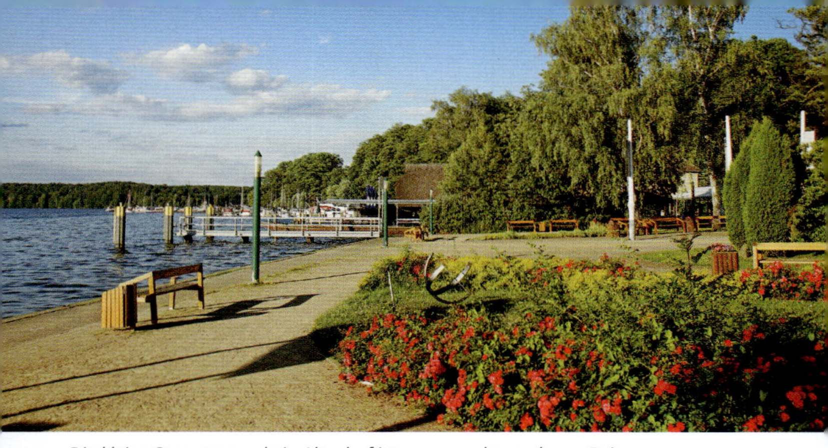

*Die kleine Seepromenade in Altenhof ist von ganz besonderem Reiz.*

nach rechts entlang eines kleinen Bachs, zieht sich recht malerisch an einer Art Steilufer weiter am Bach entlang und führt um die Häuser am Ostrand von Eichhorst herum. Nach wenigen Minuten wenden wir uns scharf nach rechts und nähern uns wieder dem Werbellinkanal an. Unser rot markierter Pfad verläuft nun an dessen Ostseite. Wir passieren nach etwa 1,5 km Kilometern den sogenannten (auf der anderen Kanalseite befindlichen und über ein Brückchen zu erreichenden) Askanierturm und kommen zur Mündung des Kanals in den **Werbellinsee** ❸. Wir gehen mit rot weiter nach rechts am Seeufer entlang, erreichen nach etwa 800 m rechter Hand einen **Campingplatz** ❹, passieren auf unserem Wanderweg offiziell sein Gelände und halten uns danach weiter auf dem Uferweg. Ab hier gibt es bis Altenhof mehrere hübsche Badestellen; rechts steigt der Waldhang zum Teil auffallend steil an. Nach knapp 3 km kommen wir zu den ersten Häusern von Altenhof, gehen in die Ortsmitte bis zur Straße nach Eberswalde und biegen etwa 100 m danach am Parkplatz zum Seeufer von **Altenhof** ❺ hinunter ab. Dort gibt es verschiedene Einkehrmöglichkeiten. Nach getaner Stärkung gehen wir zur Hauptstraße zurück, folgen ihr nach rechts und schlagen dann links die Straße nach Eberswalde ein, die wie ein Hohlweg bergan führt. Auf der Anhöhe, nahe dem südlichen Ortsende, biegen wir in die Straße **Unter den Buchen** ❻ nach rechts ein. Nun gehen wir etwa 600 m am Waldrand entlang und zweigen dann im rechten Winkel nach links in den blau markierten Weg (zweiter Abzweig der Lindenstraße) in Richtung Werbellin ab. Wir wandern über weite Felder hinweg, nach etwa 1,3 km treffen wir auf eine spitzwinklige **Wegkreuzung** ❼, und biegen hier halbrechts ab. Wir kommen zum Werbelliner Friedhof, biegen bei ihm nach links ab und erreichen rasch unseren Ausgangspunkt an der Kirche in **Werbellin** ❶.

↗ 110 m | ↘ 110 m | 12.3 km

TOP

**3.30 h**

# Das Unesco-Weltnaturerbe Buchenwald Grumsin

**2**

### Eine beglückende Begegnung mit zauberhaften Märchenwäldern

*Zusammen mit dem Hainich in Thüringen, dem Kellerwald in Hessen und den Wäldern von Serrahn (Müritz) sowie jenen der Halbinsel Jasmund auf Rügen gehört der Grumsiner Forst seit 2011 zum UNESCO-Weltnaturerbe »Alte Buchenwälder Deutschlands und Buchenurwälder der Karpaten und anderer Regionen Europas«. Er ist Teil des Biosphärenreservats Schorfheide-Chorin. Die Hügellandschaft des Grumsin, ein Endmoränenzug der Weichseleiszeit, erreicht bis zu 138 m Meereshöhe. Der Wald mit vielen kleinen Seen und Mooren dient zahlreichen Vogelarten als Brutgebiet und ist Lebensraum selten gewordener Insekten. Vier unterschiedlich markierte Rundwege zwischen sieben und 21 km Länge, die am Infopunkt Altkünkendorf am Nordrand des Gebiets bzw. am GeoPark Eiszeitland am Oderrand bei Groß Ziethen (Südrand) beginnen, durchziehen den Park. Allerdings sind die ständig sich überschneidenden Wege auf der Karte und im Gelände sehr verwirrend. Die vorliegende Tour verknüpft Teilstrecken dieser vier Routen und möchte eine erste und intensive Begegnung mit dem Buchenwald ermöglichen. Die Grumsin-Tour ist sicherlich eine der schönsten der Uckermark.*

**Ausgangspunkt:** Groß Ziethen, 69 m, Besucher- und Informationszentrum des GeoParks Eiszeitland am Oderrand; Bus 912 ab Busbahnhof Eberswalde; Bus 920 ab Bhf. Joachimsthal oder ab Bhf. Angermünde.
**Anforderungen:** Leichte, nicht zu lange Tour auf guten Feldwegen, teils sandigen, teils gepflasterten Waldwegen, ein Teilstück verläuft entlang einer Asphaltstraße.
**Einkehrmöglichkeiten:** Zur Zeit keine.
**Sehenswürdigkeiten:** Erlebnisort Ihlowberge (eiszeitliche Phänomene, Moränen, Geschiebe); neugotische Dorfkirche von Friedrich Wilhelm Stüler in Altkünkendorf.

Vom Parkplatz am GeoPark-Infozentrum bei **Groß Ziethen** ❶ gehen wir durch ein hölzernes Tor und folgen dem breiten, mit grünem Balken und grünem Buchenblatt markierten Weg nordwestwärts. Nach etwa 400 m passieren wir einen von links kommenden Weg und erreichen nach weiteren 450 m eine Gabelung mit einem alten **Wegstein** ❷, der die Richtung nach Altkünkendorf angibt. Wir gehen gemäß dem Wegstein auf dem mit dem grünen Buchenblatt markierten Weg nach rechts in Richtung Altkünkendorf. Der Weg senkt sich etwas, links befindet sich einer der für die Gegend

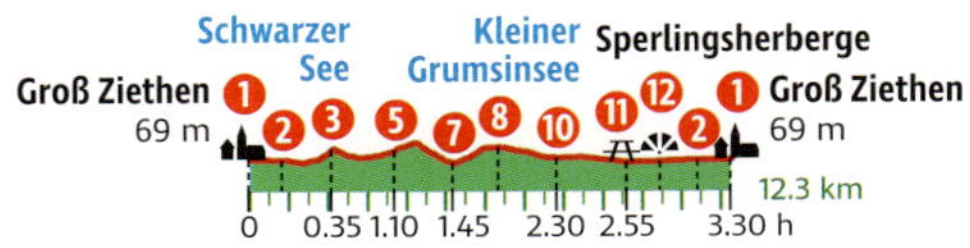

so typischen eiszeitlichen Seen, dann geht es am Waldrand leicht bergan. Wir überqueren eine Feldwegkreuzung (roter Buchenblattweg kommt von rechts) und gehen geradeaus mit dem grünen Buchenblatt weiter. Hier erst haben wir das eigentliche Buchenwaldgebiet erreicht. Nach knapp 400 m zweigt nach **links** ❸ ein Weg zum Schwarzen See ab; wir halten uns jedoch geradeaus und unmittelbar rechts unseres Wegs beginnt schon die nicht zu betretende Kernzone 1. Durch die schönsten lichten Waldungen wandern wir oberhalb des Schwarzen Sees ständig leicht bergan und bergab zu einem **Abzweig** ❹; hier biegt Grün nach links ab, gleichzeitig kommt Gelb von links und führt uns geradeaus auf einer reizvollen Pflasterstraße weiter. Rund 1 km nach dem Abzweig kommen wir zu einer **Kreuzung** ❺, wo die gelbe Markierung nach links in Richtung Grumsin abbiegt. Wir jedoch gehen kurz rechts, dann links, wobei wir immer noch Gelb und jetzt auch dem roten Buchenblatt folgen; rechts führt einer jener verbotenen Wege ins Heiligtum des Buchenwalds, in die Kernzone 1. Nun steigt die Straße deutlich an, bald erreichen wir den Fuß des links liegenden Berliner Bergs, 108 m, einer der höchsten Erhebungen des Grumsiner Forsts. Nach und nach gelangen wir ans Ende des schier unermesslichen Waldes und der Weg senkt sich deutlich abwärts. Kurz vor Verlassen des Waldes kommt von rechts der **orangefarben markierte Weg** ❻ aus Louisenhof heran. Wir gehen mit Orange nach links weiter bergab und erreichen schließlich die Straße **Altkünkendorf–Neugrimnitz** ❼. In rund 800 m Entfernung befindet sich das Dorf Altkünkendorf. Wir aber biegen nach links in die glücklicherweise nicht allzu befahrene Straße ein. Zunächst wandern wir durch eine breitere Talaue, dann steigt die Straße über zwei deutliche Kurven merklich an. Beim Wiedereintritt in den Wald macht sie eine Rechtswendung (hier zweigt ein Waldweg halblinks ab), etwa 350 m danach bie-

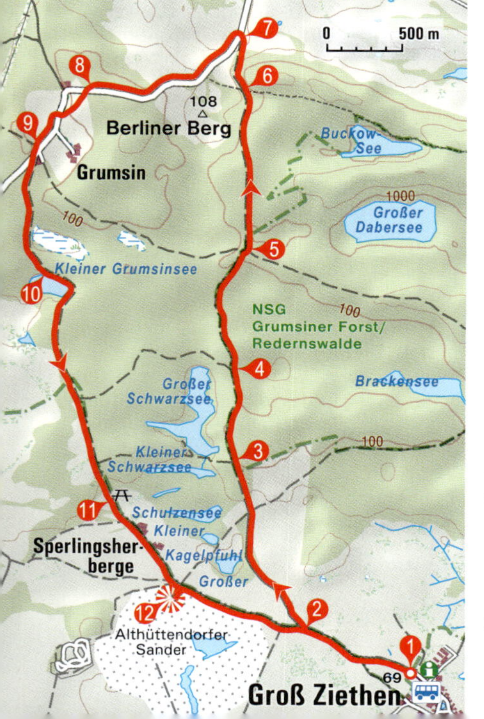

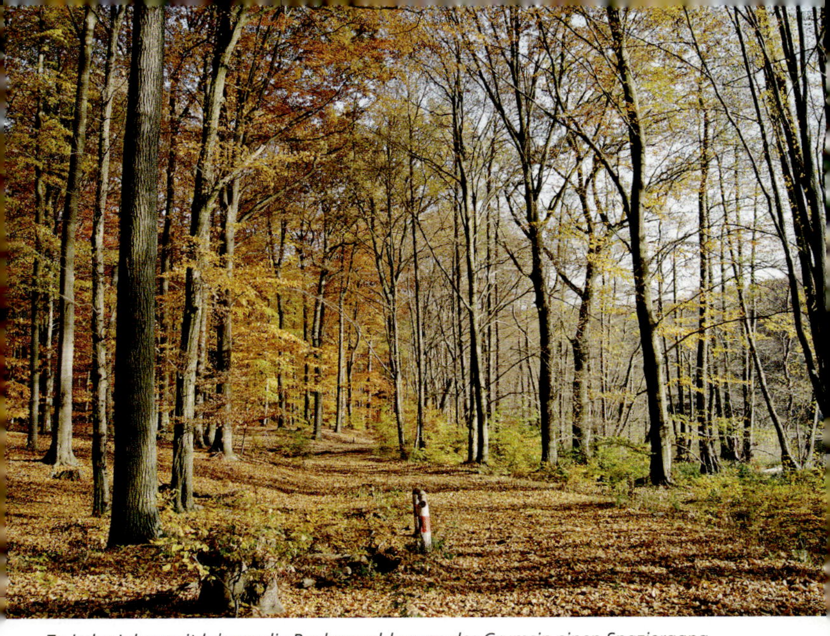

*Zu jeder Jahreszeit lohnen die Buchenwaldungen des Grumsin einen Spaziergang.*

gen wir nach links in einen **Waldweg** 8 ein, kürzen ein Stück der Straße ab und stoßen nach 300 m wieder auf sie. Auf ihr gehen wir nach links, passieren die Zufahrt zum Dörfchen Grumsin und folgen etwa 200 m danach einem breiten **Waldweg** 9 nach links. Der Weg gabelt sich sogleich wieder; beide Möglichkeiten sind gelb markiert, wir nehmen den rechten Weg. Gleich umfängt uns wieder der Zauber des Buchenwalds und wir erreichen nach knapp 1 km den **Kleinen Grumsinsee** 10. Wir steigen auf seiner linken Seite bis zu einer Stelle hinauf, wo Gelb nach links abbiegt und wir geradeaus Grün folgen. Bald erreichen wir wieder das Ende des Buchenwalds, gleich danach liegt rechter Hand der Erlebnisort **Sperlingsherberge** 11. Hier können wir picknicken und in einer alten Sandgrube die geschichteten, eiszeitlichen Lockergesteine bewundern. Vorbei an den wenigen Häusern von Sperlingsherberge treffen wir auf den mit einem grünen Streifen markierten Feldweg Neugrimnitz–Groß Ziethen. Hier, direkt am Nordrand einer großen Kiesgrube, gibt es einen **Aussichtspunkt** 12 mit weitem Blick über den Althüttendorfer Sander (ein Sander ist eine Schwemmebene vor der Gletscherzunge). Von hier gehen wir in Richtung Groß Ziethen (grüner Streifen und grünes Buchenblatt), passieren wieder den alten **Wegstein** 2 und kehren zum Ausgangspunkt bei **Groß Ziethen** 1 zurück.

↗ 40m | ↘ 40 m | 11.0 km

# 3 Von Groß Ziethen nach Senftenhütte

2.30 h

## Eine Wanderung durch stille Felder, Wälder und Dörfer

*Groß Ziethen ist neben Altkünkendorf nicht nur das bedeutendste Tor für Touren in das Weltnaturerbe des Buchenwalds Grumsin, sondern Ausgangspunkt für empfehlenswerte Touren in das südliche und südwestliche Umland. Die stille, fast weltfern zu nennende Landschaft und die beiden kleinen Orte, die besucht werden, sind von besonderem Zauber, der umso berührender ist, da man sich unweit der viel befahrenen B 198 befindet und auch die Autobahn A 11 Berlin–Stettin in Reichweite liegt. Doch ist deren Nähe auf der Wanderung nicht spürbar.*

**Ausgangspunkt:** Groß Ziethen, 68 m, Ortsmitte (Kirche); Bus 912 ab Bhf. Eberswalde; Bus 920 ab Bhf. Joachimsthal oder ab Bhf. Angermünde.
**Anforderungen:** Leichte Wanderung auf breiten, überwiegend unbefestigten Feld- und Waldwegen.
**Varianten:** Abstecher in die Niederungen des Nordufers des Serwester Sees, wo der Weg nach etwa 1 km mitten im Feld endet; Abkürzung vor Senftenhütte: 1,5 km nach dem Waldende nach rechts direkt Richtung Groß Ziethen abbiegen, die gesamte Gehzeit reduziert sich auf ca. 2 Std., die Strecke auf 9 km.
**Einkehrmöglichkeiten:** Keine.

Von der Kirche in **Groß Ziethen** ❶ gehen wir auf der Straße Zur Mühle (Am Denkmal) am Dorfanger entlang nach Südosten. Am Südende des Dorfes überqueren wir die B 198 und gehen geradeaus auf einem zunächst gepflasterten Feldweg (Buchholzer Weg, später unbefestigt) weiter. Er führt durch weite Felder, dann durch ein kleines Wäldchen und steigt etwas an. Wo er sich wieder in offenes Land absenkt, genießen wir einen schönen Blick über die Landschaft. Dann kommt von links ein Weg heran (→ Variante), wir halten uns halb rechts Richtung Buchholz, das schon zu se-

*Stille Landschaft bei Senftenhütte.*

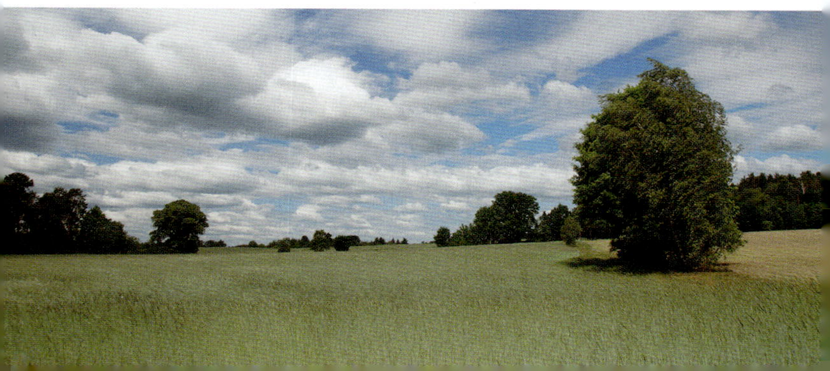

hen ist. Buchholz war bis zu Beginn der 2000er-Jahre fast verlassen, doch inzwischen haben fast alle Häuser neue Besitzer gefunden. Wir gehen die Dorfstraße hinauf, wo am Ortsausgang von **Buchholz** ❷ in einer Linkskurve das Kriegerdenkmal steht. Hier biegen wir rechts auf einen schmalen, verhältnismäßig steil abwärts führenden schmalen Weg ab, der nach etwa 80 m unten ein paradiesisches Tal erreicht. Weiter steigt der Weg etwas an, und führt nach links abbiegend in den Wald und nach etwa 400 m an einer Wegegabelung links bergab (auch der rechte Weg führt in nur geringem Abstand hinunter) zur unbefestigten Straße Serwest–Senftenhütte. Auf dieser halten wir uns rechts und wandern weiter durch schöne Waldungen. Nach etwa 700 m verlassen wir den Wald und gehen durch eine leicht gewellte Feld- und Wiesenlandschaft. Wir könnten nach ca. 1,5 km die Strecke abkürzen (→ Variante), doch wir bleiben geradeaus und erreichen nach etwa 500 m den Ortseingang von **Senftenhütte** ❸ (rechts eine Pferdekoppel). Der Ortsname leitet sich von einem Glaser Johann Senff her, der hier um 1720 eine Glashütte gründete. Uns erstaunen die merkwürdigen Straßennamen – geradeaus geht es in die »Kolle Seele«, links kommt der »Ärmel« heran.

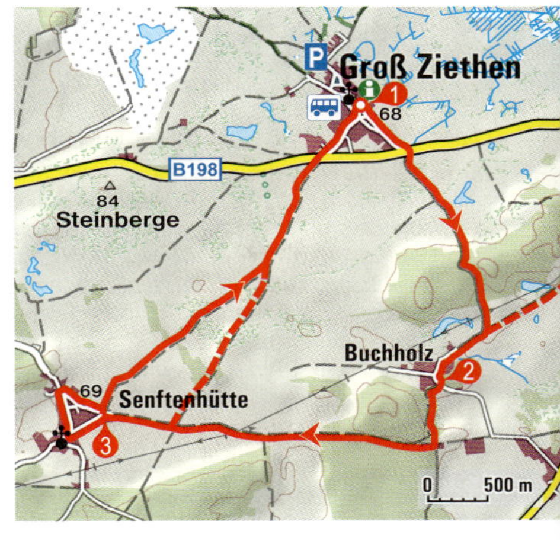


Bevor wir nach rechts auf einem überwiegend unbefestigten Weg nach Groß Ziethen gehen, drehen wir noch eine Runde durch Senftenhütte. Über die »Kolle Seele« kommen wir nach etwa 350 m zur Lindenstraße, gehen in spitzem Winkel nach links und erreichen dann nach ungefähr 300 m die nach links abbiegende Straße »Ärmel«. Auf dieser kommen wir wieder zum Ortsende, gehen aber hier geradeaus auf den schon erwähnten Weg nach Groß Ziethen. Nach etwa 150 m passieren wir die letzten Häuser von Senftenhütte, halten uns hier immer geradeaus und wandern gut 2,5 km durch schöne weite, einsame Felder und Wiesen zur B 198, die wir überqueren. Dann gehen wir durch die Joachimsthaler Straße in den Ort hinein und zurück zu unserem Ausgangspunkt, der Kirche von **Groß Ziethen** ❶.

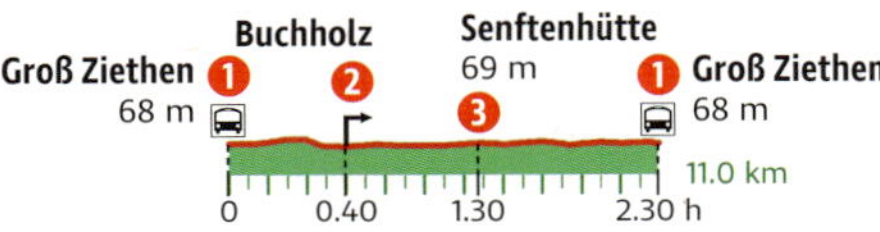

↗ 40 m | ↘ 40 m | 10.7 km

# 4 Parlow und die Poratzer Moränenlandschaft

2.30 h

## Seen- und Waldeszauber in einer abgelegenen Region der Uckermark

*Obwohl das Dörfchen Parlow nur wenige Kilometer von Joachimsthal bzw. der Autobahn A 11 entfernt liegt, wirkt es denkbar unberührt und fast archaisch. Denn das große Waldgebiet der nördlich anschließenden Poratzer Moränenlandschaft hat hier keine Durchgangsstraßen entstehen lassen. Das verhältnismäßig hügelige Waldgebiet östlich der beiden Präßnickseen, südlich von Poratz gelegen und im Osten von der A 11 begrenzt, ist als Naturschutzgebiet ausgewiesen und kaum begangen. Die Verbindung aus sumpfigen Waldniederungen und hügeligen Buchenmischwaldgebieten sowie die weite Einsamkeit macht diese Tour besonders attraktiv, insbesondere für die Abgeschiedenheit schätzende Wanderer.*

**Ausgangspunkt:** Parlow, 66 m, Gasthof am Speicher (Parkmöglichkeit); Bus 921 ab Busbahnhof Eberswalde oder Bhf. Joachimsthal.
**Anforderungen:** Keine zu lange Wanderung.
**Variante:** Vom Gehöft Luisenau (Wegpunkt 4) kann man auf einem schmalen Ackerweg ostwärts bis Wegpunkt 7 abkürzen. Bei Nässe ist der Abschnitt ab Wegpunkt 1 bis Luisenau, der durch Wiesen und nahe an Sumpfgebieten vorbeiführt, nur bedingt begehbar und nicht zu empfehlen. In diesem Fall ist dennoch eine schöne Rundwanderung möglich, indem man die Tour in umgekehrter Richtung von Parlow bis Luisenau macht und von dort über die Querverbindung (Abkürzung) entlang eines Ackers zurück zum Hinweg geht.
**Einkehrmöglichkeiten:** Parlow: Gasthof zum Speicher, Hof 35, Tel. +49 33361 70374, www.gasthof-am-speicher.de.

**Sehenswürdigkeiten:** Um Parlow erstreckt sich ein brandenburgweit bekanntes Brutgebiet des Kranichs. Man trifft ihn hier allenthalben an, daher gibt es gleich neben dem Gasthof zum Speicher ein Kranich-Informationszentrum (geöffnet 1. April–30. Sept., Sa., So. und Feiertage 12–16 Uhr, Tel. +49 172 3261069, www.kranichdorf.de). Etwa 1 km östlich von Parlow liegt an der Straße nach Glambeck der ehemalige Friedhof des in den 1860er-Jahren aufgegebenen und heute verschwundenen Dorfes Mellin. Seine Bewohner wanderten damals wegen der großen Armut geschlossen nach Amerika aus. Auf dem ehemaligen Friedhof erinnert ein Gedenkstein an den Begründer der Theoretischen Physik, Franz Ernst Neumann, der in Mellin 1798 zur Welt kam und als Professor in Königsberg zu Weltruhm gelangte. 1895 starb er dort 98-jährig.
**Tipp:** Baden im Großen Präßnicksee.

Von der Ortsmitte in **Parlow** ❶ gehen wir nach Osten zur Glambecker Straße und hier nach links in die Joachimsthaler Straße, die zur Schmelzer Straße wird. Wo die Schmelzer Straße einen deutlichen Rechtsknick macht, biegen wir am Haus mit dem Schild »Ferienwohnungen Kiwitt« links in ein weites Wiesengebiet ab, gehen auf einem Wiesenpfad entlang eines Entwässerungskanals bis zu einem Querkanal und halten uns danach an einer undeutlichen Weggabelung halbrechts in Richtung einer kleinen Schutz-

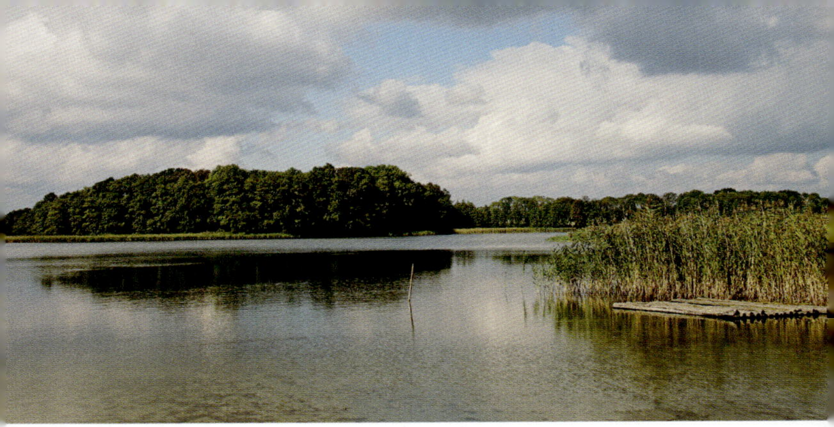

*Einer der einsamsten Orte der Uckermark: der Große Präßnicksee.*

hütte. Bei dieser Hütte haben wir den **Großen Präßnicksee** 2 erreicht. Unser Pfad wendet sich hier, wieder deutlicher ausgebildet, scharf nach rechts in den Wald und steigt etwas an. Etwas mehr als 1 km wandern wir jetzt durch das sumpfige Bruchgebiet am Seeufer, bis wir auf die breitere, jedoch unbefestigte Straße von Schmelze kommen. Hier folgen wir der grünen Markierung (dicker Punkt) nach links und kommen alsbald zum Ostufer des Großen Präßnicksees, der durch eine nur ganz schmale Landbrücke vom **Kleinen Präßnicksee** 3 getrennt ist. Auch befindet sich hier ein Stützpunkt des lokalen Angelvereins. Der Weiterweg kann jetzt sehr feucht sein, denn wir überqueren einen versumpften Kanal über einige Bretter und dünne Stämme. Danach wendet sich der Weg deutlich nach links und nach etwa 100 m nach rechts. Nun geht es entlang eines Ackers etwas bergan, am höchsten Punkt biegt der Weg am Waldrand erneut nach rechts ab. Nach ungefähr 600 m kommen wir zur Fahrstraße Ringenwalde–Luisenau und gehen auf ihr nach rechts ein kleines Stück bis zum Eingang des Gehöfts **Luisenau** 4, wo sich eine Informationstafel befindet (bei Nässe: → Variante). Wir kehren bei trockener Witterung aber zurück zur Fahrstraße nach Ringenwalde und gehen auf dieser etwa 700 m nach rechts, bis wir im Wald auf eine breite **Einmündung** 5 stoßen. Hier biegen wir nach rechts ab und verlassen die grüne Markierung. Auf dem breiten Waldweg

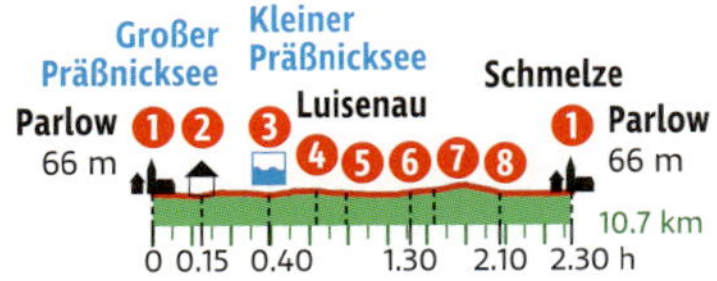

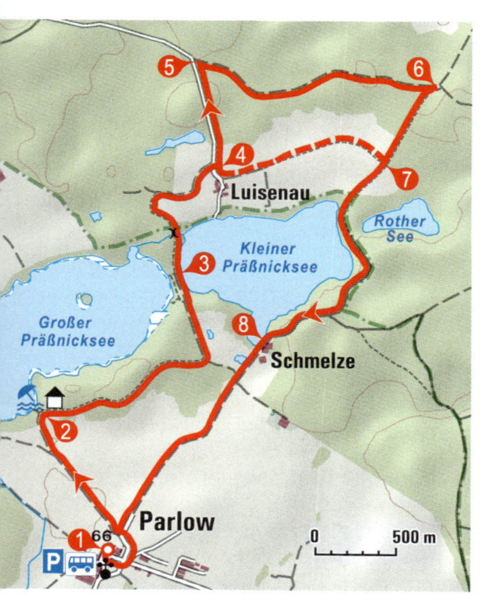


kommen wir nach nicht ganz 2 km zu einer breiten **Waldwegkreuzung** 6 und gehen wieder nach rechts. Bald wird wieder das Gehöft Luisenau sichtbar, von dort kommt der **Ackerweg** 7 (→ Variante) herüber. Dann gelangen wir zum Ostsaum des Kleinen Präßnicksees. Die teilweise noch mit der alten Pflasterung versehene Straße senkt sich zu einem Stichkanal zwischen dem See und einem weiteren kleineren Gewässer hin ab, steigt dann wieder an und wird zu einem alten Pflasterweg. Schließlich erreichen wir den Weiler **Schmelze** 8, wo wir den Wald verlassen.

Nach etwas mehr als 1,5 km auf einam alten, alleeähnlichen Pflasterweg kommen wir wieder in **Parlow** 1 an.

*Zwischen Parlow und dem Großen Präßnicksee.*

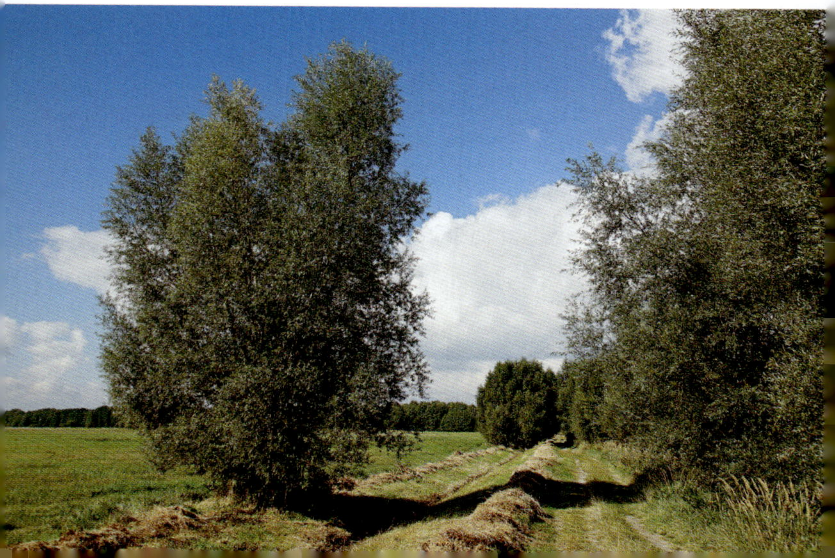

↗ 50 m | ↘ 50 m | 15.5 km

3.45 h

# Von Friedrichswalde nach Carinhall

5

## Ein geheimnisvoller Ort der jüngeren Geschichte

*Am Ostrand der Schorfheide liegt Friedrichswalde, das für seine traditionelle Holzschuhherstellung bekannt ist. Zwar führt durch den Ort die stark befahrene Straße Joachimsthal–Templin, doch lohnt ein Halt wegen des reizvollen und gepflegten Ortsbildes. Nur wenige Kilometer westlich davon befindet sich Carinhall, der ehemalige Landsitz des einstigen Reichsjägermeisters und Reichsmarschalls Hermann Göring. Dieser ließ am Ostufer des Großen Döllnsees 1933 ein kleines Jagdhaus errichten, 1934 kam für seine 1931 gestorbene erste Frau Carin eine Gruft hinzu. Zwischen 1937 und 1940 wurde es zweimal erweitert, damit es auch zum Empfang von Staatsgästen und Diplomaten dienen konnte. Göring trug in Carinhall seine in ganz Europa geraubten Kunstschätze in einem Privatmuseum zusammen. Ende April 1945 ließ er Carinhall sprengen. Die Kunstschätze waren vorher abtransportiert worden, wurden jedoch von den Amerikanern später sichergestellt. In der DDR-Zeit wurden die Ruinen vollständig beseitigt, nur die beiden Häuschen für die Torwache blieben bis heute bestehen. Seit 1950 war Carinhall Ziel von Schatzsuchern und Glücksrittern. Vom eigentlichen Landhaus sind nur noch geringe, völlig überwucherte Fundamentreste vorhanden. Carin Görings geplünderte und ebenfalls zugewucherte Gruft liegt direkt am Wuckersee.*

**Ausgangspunkt:** Friedrichswalde, 72 m, Kirche; RB 63 ab Eberswalde Hbf. oder Templin, Zustieg auch in Joachimsthal möglich; Eberswalde: aus Berlin mit RE 3.
**Anforderungen:** Eine längere Tour auf Wald- und Feldwegen, teilweise gepflastert, einige kürzere Teilstücke asphaltiert. Die Wildnis in Carinhall darf bei Dunkelheit oder in der Dämmerung nicht begangen werden – zu groß ist die Gefahr, sich zu verirren oder sich an den Fundamentresten bzw. durch Sturz in die Kellerlöcher zu verletzen. Der Waldweg durch den Forst Joachimsthal kann durch holzwirtschaftliche Arbeiten teilweise stark zerpflügt und somit bei Nässe schwer zu begehen sein.
**Einkehrmöglichkeiten:** Keine.
**Variante:** Abkürzung nach dem Besuch von Carinhall: zur Judenbrücke zurück, kurz davor nach rechts abbiegen (Weg aus Reiersdorf, vgl. Wegbeschreibung) via Forsthaus Wucker in Richtung Joachimsthal direkt zum Hauptweg; 2,5 km weniger Gesamtstrecke.
**Sehenswürdigkeiten:** Friedrichswalde, Holzschuhmacher-Erlebniszentrum (geöffnet nach Voranmeldung bei Ute Schulz, Heimatverein Friedrichswalde, Tel. +49 33367 371).

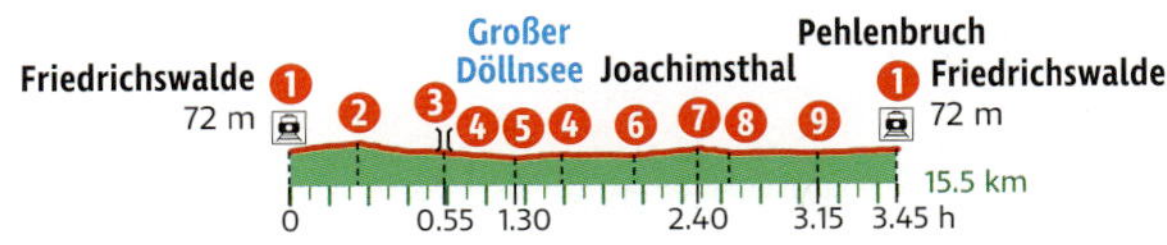

Von der Kirche in **Friedrichswalde** ❶ gehen wir westwärts die Döllner Straße mit ihrer historischen Pflasterung dorfauswärts und kommen nach knapp 2 km zum Waldrand, wo sich der Weg gabelt und ein **Wegstein** ❷ die Richtung nach Carinhall angibt. Wir gehen links, bleiben weitgehend nahe dem Waldrand, passieren ein Einzelgehöft (links) und kommen zu einer weiteren Gabelung, an der die Pflasterung endet. Wir nehmen hier den breiteren rechten Weg, biegen in den Wald ab und kommen nach gut 1 km zu einer größeren Waldkreuzung, an der von rechts der Weg aus Reiersdorf herankommt. Wir biegen nach links in diesen Weg ein und erreichen nach 500 m die sogenannte **Judenbrücke** ❸ über einen kleinen Zufluss des Großen Döllnsees. Der Weg steigt leicht an, dann wenden wir uns (Wegstein mit ausgelöschter Inschrift »Carinhall«) nach nur 50 m nach rechts (nach links: → Variante). Entlang des Waldtals des Seezuflusses geht es westwärts und alsbald erreichen wir das ehemalige Haupttor von **Carinhall** ❹. Neben den Wohnhäusern der Wache sind noch die beiden kleinen Wachhäuschen vorhanden. Sie zeigen auch noch das Wappen Görings als Reichsmarschall. Jetzt wandern wir auf einer ehemaligen Allee zum Standort des eigentlichen Hauses. Nach etwa 500 m passieren wir bei einer kleinen Biegung den Platz, wo sich ein Rondell mit einem weiteren Tor befand, das den inneren Bereich von Carinhall abschloss.

Wir gehen auf der Allee weiter bis zu einem befestigten Platz, wo sich die Straße in scharfem Bogen nach links in Richtung Wuckersee wendet. An diesem Platz bzw. westlich davon bis zum Steilufer am Döllnsee befand sich der Landsitz Görings. Vom Platz führt geradeaus ein kaum erkennbarer Pfad ins Dickicht, genau über jene Fläche, auf der sich das Haus mit seinen Anbauten bzw. Nebengebäuden befand. Man gelangt zu Fundamentres-

*Nur die Torwärterhäuschen blieben von Carinhall übrig.*

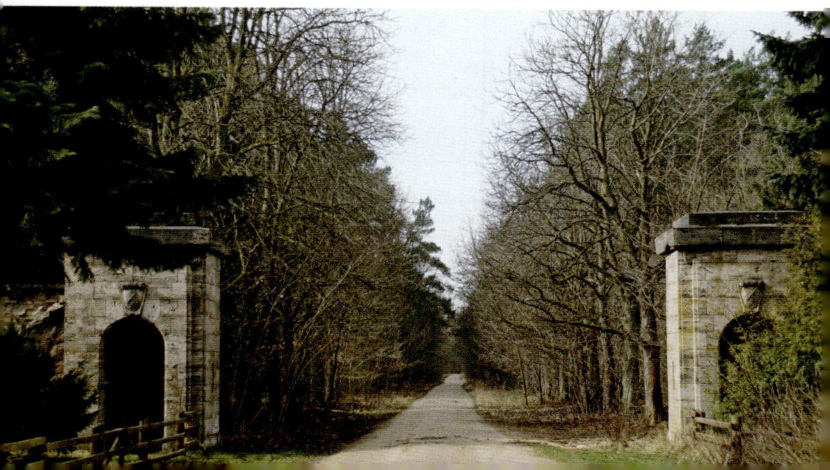

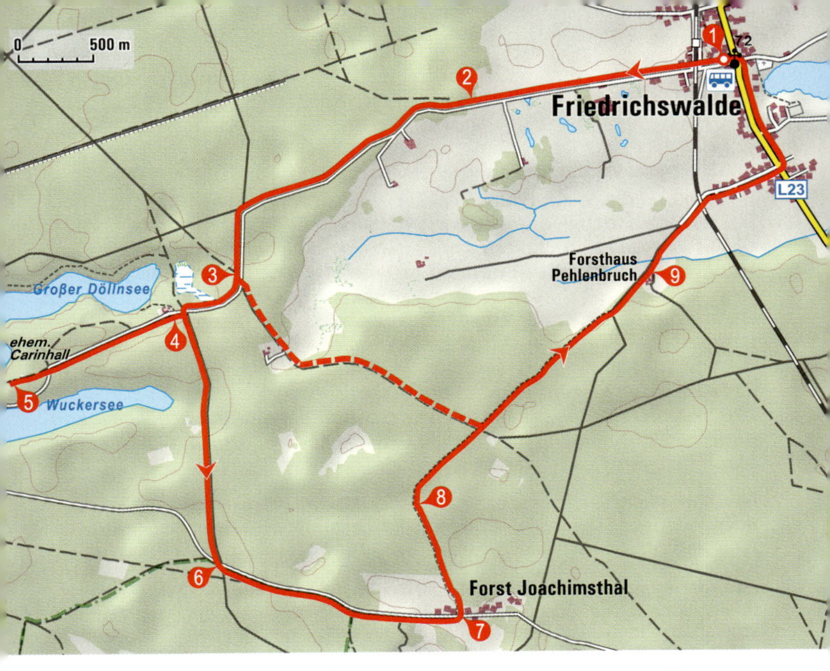


ten und nach knapp 200 m zum Steilufer am **Großen Döllnsee** ❺, wo der (hier eigentlich nicht mehr vorhandene) Pfad endet. Ein sehr nachdenklich machender Ort. Wir gehen zum Hauptportal von **Carinhall** ❹ zurück. Danach schlagen wir den breiten Waldweg rechts ein und gehen etwa 1,8 km bis zu einer weiteren **Waldkreuzung** ❻, an der wir links Richtung Forst Joachimsthal abbiegen. Nach gut 1 km verlassen wir den Wald, links öffnet sich eine fast paradiesisch zu nennende Waldwiese und nun kommen wir zu den wenigen Häusern von **Forst Joachimsthal** ❼. Am letzten Haus (östliches Ortsende) biegen wir links ab, gehen rechts am Haus vorbei und der Waldweg wird zum Wiesenweg. Er beschreibt einige Kurven und trifft auf zwei Querwege, wo wir jeweils links gehen. Dann erreichen wir eine »Kreuzung« mit einem **Wegstein** ❽, der uns geradeaus nach Friedrichswalde und zum Forsthaus Pehlenbruch weist. Nach 700 m kommen wir zu einer weiteren Kreuzung. Hier gehen wir geradeaus über den blau markierten Weg vom Forsthaus Wucker nach Joachimsthal, verlassen den schier endlosen Wald und erreichen das **Forsthaus Pehlenbruch** ❾. Schon sind die Häuser von Friedrichswalde in Sicht.

Wir gehen über die Honiggasse mit ihren edlen Dorfvillen zur Hauptstraße und noch 800 m nach links bis zum Ausgangspunkt in **Friedrichswalde** ❶.

↗ 30 m | ↘ 30 m | 8.1 km

# 6 Zum Steinbruch von Ringenwalde

2.00 h

## Spaziergang zu einem regionalgeschichtlich bedeutsamen Ort

*Kirchen und ältere Bauernhäuser sind in der norddeutschen Tiefebene häufig aus gerundeten Stücken harter, jedoch bearbeitbarer Gesteine wie Granit und Gneis errichtet. Diese Gesteine sind nicht an Ort und Stelle entstanden, sondern wurden durch das Gletschereis aus Skandinavien herantransportiert. Dabei können Gesteinsschutt bzw. -brocken am äußersten Eisrand direkt vor dem Gletscher als Endmoräne abgelagert sein. Die Hügellandschaft um Ringenwalde stellt eine solche Endmoräne dar. Innerhalb dieser ist 3 km westlich des Orts im Wald auf einer Fläche von etwa 250 x 250 m eine Aufhäufung von Gesteinsbrocken zu finden, die bis zu 1,50 m Durchmesser haben können. Jahrhundertelang wurde hier Baumaterial entnommen. Die Tour führt zu einer weltfernen Waldsiedlung, durch tiefe Forste und zu einem uralten Steinbruch.*

**Ausgangspunkt:** Ringenwalde, 69 m, Kirche; RB 63 ab Eberswalde Hbf. oder Templin, Zustieg auch in Joachimsthal möglich; Eberswalde: aus Berlin mit RE 3.
**Anforderungen**: Nicht zu lange Tour auf breiten Waldwegen und alten Pflasterstraßen. Die Route verläuft teilweise auf den Trassen der Uckermärker Landrunde und des Märkischen Landwegs.
**Einkehrmöglichkeiten:** Ringenwalde: Gasthof Zum Grünen Baum, Dorfstr. 57, Tel. +49 39881 44016, www.landgasthof-zumgruenenbaum.de; Gasthof zur Eisenbahn (Do.–So. ab 12 Uhr), Dorfstr. 6, Tel. +49 39881 279, www.gasthof-zur-eisenbahn.com.

Von der Kirche an der Dorfstraße in **Ringenwalde** ❶ gehen wir westwärts, überqueren beim Gasthof Grüner Baum die Straße Joachimsthal–Templin und wandern leicht ansteigend zum Bahnhof. Beim Gasthof Eisenbahn überqueren wir die **Bahnlinie** ❷ mit einem kleinen Umweg nach links und gehen danach mit Gelb in Richtung Libbesicke in der Verlängerung der Dorfstraße jenseits der Bahnlinie weiter. Nach knapp 1,5 km leichtem Auf-

*Kaum noch erkennbar: der Steinbruch.*

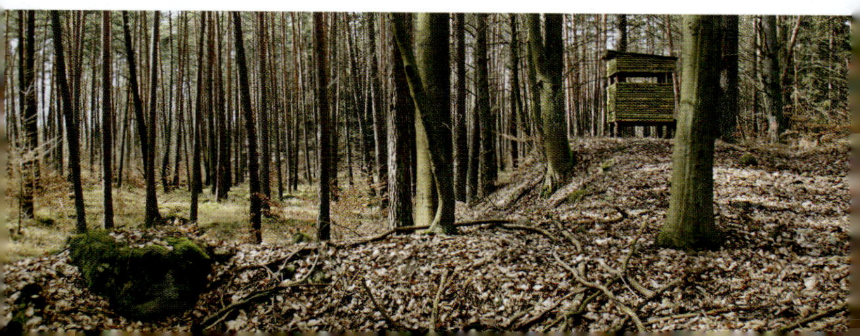

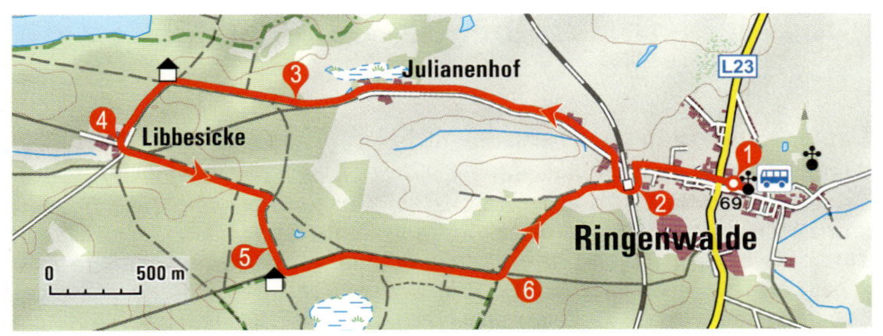


stieg auf einem historischen Pflasterweg erreichen wir das Gehöft Julianenhof, wo der befestigte Weg endet. Etwa 100 m hinter dem Ortsendeschild von Julianenhof kommen wir zu einer **Gabelung 3**; der Hauptweg nach Libbesicke verläuft links, wir gehen jedoch rechts auf einem etwas schmalerem Weg mit Gelb im Wald weiter. Nun geht es 700 m leicht bergab und geradeaus bis zu einer Wegkreuzung mit einer kleinen Schutzhütte. Hier wenden wir uns nach links und erreichen nach wenigen hundert Metern die weltfern erscheinenden, wenigen kleinen Häuser des idyllischen **Libbesicke 4**. Hier gehen wir erneut nach links (blaues Kreuz und roter Punkt) auf den Weg in Richtung Ringenwalde und folgen nach 150 m, wo der Hauptweg nach links abknickt, geradeaus (weg vom blauen Kreuz) einem breiteren Waldweg. Dieser stößt sanft ansteigend nach 500 m auf eine Kreuzung (links an einem Baum die Flurbezeichnung 14-89), wir gehen jedoch geradeaus weiter und biegen nach 200 m in einen breiteren Waldpfad rechts ein (blaues Kreuz, roter Punkt). Nach knapp 300 m haben wir rechter Hand den **Steinbruch 5** erreicht, wo es eine kleine Informationstafel gibt. Viele der größeren Brocken sind nicht mehr vorhanden, erkennbar ist aber u. a. ein lang gestreckter natürlicher Wall, der durch Aufschiebung entstanden ist. Weiter auf unserem Waldweg gelangen wir bei einer kleinen Schutzhütte zu einer breiten Querstraße; hier biegen wir links in Richtung Ringenwalde ab. Nach etwa 350 m kommen wir zu einer Gabelung, gehen hier halbrechts und erreichen schließlich eine **Schonung 6**. Hier biegen wir bei einem Wegweiser links ab und wandern durch ein Stück wunderbar aufgelichteten Mischwalds leicht ansteigend bis zum Waldrand. Dort erreichen wir erneut einen Querweg, gehen auf ihm nach rechts bis zum **Bahnübergang 2** und von dort wieder zur Kirche von **Ringenwalde 1**.

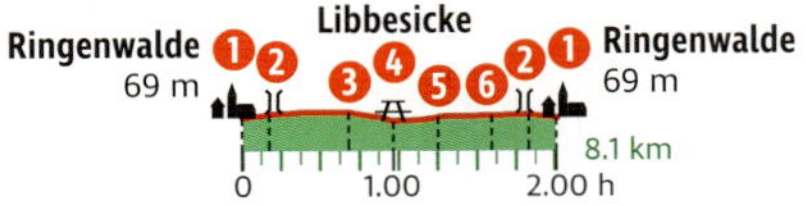

TOP

↗ 60 m | ↘ 60 m | 16.4 km

# 7 Von Ringenwalde über Neu-Temmen nach Poratz

3.45 h

## Genusswanderung zu vergessenen Dörfern

*Die Umgebung von Ringenwalde ist sicherlich eine der reizvollsten Regionen der Uckermark. Während im Westen der kulturgeschichtlich bedeutsame Steinbruch (Tour 6) eine Wanderung lohnt, ist der Osten des Orts mit einigen hübschen, unberührten, schier verzaubert wirkenden kleinen Dörfern vielleicht noch attraktiver. Ringenwalde selbst bietet auch einiges Sehenswerte, etwa die 1280 geweihte Dorfkirche mit ihren farbigen Kirchenfenstern von 1599. Leider wurde das Schloss der Familie Ahlimb-Saldern 1945 zerstört. Erhalten ist allerdings der Schlosspark mit der Erbbegräbnisstätte der Familie. In der Nähe des Parks ist der »Riesenstein«, ein Findling von 22 m³ Volumen, sehenswert. Gegenüber der Dorfkirche steht die überlebensgroße Holzstatue der »Friedensgöttin«, geschnitzt 2010 aus der im gleichen Jahr gefällten Friedenseiche, die 1870 anlässlich des Siegs im deutsch-französischen Krieg gepflanzt wurde.*

**Ausgangspunkt:** Ringenwalde, 69 m, Kirche; RB 63 ab Eberswalde Hbf. oder Templin, Zustieg auch in Joachimsthal möglich; Eberswalde: aus Berlin mit RE 3.
**Anforderungen:** Längere Tour auf Pflasterwegen sowie guten Feld- und Waldwegen, nur ein kurzes Stück zwischen Ringenwalde und Hohenwalde verläuft auf einem Wiesenpfad.
**Einkehrmöglichkeiten:** Ringenwalde: Gasthof Zum Grünen Baum, Dorfstr. 57, Tel. +49 39881 44016, www.landgasthofzumgruenenbaum.de; Gasthof zur Eisenbahn (Do.–So. ab 12 Uhr), Dorfstr. 6, Tel. +49 39881 279, www.gasthof-zur-eisenbahn.com.

Von der Kirche in **Ringenwalde** ❶ gehen wir ostwärts auf der Pflasterstraße nach Poratz aus dem Dorf hinaus. Wir passieren die Friedensgöttin und den Schlosspark, dann steigt der Weg leicht an und nach etwa 1 km biegen wir nach links auf einen als **Reitweg** ❷ markierten Feldweg ab. Er ist ein Teilstück des Fernreit- und -kutschwegs Berlin–Usedom. Der Weg senkt sich etwas ab und wir kommen zu einer Gabelung: Links geht es in eine Wiese, wir aber gehen halbrechts weiter. Der Weg wird hier etwas schmaler und kann wegen der Nähe zu einem kleinen See rechts von uns bei Nässe feucht sein. Doch bald erreichen wir den Waldrand und wandern durch wunderbar aufgelockerten Mischwald. Nach einem

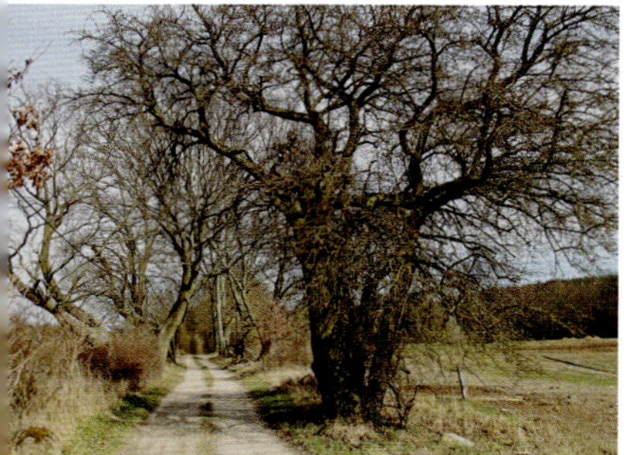

*Unterwegs zwischen Hohenwalde und Neu-Temmen.*

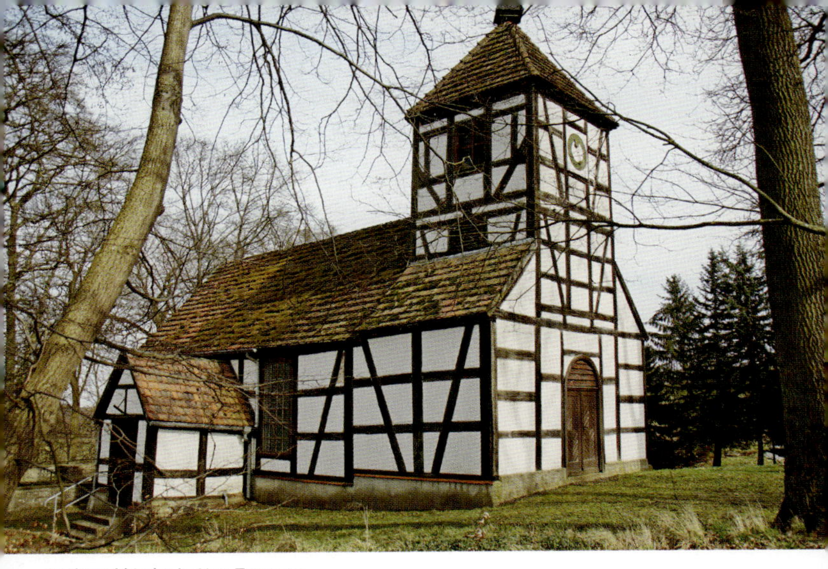

*Fachwerkkirche in Neu-Temmen.*

kleinen Anstieg kommen wir nach **Hohenwalde** ❸. Bei der Kreuzung in der Ortsmitte des stillen Dörfchens biegen wir nach rechts ab und wandern auf dem Reitweg durch eine fast paradiesische, freie Landschaft weiter. Nach etwas mehr als 1,5 km – Neu-Temmen ist schon sichtbar – passieren wir am Waldrand den **Mythengarten** ❹, wo man etwas über die Sage vom Schlafenden Riesen erfahren kann, einem nur 100 m entfernt im Wald befindlichen großen Findling (in Karten auch als »Teufelsstein« bezeichnet). Er steckt zur Hälfte noch im Erdreich eines Hangs und sieht in der Tat wie ein ruhender Riese aus, der Stein dabei als Kopf mit Profil und der Hang als Körper.

Wir gehen weiter zum Ortsrand von Neu-Temmen und biegen hier nach rechts in die Dorfstraße ein. Etwas ansteigend erreichen wir gleich nach dem Gutshaus die hübsche Fachwerkkirche von **Neu-Temmen** ❺. Nach der Kirche geht es auf der Dorfstraße bergab und durch eine ganz leicht alpin anmutende Landschaft leicht bergauf und bergab, in den Wald hinein und am Osthang des 109 m hohen Kienbergs entlang. Die Straße ist gepflastert, wird auch hie und da befahren, lässt sich aber auf dem schmalen unbefestigten Randstreifen gut begehen. Die Lande zwischen Neu-Temmen und Poratz zählen ohne Übertreibung zu den bezauberndsten der Uckermark.

Nach etwas mehr als 3 km erreichen wir den östlichen Ortsrand von **Poratz** ❻. Es ist sicherlich eines der schönsten Dörfer Brandenburgs, sodass wir an der Kreuzung unbedingt einen kurzen Abstecher nach rechts ins Dorf hinein machen sollten. Stünden hier nicht einige Kraftwagen herum, wäre man geneigt zu glauben, sich in einem Dorf der Vorkriegszeit zu befinden. Wir kehren zurück zum östlichen Dorfrand, gehen nach rechts und biegen nach etwa 300 m vom Hauptweg nach rechts leicht abwärts auf einen Waldweg in Richtung eines Sees ab. Nach etwa 1 km kommen wir im Wald zu einer breiten **Kreuzung 7** und biegen hier rechts ab. Wieder geht es leicht bergauf und bergab. Wir halten uns immer geradeaus und gelangen nach etwas mehr als 2,5 km zur Pflasterstraße **Poratz–Ahlimbswalde 8**, überqueren sie und gehen geradeaus weiter. Jetzt verlassen wir bald den Wald, der Weg steigt etwas an, links blicken wir auf den Großen Kelpinsee hinab. Dann kommen wir wieder zum Abzweig des **Reitwegs 2** und wandern nun beglückt durch die wundervollen Eindrücke der Wälder, Seen, Hügel und Sümpfe nach **Ringenwalde 1** zurück.

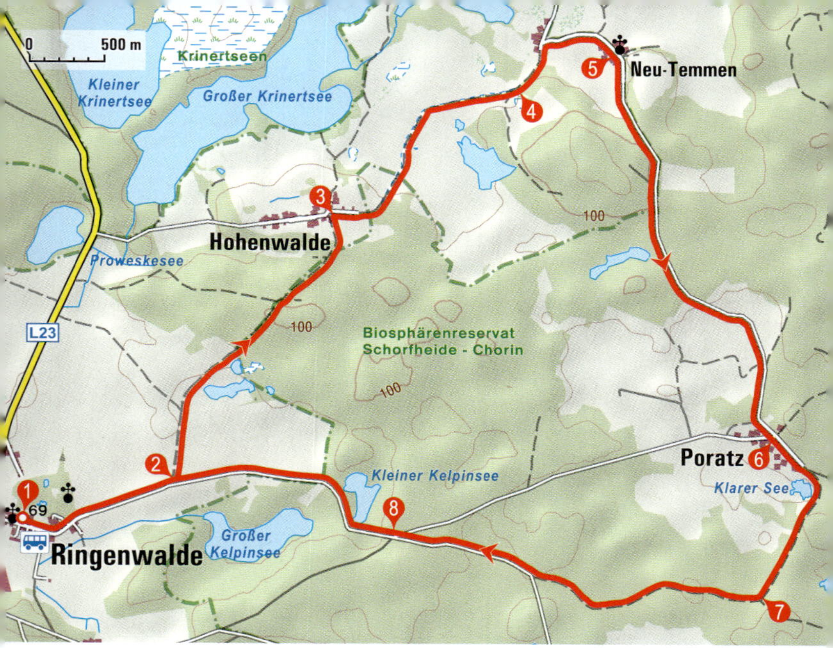

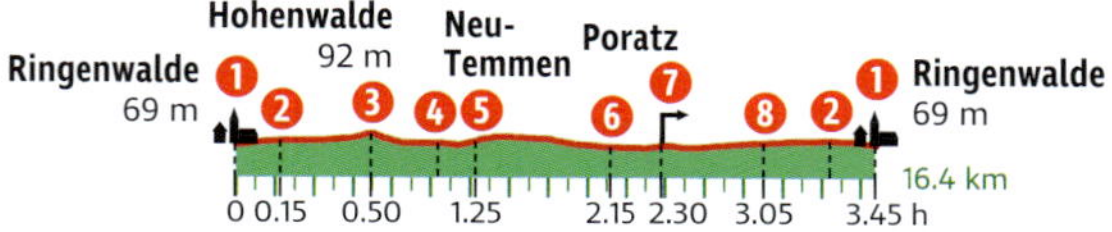

↗ 150 m | ↘ 150 m | 14.8 km

3.30 h

# Von Temmen über Groß Fredenwalde nach Hessenhagen

TOP 8

## Seen, Wälder und Berge

*Die im Allgemeinen ohnehin einsame Uckermark ist in diesem Teil im Süden möglicherweise noch einsamer. Den Wanderer empfangen hier besonders schöne Landschaften, verwunschene Seen, mehrere kleine Orte, darunter ein ausnehmend hübsches Dorf, und nicht zuletzt beeindruckt die Begegnung mit der wahrscheinlich bedeutendsten Adelsfamilie der Uckermark. Vor allem aber trifft man hier auf über 100 Meter hohe Berge – ganz ungewohnt für das meist doch flache Land.*

**Ausgangspunkt:** Temmen, 68 m, Ortsmitte; Parkplatz am westlichen Dorf ende; Bus 510 ab ZOB Templin, nach Templin aus Berlin auch mit RB 12.
**Anforderungen:** Leichte Wanderungen über Feld- und Waldwege, einige Teilstücke über gepflasterte Wege.
**Einkehrmöglichkeiten:** Groß Fredenwalde: »Herberge«-Restaurant-Pension, Groß Fredenwalde Nr. 13 (Gemeindeteil von Gerswalde), Tel. +49 39887 697195, geöffnet Mai–Dezember, Fr.–So. ab 12 Uhr, www.herberge-gross-fredenwalde.de; Uckermärker Picknickkorb, Groß Fredenwalde Nr. 32a, Tel. +49 39887 697730, Essen nur zum Mitnehmen.
**Sehenswürdigkeiten:** In Groß Fredenwalde ländliche Häuser, Gräber der Familie von Arnim hinter der Dorfkirche.
**Tipp:** Bademöglichkeit im Sabinensee.

Von der Ortsmitte in **Temmen** ❶ gehen wir schräg gegenüber des Abzweigs der Straße nach Poratz / Neu-Temmen zwischen den Häusern Nr. 7 und 8 auf einem als Reitweg ausgeschilderten, unbefestigten Weg nach Norden aus dem Ort heraus. Wir passieren ein altes Trafohaus, kommen zu einer Weggabelung und halten uns hier rechts. Gleich danach erreichen wir den Totenacker von Temmen; hier wird der Weg sehr sandig und steigt deutlich an. Etwa am höchsten Punkt des Weges treffen wir auf ein hier unerwartetes und etwas unkonventionelles Denkmal, das die uckermärkische Sagenfigur Sabine zeigt. Der Teufel hatte sie zu seiner Frau gemacht, doch sie konnte ihm hier oberhalb eines Sees, der nicht von ungefähr Sabinensee heißt, entkommen. Eine Infotafel erläutert die Geschehnisse. Einige hundert Meter weiter endet der Weg nahe

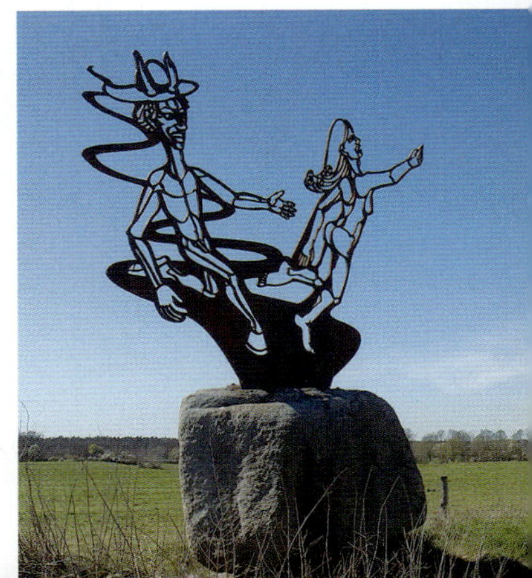

*Ein ungewöhnliches Denkmal gedenkt der uckermärkischen Sage von Sabine und dem Teufel.*

einer Kiesgrube. Kurz davor zweigt ein auf beiden Seiten mit Buschwerk bestandener Weg **nach rechts** ② ab, dem wir folgen. Der Weg senkt sich allmählich zum Sabinensee hinab und wir gelangen zu einigen hübschen Badestellen. Danach kommt von links der Weg aus Arnimswalde heran, wir aber gehen nach rechts auf uraltem Pflaster bis zur Landstraße Gerswalde–Temmen und auf dieser nach rechts bis in die Dorfmitte von **Willmine** ③. Wir folgen noch für etwa 600 m der Asphaltstraße, die sich deutlich hinabsenkt.

Dann gehen wir in spitzem Winkel nach links auf einen alten **Pflasterweg** ④. Er führt uns in leichtem Anstieg durch weite Felder, biegt nach etwa 400 m scharf nach links ab (Wegweiser »Rundweg Weinberg«) und hat – ganz ungewöhnlich – an dieser Stelle einen »Gehsteig«. Wir gehen in kleinen Kurven leicht abwärts weiter durch wunderbare Wiesenlandschaften – rechts lugt der nahe Behrendsee herüber –, bis wir zu einem kleinen Fichtenwäldchen kommen. Linkerhand befindet sich eine aufgelassene Sandgrube und gleich danach ragt links der unbewaldete und steile

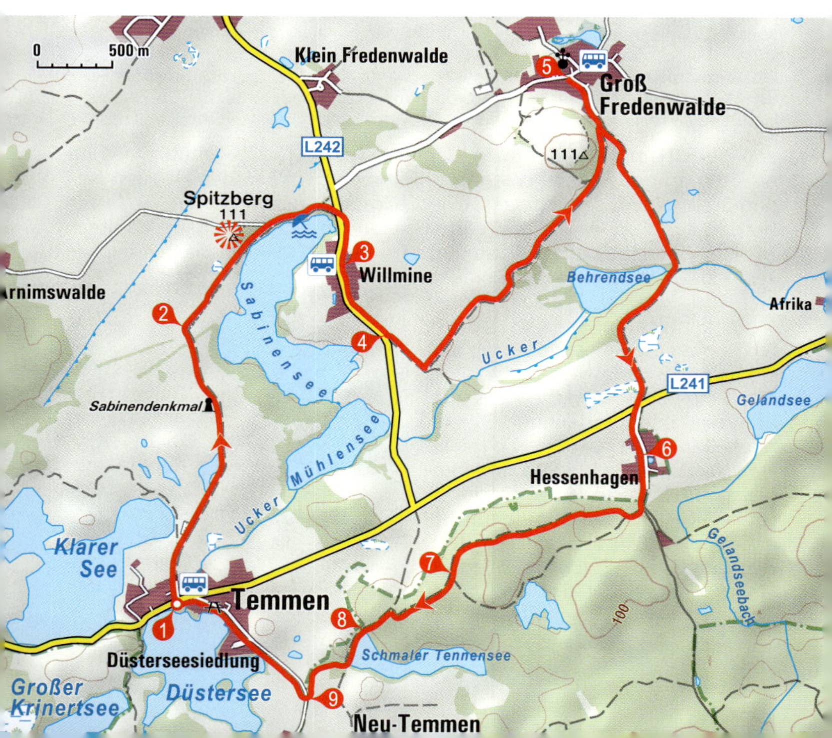

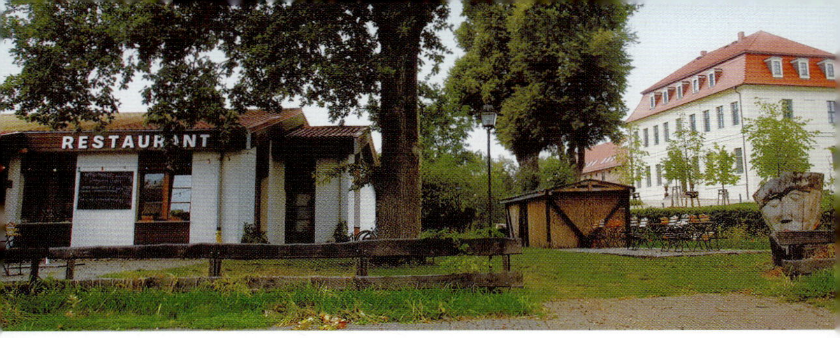


*Das Arnimsche Gutshaus (rechts) in Groß Fredenwalde wurde Ende des 17. Jh. erbaut.*

Westhang des Weinbergs, 111 m, auf. Wir wandern an seinem Fuß entlang, die Ostseite ist stärker bewaldet, jedoch der Baumbestand von Stürmen arg mitgenommen. Schließlich kommen wir zum Feldweg Groß Fredenwalde–Hessenhagen. Unsere Wanderung wird uns zwar nach Hessenhagen bringen, doch gehen wir hier erst einmal nach links nach Groß Fredenwalde. Es lohnt sich nicht nur wegen der Einkehrmöglichkeit, sondern auch wegen des sehr schönen Ortsbildes. Das erste Haus auf der linken Seite ist als Bahnhofsgebäude geplant gewesen: ein Bahnhof an der nie gebauten Strecke Wilmersdorf–Gerswalde. Bald erreichen wir die Dorfmitte von **Groß Fredenwalde** ❺. An vielen Häusern sind kleine Informationstafeln angebracht, die über die Geschichte des jeweiligen Hauses und seiner Bewohner Auskunft geben. Sehr lohnend ist ein kurzer Abstecher zur Kirche mit ihrem hölzernen Turm und zu den dahinter liegenden Gräbern der Fredenwalder Linie der von Arnim. Am östlichen Ende des Orts liegt das Gutshaus und davor das Restaurant »Herberge«.

Gut gestärkt gehen wir danach zurück, wie wir gekommen sind, in Richtung Hessenhagen aus dem Dorf hinaus, an der schon erwähnten Einmündung halten wir uns geradeaus nach Hessenhagen. Bald geht es durch einen Hohlweg abwärts, wir überqueren am Ostrand des Behrendsees einen kleinen Bach, dann wendet sich der Weg nach rechts und in leichtem Anstieg geht es dem bald schon zu erkennenden Hessenhagen zu. Kurz vor dem Ort überqueren wir die Straße Temmen–Stegelitz und gehen geradeaus weiter nach **Hessenhagen** ❻ hinein. Auf einem Pflasterweg durchqueren wir geradeaus den Ort, passieren die Zufahrt zum Gut und etwa 100 m hinter dem Ortsende kommen wir zu einer Dreifachverzweigung des Wegs. Wir nehmen den ganz rechten, der uns in dichten Wald hineinführt, und biegen nach etwa 75 m wieder rechts ab. Da wir uns in wunderschönen, dichten Laubwaldungen befinden, ist es hier auch an heißen Sommertagen kühl und dunkel. Einige Zeit bleiben wir nun auf diesem Weg. Nach etwa 1,2 km beginnt eine lang gezogene Linkskurve, wobei der Weg allmählich hinabführt: An der tiefsten Stelle angekommen biegen wir nach

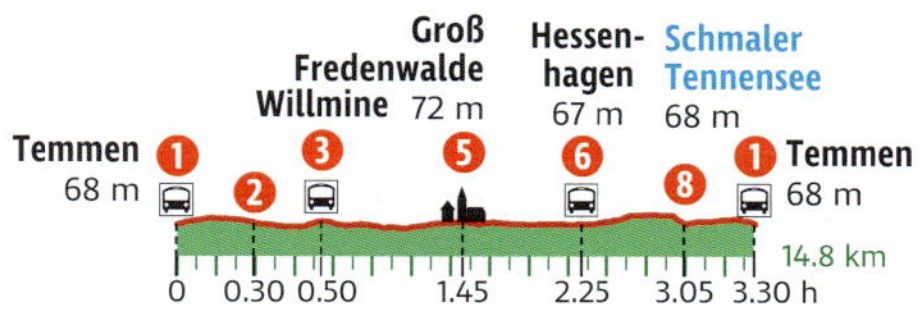


**rechts 7** ab. Der Pfad ist anfangs schwer erkennbar, doch bald deutlicher auszumachen. Leicht an- und absteigend geht es an einer sumpfigen Niederung entlang. Nach etwa 700 m kommen wir an eine scharfe Rechtskehre und passieren dann eine Schranke, gehen nach links an einem Jägersitz vorbei und erreichen den gepflasterten Weg, der von rechts, von der Landstraße Temmen–Stegelitz, herankommt. Wir gehen auf ihm nach links und bald wird er zu einem beeindruckenden Hohlweg, der ungewöhnlich steil zum Schmalen Tennensee hinabführt. Am Westufer des **Schmalen Tennensees 8** endet die Pflasterung, wir gehen hier geradeaus auf einem Erdweg weiter (links geht es das Nordufer entlang – Sackgasse), der bei Nässe durch seine Ufernähe und den tonigen Untergrund möglicherweise unbequem zu passieren ist. Entlang des Ufers können wir herrliche Seeblicke genießen. Am südwestlichen Seeende biegen wir an einem großen Stein nach rechts ab. Unser Weg führt uns am Waldrand entlang, rechts liegt ein großes Feld und nach etwa 400 m kommen wir an die Pflasterstraße **Poratz–Temmen 9**. Wir biegen nach rechts auf diese Straße ab, es geht bergan und bergab, und erreichen nach etwa 500 m den Ortsanfang von **Temmen 1** und alsbald die Hauptstraße, wo unsere Tour ihren Ausgang genommen hat.

*Verträumtes Naturidyll am Ufer des Sabinensees.*

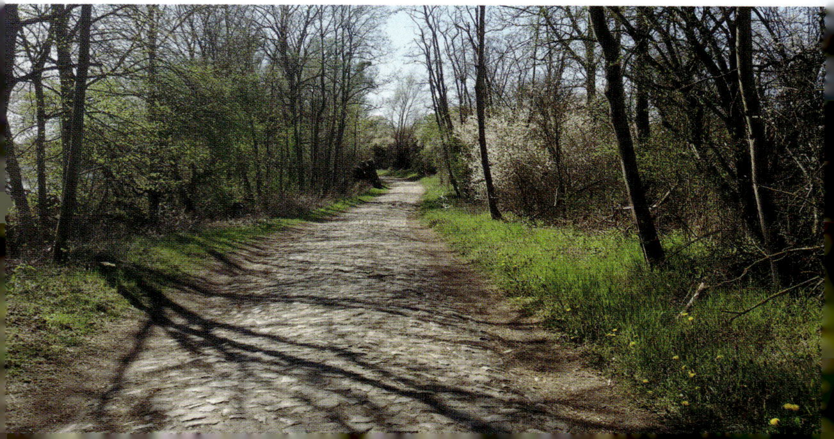

↗ 70 m | ↘ 70 m | 19.1 km

4.45h

# Durch Gerswaldes Hain und Flur

9

## Streifzug durch die idyllischen Lande der südlichen Uckermark

*Die südliche Uckermark ist mit ihren hügeligen Feldern, den kleinen Waldstücken und ihrer (scheinbaren) Unberührtheit für den großstädtischen Wanderer von besonderem Reiz. Dabei ist – obwohl bisher wenig besucht – die Gegend um Gerswalde wegen ihrer leichten Erreichbarkeit als Wander- und Reiseziel ausdrücklich zu empfehlen. Sie bietet schöne Wanderrouten, doch auch eine Fülle an kulturhistorischen Attraktionen.*

**Ausgangspunkt:** Gerswalde, 50 m, Kirche; Bus 504 ab ZOB Templin, nach Templin aus Berlin auch mit RB 12.
**Anforderungen:** Längere Tour auf guten Feld- und Waldwegen, kürzere Abschnitte auf befestigten Wegen. Die Strecke vor Flieth verläuft teils ohne erkennbaren Pfad über ein feuchtes Wiesen- bzw. Ackergebiet, das bei Nässe nicht zu begehen ist (→ Varianten).
**Einkehrmöglichkeiten:** Gerswalde: u. a. Gaststätte zum Schwarzen Adler, Hasslebener Str. 32, Tel. +49 39887 6060; Café zum Löwen (altes Palmenhaus), Dorfmitte 11, www.cafezumloewen.com. Flieth: Gaststätte und Pension Kastanienhof, Gartenstr. 3, Tel. +49 39887 513, www.kastanienhof-uckermark.de.
**Varianten:** Dreiseenblick: vor Fergitz auf dem grün markierten Weg etwa 1,5 km nordwärts, in Karten auch als »Potzlower Seenblick« bezeichnet, südlich von Potzlow; von dort kann man auf einem alten Pflasterweg direkt nach Fergitz gehen. Bei Nässe empfiehlt es sich, an der Abzweigung hinter dem Wrietzensee (Wegpunkt 7) geradeaus auf dem breiten Waldweg zu bleiben und westwärts über die Fergitzer Mühle bis zur Straße nach Gerswalde zu gehen; auf dieser gelangt man nach links nach Flieth; gut 700 m länger.
**Sehenswürdigkeiten:** Mittelalterliche Wasserburg-Ruine (mit Heimatmuseum) in Gerswalde, geöffnet April–Okt. Mo.–Fr. 10–16 Uhr, Sa. 13–17 Uhr, von Mitte Juli bis Ende August auch So. 10–17 Uhr, www.gerswalder-wasserburg.de; »Wüste Kirche« von Berkenlatten (5 km südlich von Gerswalde, direkt an der Straße); schöner Ortskern in Groß Fredenwalde (8 km südöstlich); Mythengarten im Gutspark Arnimswalde (8 km südlich); Gutshaus Suckow (8 km östlich).

Von der Kirche in der Ortsmitte von **Gerswalde** ❶ gehen wir auf der Hauptstraße ostwärts bis zum Lindenplatz und biegen unmittelbar nach diesem nach links (grüne und rote Markierung) in die Buchholzer Straße ein. Nach etwa 250 m erreichen wir eine Gabelung, gehen hier rechts (rote Markierung), passieren das berühmte Gasthaus Zum Grünen Dreieck und verlas-

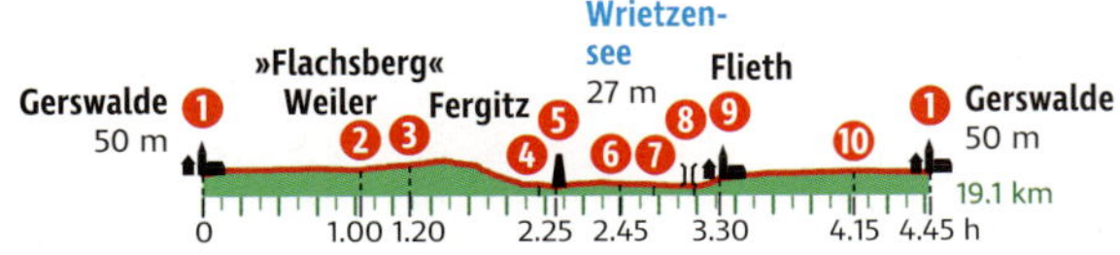

sen Gerswalde. Der baumgesäumte Weg bringt uns auf eine weite Feldflur. Nach gut 2,5 km kommen wir zu einem landwirtschaftlichen Großbetrieb und zur Asphaltstraße aus Kaakstedt. Wir biegen nach rechts in diese ein, folgen ihr etwa 250 m und biegen dann links in Richtung Weiler ab. Nach knapp 700 m ist die Dorfmitte von **Weiler** ❷ erreicht. Hier gehen wir nach links in Richtung Fergitz und wandern wieder durch eine weite Ackerebene. Ein Wegstein weist uns nach etwa 1,3 km nach links zum **Flachsberg** ❸. Wir nehmen den schmalen Weg, der uns an der Westseite des Flachsbergs aufwärts führt. Am höchsten Punkt dürfen wir eine großartige Sicht bis Prenzlau hin genießen.

Der Weg führt dann nach rechts, an der Nordseite des bewaldeten Flachsberges entlang, um diesen herum und erreicht wieder die Feldstraße Weiler–Fergitz. Wir gehen auf ihr nach links in Richtung Fergitz. Der Weg senkt sich allmählich zum Oberuckersee ab. Nach knapp 400 m treffen wir auf die grün markierte Straße von Potzlow nach Flieth (→ Variante).

Wir wandern an dieser Kreuzung mit dem grün markierten Weg geradeaus weiter; es geht jetzt ungewöhnlich steil bergab. Damit der Weg wegen des tonigen Untergrunds auch bei Nässe befahrbar und begehbar ist, ist er am Hang mit Betonplatten befestigt. In großem Bogen geht es dem höchst malerischen **Fergitz** ❹ mit seiner Fachwerkkirche zu. Fergitz war Ort eines

*Die gotische Feldsteinkirche von Gerswalde mit ihrem barocken Turmaufsatz.*

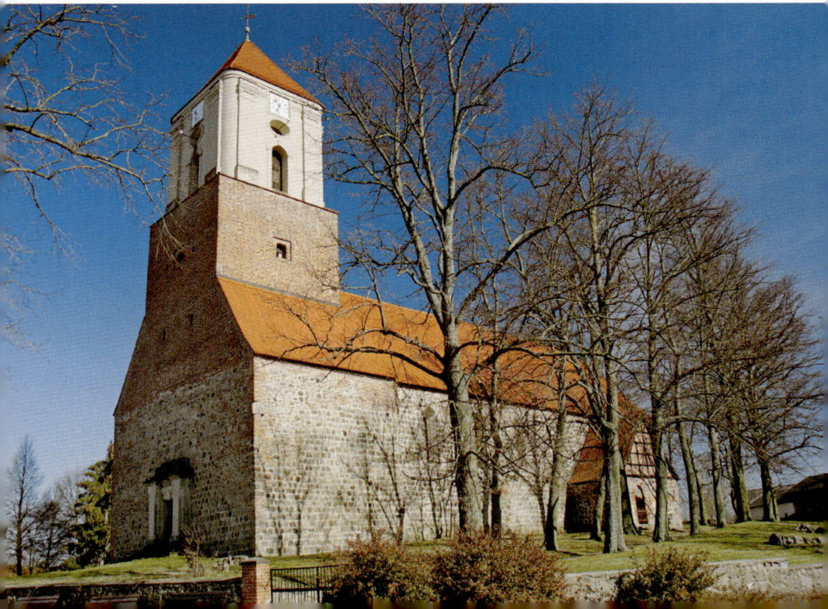

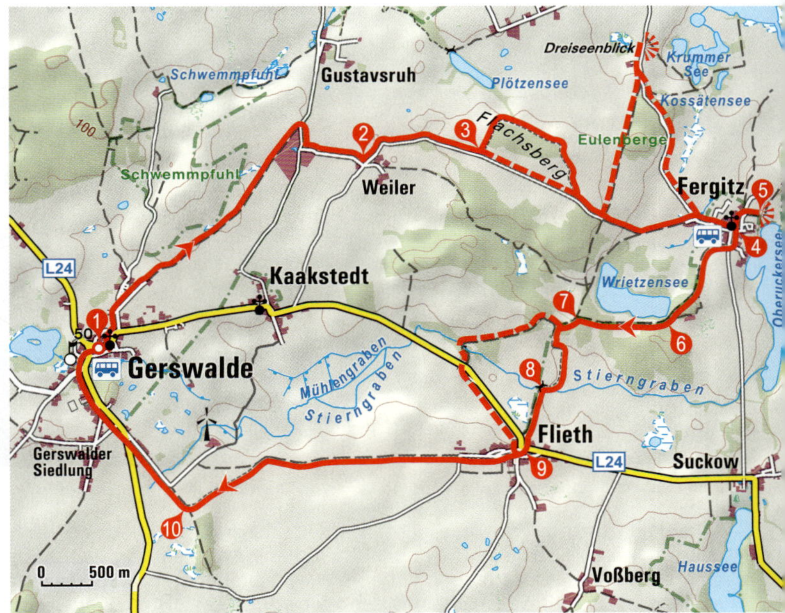


tragischen Geschehens: Hier wurde im Februar 1701 die 15-jährige Magd Dorothee Elisabeth Tretschlaff als Hexe hingerichtet. Dies war allerdings der letzte Hexenprozess überhaupt im Land. Von der Dorfmitte gehen wir noch an das östliche Ende von Fergitz, wo wir von einem **Naturbeobachtungsturm** ❺ einen sehr schönen Blick auf Warnitz und den Oberuckersee haben.

Dann gehen wir zurück zur Kirche in **Fergitz** ❹ und biegen nach links in Richtung Suckow ab, schlagen jedoch am Ortsausgang nach rechts einen Feldweg ein (Wegweiser »Wrietzensee«) und durchwandern erneut eine herrliche Auenlandschaft. Nach etwa 650 m kommen wir im Wald zu einer Gabelung, gehen hier rechts und kommen alsbald nahe an den **Wrietzensee** ❻ heran. Leider ist er wegen des Schilfgürtels nicht direkt zugänglich. Unser Weg führt nun am Südsaum des Wrietzensees entlang und erreicht an dessen Westende die schon erwähnte grün markierte Straße **Potzlow–Flieth** ❼. Wir wenden uns hier mit Grün nach links und müssen dann sehr aufpassen. Nach etwa 100 m, gleich nach Verlassen des Walds, zweigt Grün in spitzem Winkel nach links auf einen Wiesenpfad ab. Dieser Wiesenpfad führt direkt auf das in der Ferne liegende Flieth zu, aber direkt vor einem

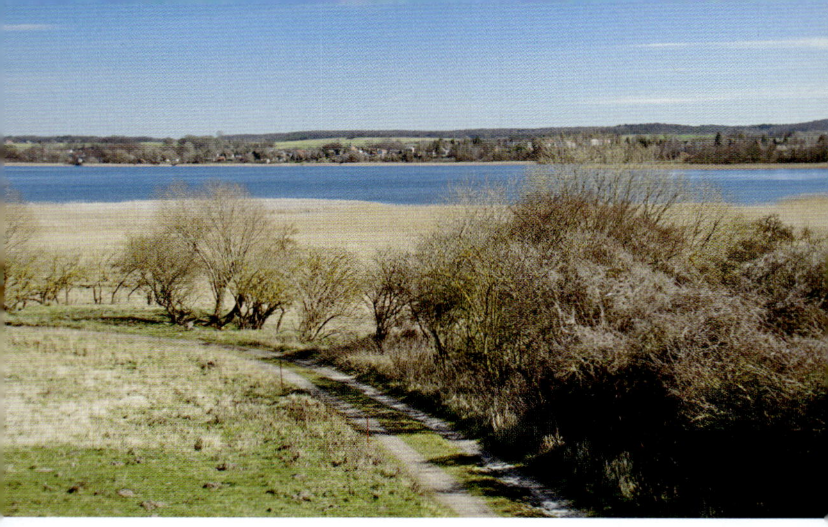

*Vom Beobachtungsturm in Fergitz hat man einen schönen Blick über den Oberuckersee.*

Acker lenkt uns ein Pfahl mit Richtungspfeil und grüner Markierung nach links (ostwärts) bis zu einem zweiten Pfahl dieser Art; hier gehen wir nach rechts an einem Wassergraben entlang. Wir bleiben nun etwa 300 m weit auf der linken Seite des Grabens, dann weist uns ein dritter Pfahl nach rechts entlang eines anderen Grabens, den wir schließlich über eine **kleine Brücke** 8 überqueren können. Nun wandern wir ansteigend direkt auf Flieth zu, nach knapp 600 m erreichen wir die Asphaltstraße nach Gerswalde und wandern links nach **Flieth** 9 (bei Nässe: → Varianten).
Am Ortsrand gehen wir nach links zur 1945 zerstörten Kirche, rechts befindet sich die Gaststätte Kastanienhof, eine hervorragende Einkehrmöglichkeit. Beim Gasthof biegen wir rechts in die Gartenstraße ab, die die Hauptachse des Dorfes bildet, und verlassen über sie nach Westen Flieth. Zunächst geht es etwas bergan; am höchsten Punkt verzaubert uns die weite, stille Landschaft. Rechts macht sich nach und nach in der Ferne der Gerswalder Kirchturm bemerkbar. Nach gut 2,5 km erreichen wir einen schmalen Asphaltweg, gehen auf ihm links und gelangen dann auf den alten **Groß Fredenwalder Weg** 10. Wir folgen ihm nach rechts, passieren die ersten Häuser von Gerswalde, dann kommen wir zur Asphaltstraße Gerswalde–Temmen und gehen auf ihr rechts nach Gerswalde hinein. Nahe der Dorfmitte geht es links durch eine Einfahrt zum klassizistischen Gerswalder Schloss (Schule) und zur Wasserburg (erbaut im 13. Jh. als Grenzburg zwischen Brandenburg und Pommern/Mecklenburg). Damit sind wir fast wieder am Ausgangspunkt an der Kirche von **Gerswalde** 1 angekommen.

↗ 50 m | ↘ 50 m | 12.5 km

2.45 h

# Templin und der Templiner See

10

## Begegnung mit einer hübschen historischen Stadt und ihrem Stadtsee

*Die 16 000-Einwohner-Stadt Templin ist genau wie Lychen von einem Seennetz umsäumt. Templin durchlebte eine wechselvolle Geschichte. 1574 überschwemmt, 1637 während des Dreißigjährigen Kriegs zerstört, 1735 abermals durch einen Brand vernichtet und dann zu Ende des Zweiten Weltkriegs erneut heimgesucht. Berühmt war Templin durch das Joachimsthalsche Gymnasium, eine ursprünglich 1607 in Joachimsthal durch Kurfürst Joachim Friedrich gegründete Lehranstalt für begabte Jungen, die 1912 nach Templin verlegt wurde und im alten Preußen als elitäre Kaderschmiede besten Ruf besaß. Ihre hochrepräsentativen Gebäude in der Prenzlauer Allee dienten nach 1945 der sowjetischen Armee als Lazarett und beherbergten in der DDR-Zeit verschiedene Bildungseinrichtungen. Sehenswert sind in der hübschen Innenstadt das spätbarocke alte Rathaus, viele original erhaltene Fachwerkhäuser und vor allem die 1800 m lange, vollständig erhaltene Feldstein-Stadtmauer mit einigen gotischen Stadttoren und Türmen. In Templin verbrachte übrigens Bundeskanzlerin Angela Merkel ab 1957 ihre Kindheit – ihr Vater hatte damals die Stelle als evangelischer Geistlicher an der Stadtkirche übernommen. Die Kombination von Stadtwanderung und einer Seenumrundung macht diese Tour besonders attraktiv.*

**Ausgangspunkt:** Templin, 63 m, historisches Rathaus auf dem Marktplatz; RB 63 ab Eberswalde Hbf.; RB 12 ab Berlin Ostkreuz.
**Anforderungen:** Eine mittellange, einfache Tour. Die Abschnitte entlang der Stadtmauer verlaufen auf befestigten Wegen, die Strecke entlang des Sees auf teilweise schmalen und wurzelreichen Pfaden, die bei Nässe schwer begehbar sein können.
**Varianten:** Wer den Weg entlang der Stadtmauer weglassen möchte, geht vom alten Rathaus über die Mühlenstraße direkt zum Mühlentor bzw. geht am Schluss der Seeumrundung vom Prenzlauer Tor über die Ernst-Thälmann-Straße direkt wieder zum Marktplatz.
**Einkehrmöglichkeiten:** Templin: im Zentrum u. a. Café Flammerie Templino, Pestalozzistr. 21, Tel. +49 3987 2359516, www.flammerie-templino.de.
Unterwegs: Kaffeegarten Seeblick, Tel. +49 3987 70340 www.kaffeegarten-seeblick.de; Restaurant Fährkrug, Fährkrug 1, Tel. +49 3987 480, www.faehrkrug-templin.de.
**Sehenswürdigkeiten:** Stadtgeschichtsmuseum im Prenzlauer Tor, Tel. +49 3987 2000526, www.museum-templin.de, geöffnet Mai–Sept. Di.–Fr. 10–17 Uhr, Sa./So. 13–17 Uhr, Okt.–April Di.–Fr. 10–16 Uhr und Sa./So. 13–15 Uhr.
**Tipp:** Mehrere kleine Badestellen am See.

Vom alten Rathaus am Marktplatz von **Templin** ❶ gehen wir über die Hauptdurchgangsstraße der Innenstadt (Mühlenstraße bzw. Obere Mühlenstraße) südostwärts bis zum Durchbruch der Stadtmauer und dort nach rechts, unmittelbar an der Innenseite der Mauer entlang. An der Ecke zur

Rühlstraße passieren wir den Eulenturm und gleich danach einen Durchlass zum alten Gefängnis (heute Café). Weiter geht es an der Mauer entlang bis zum Berliner Tor, durch das die Berliner Straße führt, und nach weiteren 500 m mittelalterlicher Mauerromantik ist das **Mühlentor** ❷ erreicht. Hier gehen wir nach links, über die Brücke des Templiner Sees und gleich danach an der ersten Einmündung nach rechts in die Alte Knehdener Straße, in der der Seerundweg beginnt (im Allgemeinen gekennzeichnet durch einen diagonalen grünen Balken, der aber entlang der Route nicht überall und nicht folgerichtig im Gelände angebracht ist). Nach etwa 250 m biegen wir nach rechts in die Weinbergstraße ab und kommen durch eine Vorortsiedlung. Nach 600 m zweigt nach rechts ein schmalerer Weg hinunter zum Seeufer ab. Auf diesem wandern wir nun unterhalb von Häusern und Villen mit terrassenartigen Gärten am See entlang. Eine besondere Sehenswürdigkeit ist dabei eine große private **Garteneisenbahn** ❸, die sich vom Weg aus bestaunen lässt. Dann passieren wir das nette Café Seeblick. Bald danach verlässt der Weg den bebauten Uferbereich und schlängelt sich nur noch am Hang und direkt am Wasser durch lichte Mischwälder – der sicherlich schönste Abschnitt der Wanderung. Knapp 2,5 km nach dem Café erreichen wir nahe der östlichen Seespitze ein offenes Feld, wo der Weg nach links schwenkt und sich zweimal rechts abbiegend der **Gleuenbrücke** ❹ zuwendet. Wir gehen hoch zur Brücke, überqueren sie auf einem befestigten Weg und wandern auf diesem an einer kleinen Datschensiedlung vorbei bis zur Teerstraße Boitzenburg–Templin. Hier biegen wir rechts ab, folgen der Straße etwa 400 m bis zur B 109 Prenzlau–Templin und gehen auf dieser ein kleines Stück bis zum pompösen Restaurant **Fährkrug** ❺,

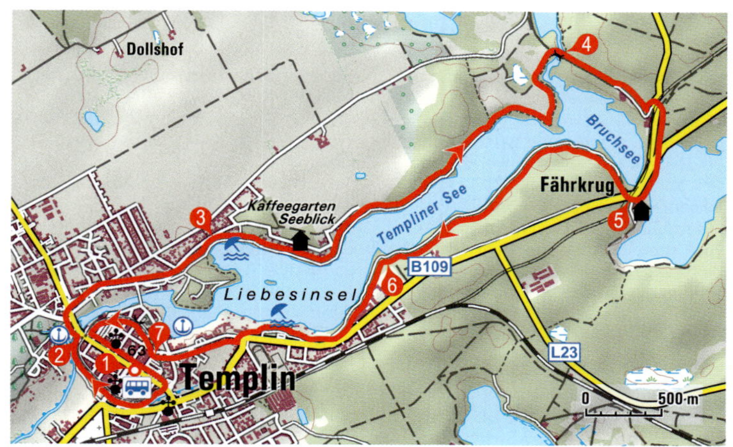

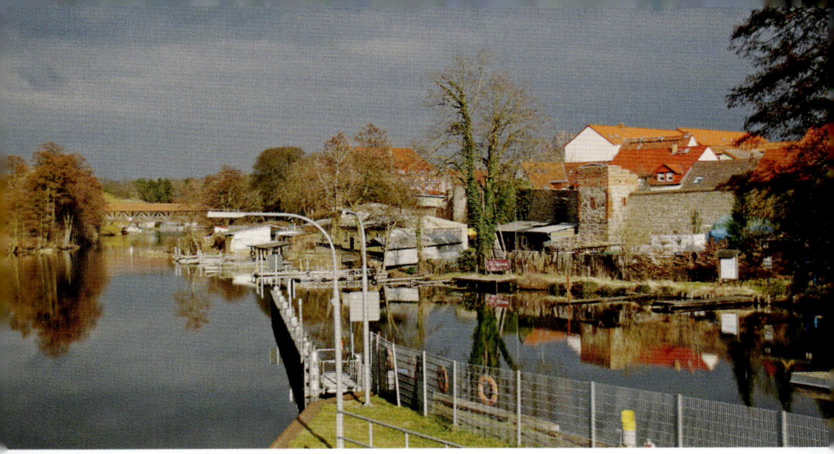

*Das mauerumwehrte Templin und der Templiner See.*

wo die stillgelegte Eisenbahnlinie Prenzlau–Templin die Straße auf einer Brücke kreuzt. Hier gab es bis ins 17. Jh. eine Fähre über den Bruchsee. Unmittelbar danach gehen wir rechts wieder zum Seeufer. Nun wandern wir auf einem teilweise schmalen Pfad in leichtem Auf und Ab am Ufer entlang. Wir kommen an einem Rastplätzchen mit Schutzhütte vorbei und nach knapp 2 km erreichen wir eine alte **Seebadeanstalt** ❻ unterhalb der eindrucksvollen Gebäude des Joachimsthalschen Gymnasiums. Weiter auf dem Seeweg treffen wir nicht weit davon die »Jungfernquelle«; der Sage nach entquellen hier die Tränen eines Mädchens, das 1313 aus Gram um ihren ermordeten Geliebten gestorben sein soll. Bald führt uns der Uferweg etwas ansteigend zur B 109, die wir kurz tangieren, dann entfernen wir uns nach rechts von ihr, um nach etwa 300 m wieder direkt zu ihr zurückzukehren. Nun folgen wir ihr stadteinwärts, vorbei am eigenartigen Hinweisschild zu einer »Nudelmesse« (freitags um 10 Uhr); Templin bzw. der Gemeindeteil Schulzenfelde ist der Sitz der merkwürdigen »Kirche des fliegenden Spaghettimonsters Deutschland e. V.«, eine groteske Satire-Konfessionsgemeinschaft. Dann kommen wir zum **Prenzlauer Tor** ❼ mit dem Stadtmuseum, gehen hier nach rechts, wieder an der Innenseite der Stadtmauer entlang, bis zum **Mühlentor** ❷ und dann nach links, über die Mühlenstraße hinauf zum Ausgangspunkt am Marktplatz von **Templin** ❶.

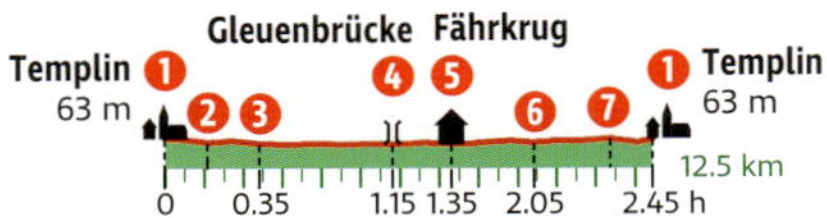

TOP 11

↗ 90 m | ↘ 90 m | 18.0 km

# Von Röddelin über Beutel nach Annenwalde

4.15 h

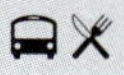

## Ein Höhepunkt uckermärkischen Landschaftszaubers

*Im Nordwesten von Templin gewinnt der Wanderer um den Großen Beutelsee, den Densowsee und mit dem Dorf Annenwalde einige der stärksten Landschaftseindrücke der Uckermark. Annenwalde ist durch sein historisches Ortsbild und die zauberhafte, 1835 vollendete Schinkelkirche ein besonderes Kleinod. Durch seine weithin bekannte Glashütte ist es auch ein Ort künstlerischen Gegenwartsschaffens.*

**Ausgangspunkt:** Röddelin, 57 m, Dorfkirche; Bus 517 ab Templin ZOB oder ab Lychen Markt oder Busbahnhof; nach Templin aus Berlin u. a. mit RB 12.
**Anforderungen:** Längere, jedoch beglückende Wanderung auf breiten Feld- und Waldwegen entlang des Kleinen Beutel- und des Densowsees und am Ufer des Großen Mahlgastsees; gegen Ende der Tour auf schmalen, wurzelreichen Pfaden, die bei Nässe möglicherweise rutschig sind.
**Einkehrmöglichkeiten:** Röddelin: Hotel-Pension Seeblick, Rotdornweg 8, 17268 Röddelin (Templin), Tel. +49 3987 3035, www.hotel-pension-seeblick.de. Annenwalde: Gasthaus Kleine Schorfheide, 17268 Annenwalde Nr. 13 (Templin), Tel. +49 3987 4989429, www.kleine-schorfheide-annenwalde.de.
**Tipp:** Zwischen April und Oktober bietet der »Uckermark Shuttle«, der Templin, Röddelin, Beutel, Annenwalde, Lychen und Fürstenberg verbindet, die Möglichkeit zu bequemer Rückkehr bzw. Rundfahrt (www.uckermark-tourismus.de).

Von der Dorfkirche in **Röddelin** ❶ gehen wir den Dorfanger entlang südwärts, dann biegt die Dorfstraße nach rechts ab und wir verlassen den Ort. Oberhalb des Röddelinsees wandern wir das Ufer entlang und passieren die kleine Siedlung Brückenfeld (Hohenfelde). Dann kommen wir in ein Waldstück und der Weg führt uns fast bis ans Seeufer hinab, wo sich links eine große **Badestelle** ❷ befindet. Hier biegen wir nach rechts auf einen breiten, sandigen Waldweg ein, der uns zunächst durch monotonen Föhrenwald führt, der aber bald von Mischwald abgelöst wird. Unser gut als Hauptweg zu erkennender Wanderweg führt uns nach etwa 500 m scharf nach rechts, ungeachtet eines etwas irritierenden, nach links weisenden Schildes. Bald kommen wir zum Waldrand, dem wir folgen, und passieren auf freiem Feld das Einzelgehöft **Papenwiese** ❸. Gleich danach queren wir einen breiten, unbefestigten Weg und gehen leicht links wieder in

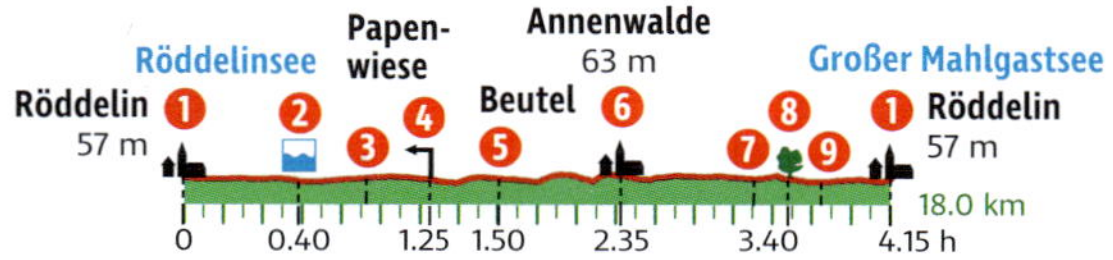

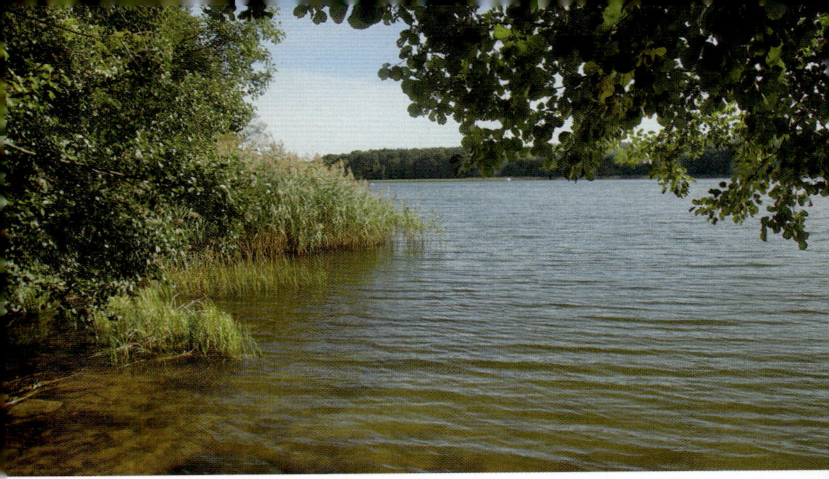

*Das kristallklare Wasser des Röddelinsees lädt überall an seinem Ufer zum Bade.*

den Wald hinein (grüne Markierung). Etwa 1,3 km geht es durch den Wald, dann führt uns der Weg deutlich abwärts und wir biegen an einer **Abzweigung** ❹ (grüner Punkt) nach links auf den Beutelsee-Rundweg ab. Auf und ab geht es auf schmalem Pfad am Südufer dieses zauberhaften kleinen Sees entlang, dann steigt der Weg plötzlich an und fällt wieder steil ab. Wir kommen am Südwestrand des Sees auf einen breiteren Weg, auf den wir nach rechts abbiegen und durch einen Schilfgürtel wandern. Diese Niederung trennt den Kleinen vom Großen Beutelsee, die beide vor einigen hundert Jahren noch einen zusammenhängenden See bildeten. Dessen Mittelteil ist zwar entlang einer Schwelle verlandet, hier sind die Seen aber noch durch einen schmalen Bach miteinander verbunden.

Der Weg durch den Schilfgürtel führt alsbald wieder hinauf und wir erreichen am westlichen Ortsrand die ersten Häuser von Beutel. Nach etwa 150 m kommen wir zur Dorfstraße, auf der wir nach rechts Richtung Röddelin gehen. Am Dorffriedhof von **Beutel** ❺ (gegenüber der alten Schule, Haus Nr. 27), biegen wir links mit dem gelben Punkt auf einen Feldweg ab. Nach gut 1 km beginnt der Weg sich zu verlieren (rechts steht in ca. 70 m Entfernung eine kleine Aussichtsplattform am Densowsee).

Wir biegen hier nach links in ein sumpfiges Waldgebiet ab (gelber Punkt), wandern auf einem etwa 50 m langen, höchst maroden hölzernen Bohlenpfad, wenden uns danach nach rechts, sodann wieder nach rechts und gelangen unmittelbar nah ans Westufer des Densowsees. Entlang eines steileren Hangs folgen wir jetzt auf schmalem Pfad dem Seeufer – zweifellos einer der schönsten Abschnitte der ohnehin höchst reizvollen Wanderung. Nach knapp 1 km steigt der Weg kurz an und wir stehen inmitten eines Skulpturenparks – der Künstler der Annenwalder Glashütte hat hier seine Kreationen aufgestellt. Wir gehen um das Privatgrundstück herum und über eine kleine Pflasterstraße zur Dorfkirche von **Annenwalde** ⑥, deren Besichtigung trotz der protestantisch-spartanischen Innenausstattung sehr lohnend ist. Dann gehen wir auf der Dorfstraße ostwärts, vorbei am idyllischen Gasthaus »Kleine Schorfheide«, verlassen hier die Hauptstraße nach rechts und gehen entlang der alten Gutsstallungen etwa 120 m bis zum Ortsende. Von hier wandern wir auf einem schmalen Weg nach links und deutlich bergab, bis wir die aus Beutel kommende Asphaltstraße erreichen. Auf ihr halten wir uns rechts. Von links kommt nach etwa 80 m der Märkische Landweg heran, wir bleiben jedoch auf der Asphaltstraße, gehen kurz bergan, und biegen dann in spitzem Winkel (mit der blauen Landwegmarkierung) nach links auf einen Alleeweg ab. Wir halten uns an

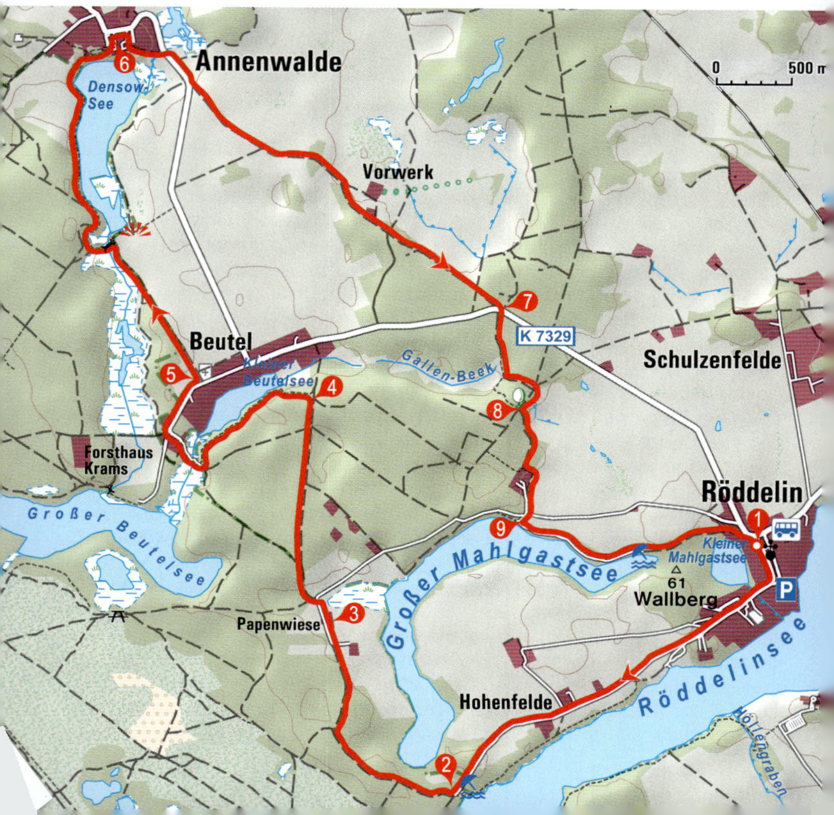

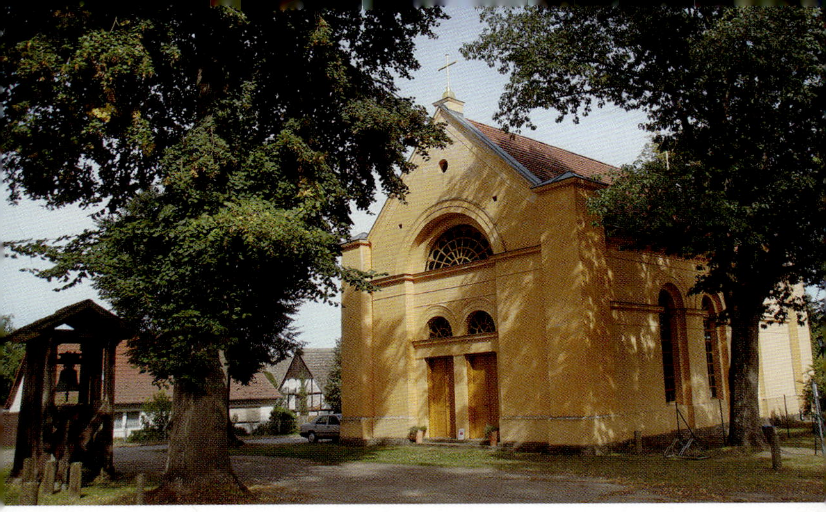

*Die Dorfkirche von Annenwalde ist eine der schönsten ihrer Art in ganz Brandenburg.*

die blaue Markierung, passieren das links etwas abseits gelegene Vorwerk Annenhütte und wandern weiter durch schönen Mischwald. Links fällt ein ungewöhnlicher, tiefer Weggraben auf, kurz bevor wir wieder an die Kreisstraße Beutel–Annenwalde kommen. Wir überqueren die **K 7329** **7**, gehen mit der Markierung des Märkischen Landwegs auf der anderen Straßenseite in den Wald hinein und kommen bald zu einer Freifläche innerhalb des Walds. Der Weg hält sich links davon und führt nach etwa 150 m nach links wieder in den Wald hinein (hier Markierung). In Kürze erreichen wir einen breiten, unbefestigten Fahrweg, auf dem wir nach rechts gehen und nach erneut 150 m zu einer links stehenden großen **Kiefer** **8** gelangen. Von dieser nehmen wir den schmaleren, nach links abzweigenden Weg duch den Wald und kommen bald zu einem größeren landwirtschaftlichen Betrieb (u. a. Gestüt), den wir links umgehen, bis wir wieder auf einen etwas breiteren Weg gelangen. Diesen überqueren wir halbrechts (hier erscheint die Markierung des Märkischen Landwegs wieder) und gehen über eine etwas schadhafte hölzerne Treppe hinab zum Ufer des **Großen Mahlgastsees** **9**. Am Ufer wenden wir uns mit dem blauen Kreuz des Märkischen Landwegs nach links und jetzt geht es direkt am teils verschilften, teils bewaldeten Uferstreifen entlang. Wir kommen kurz vor Röddelin noch an einer Badestelle vorbei, dann erscheint rechts der Kleine Mahlgastsee. Nach einem kurzen Anstieg gelangen wir zur Dorfstraße von Röddelin. Hier wenden wir uns gleich nach rechts (an dieser Stelle ein ungewöhnlicher Wegweiser nach Templin und Beutel in kyrillischen Buchstaben) und kommen zurück zu unserem Ausgangspunkt, der Dorfkirche in **Röddelin** **1**.

↗ 40 m | ↘ 40 m | 9.4 km

# 12 Von Tangersdorf zu geheimnisvollen Orten

**2.30 h**

## Ein verwunschener See und ein unheimlicher Ort im Wald

*Obwohl Lychen und seine Umgebung zu den meistbesuchten Regionen der Uckermark zählen, sind die weiten Waldgebiete im Süden der Stadt kaum begangen, auch der idyllische Stübnitzsee liegt fast das ganze Jahr über verlassen. Das mag damit zu tun haben, dass bis 1990 in diesen Wäldern ein Kernwaffenlager der Sowjetarmee existierte, genannt »Sonderwaffenlager Himmelpfort« bzw. »Sonderwaffenlager Lychen II«. Die Bunker dieses Lagers sind im Wald noch zu finden, ihre Eingänge allerdings seit einigen Jahren verschüttet. Die gesamte Anlage, zu der eine Wohnzone sowie ein eigenständiger Kasernenbereich mit Stabsgebäuden, Heizwerk etc. zählten, hatte eine Fläche von 113 Hektar. In den beiden Bunkern, die etwa 40 x 25 Meter maßen, konnten jeweils 20 Sprengköpfe aufbewahrt werden.*

**Ausgangspunkt:** Tangersdorf, 55 m, Ortsmitte (Abzweig des Wegs nach Himmelpfort am ehemaligen Schulhaus); Bus 517 ab Templin ZOB oder ab Lychen Markt oder Busbahnhof, alternativ auch ab Fürstenberg/Havel; nach Templin aus Berlin u. a. mit RB 12.

**Anforderungen:** Leichte Tour auf Waldwegen, Waldpfaden und Betonplattenwegen. Bei schlechten Sichtverhältnissen besteht wegen der gleichförmigen Wälder die Gefahr sich zu verirren.

**Einkehrmöglichkeiten:** Keine

**Tipp:** Bademöglichkeit im Stübnitzsee

In der Ortsmitte von **Tangersdorf** ❶ gehen wir am alten Schulhaus nach rechts Richtung Westen bis zum Ortsende. Hier gehen wir dann etwa 80 m geradeaus in den Wald und kommen zu einer Gabelung, an der wir rechts abbiegen. Nach weiteren etwa 80 m kommt wieder eine Wegverzweigung, an der wir uns erneut rechts halten und gleich danach einen Waldweg überqueren. Wir gehen geradeaus, wandern mehr oder weniger parallel

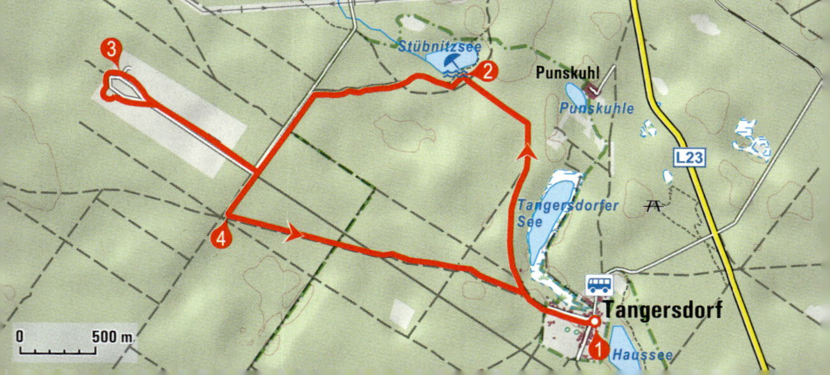

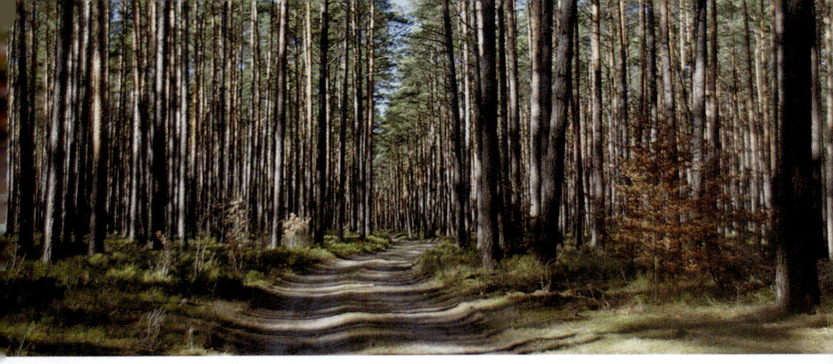

*Von unendlich tiefen Wäldern ist der Stübnitzsee umgeben.*

zum Ufer des Tangersdorfer Sees, es geht auf sandigem Weg leicht bergauf und bergab. Nach etwas mehr als 1 km stoßen wir auf einen breiten Waldweg, gehen hier links, etwa 500 m geradeaus und kommen zum Stübnitzrundweg (grüne Markierung). Wir überqueren den Waldweg und gehen bis unmittelbar ans Ufer des **Stübnitzsees** ❷ (Schutzhütte). Hier wenden wir uns auf einem gut erkennbaren Waldpfad nach links und bleiben immer mehr oder weniger nahe am Ufer. Dann steigt der Weg kurz etwas an und wir kommen wieder zum Stübnitzrundweg, den wir überqueren und uns dann vom See entfernen. Zweimal kreuzen wir andere Waldwege, doch gehen wir immer geradeaus. Nach insgesamt 600 m kommen wir zu einem Betonplattenweg, einem der Zufahrtswege zum ehemaligen Kernwaffendepot. Auf ihm wenden wir uns nach links. Der Weg führt durch sehr gleichförmige Waldungen. Nach etwa 750 m gehen wir nach rechts Richtung Depot. Zunächst passieren wir eine Freifläche, wo ehemals Kasernengebäude und das Heizwerk standen, dann geht es wieder in den Wald. An einer Weggabelung halten wir uns rechts und kommen gleich danach zum nördlichen der beiden **Bunker** ❸, gehen auf der Straße dann im Bogen nach links und wieder zurück, wo wir am zweiten Bunker vorbeikommen.
Dann stoßen wir auf den Hinweg und gehen so, wie wir gekommen sind, wieder auf den breiten Betonplattenweg zurück, halten uns jetzt aber rechts. Nach etwa 350 m gelangen wir an eine **Kreuzung** ❹, an der ein Wegweiser steht, der uns links nach Tangersdorf weist. Wir wandern auf diesem Waldweg immer geradeaus und queren dabei andere, breitere Waldwege. Obwohl schmal, unbefestigt und sandig, ist dies eine für den öffentlichen Kfz-Verkehr freigegebene Straße.
Nach etwa 2,5 km durch monotone und dennoch reizvolle Wälder kommen wir wieder an unserem Ausgangspunkt in **Tangersdorf** ❶ an.

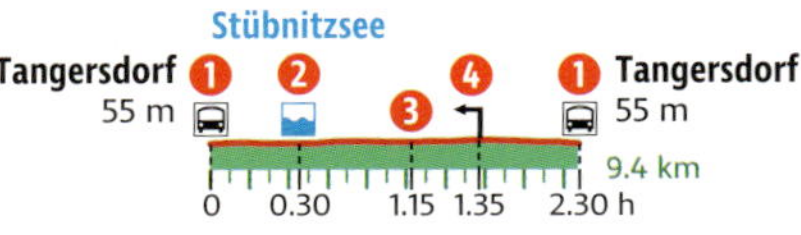

TOP

13

# Von Lychen nach Himmelpfort

↗ 80 m | ↘ 80 m | 18.3 km

**4.15 h**

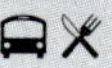

## Durch lichte Waldungen und entlang verträumter Seen

*Die 3000-Seelen-Stadt Lychen ist das westliche Eingangstor zur Uckermark. Der Ort ist auf allen Seiten von sieben Seen umgeben, die sich teils langgestreckt, teils rund nach allen Richtungen hinziehen – oft ist in diesem Zusammenhang von der Lychener »Seenspinne« die Rede. Seit 2010 führt Lychen die offizielle Zusatzbezeichnung »Flößerstadt«, denn die Flößerei war jahrhundertelang Haupterwerbszweig der Bewohner. Die sechs Meter hohe frühere Stadtmauer ist nur noch in kleineren Bereichen vorhanden, von den drei Tortürmen sind noch zwei in Relikten erhalten. Weithin bekannt war im Ortsteil Hohenlychen die 1902 erbaute Tuberkulose-Heilanstalt. 1940 wurde sie zu einem Krankenhaus der Waffen-SS umfunktioniert, auch residierte hier in den letzten Kriegsmonaten mit seinem Stab der Reichsführer-SS, Heinrich Himmler, als Oberbefehlshaber der Heeresgruppe Weichsel. Die architektonisch höchst eindrucksvolle Anlage wurde nach 1945 bis 1993 als Lazarett der sowjetischen Armee genutzt und wird zurzeit zu noblen Ferienwohnungen umgebaut. Himmelpfort mit seiner Klosterruine ist malerisch am Westrand des Moderfitzsees gelegen und zu allen Jahreszeiten ein vielbesuchter Ausflugsort. Und nicht zuletzt ist Lychen kulturgeschichtlich bedeutend: 1879 wurden hier die Reißzwecken erfunden.*

**Ausgangspunkt:** Lychen, 64 m, Marktplatz; Bus 517 ab Templin ZOB oder Fürstenberg; nach Templin aus Berlin u. a. mit RB 12.

**Anforderungen:** Nicht allzu lange Wanderung auf Wiesenpfaden und Waldwegen unterschiedlicher Breite, ein kleiner Teil verläuft auf befestigten Wegen.

**Einkehrmöglichkeiten:** Lychen: u. a. Café Strandbad, Am Strandbad 11; Gaststätte Zum Dicken, Templiner Str. 4, Tel. +49 39888 43199; Restaurant Strandcafé, Gartenstr. 21, Tel. +49 39888 52964, www.strandcafe-lychen.de; Gasthof am Stadttor, Stargarder Str. 16, Tel. +49 39888 43116, www.gasthof-am-stadttor.de. Himmelpfort: Mönchsschänke, Klosterstr. 8, Tel. +49 33089 409998, www.moenchs-schaenke.de; Weihnachtshaus, Klosterstr. 23, Tel. +49 33089 41888, www.weihnachtshaus-himmelpfort.de.

**Sehenswürdigkeiten:** Lychen: Pfarrkirche und Reste der Stadtbefestigung; auf der stillgelegten Bahnlinie Fürstenberg–Templin kann man Pedal-Draisinen fahren (www.erlebnisbahn.de, Buchung über die Stadtinformation Lychen); Flößereimuseum, Clara-Zetkin-Str. 1, Tel. +49 39888 499973, geöffnet Juni–Okt. Di.–So. 10–18 Uhr bzw. nach Vereinbarung. Himmelpfort: Ruine der Klosterkirche; die angebaute Pfarrkirche von 1663; »Weihnachtspostamt«, Klosterstr. 23.

**Tipp:** Nahe der Klosterruine Himmelpfort kann man im Haussee baden.

Vom Marktplatz in **Lychen** ❶ gehen wir westwärts über die Fürstenberger Straße, vorbei am Obelisken des Kriegerdenkmals, und biegen dann halblinks (Markierung grüner Strich und / oder grünes Kreuz – Vorsicht:

*Lychen und sein Stadtsee bilden einen harmonischen, sanften landschaftlichen Akkord.*

sie ist nicht immer vorhanden und nicht immer eindeutig) auf den Weg zur Schiffsanlegestelle, passieren diese und kommen zu einer Fußgängerbrücke, mit der man die Engstelle zwischen Stadtsee und Großem Lychensee überquert. Nach der Brücke führt der Weg nach rechts, direkt am zauberhaften Ufer des Großen Lychensees entlang: Links steigt der dichte Wald an, rechts lugt der Große Lychensee durch den Laubwald. Bald kommen wir am **Strandbad** 2 vorbei und gehen auf einem verhältnismäßig schmalen Pfad am Seeufer weiter. Links säumen Wochenendhäuser entlang eines flachen Hangs unseren Weg, einige kürzere Teilstücke geht es auch direkt durch den Wald. Etwa 1,2 km nach dem Strandbad gelangen wir zum Abzweig zur Halbinsel **Kuckuckswerder** 3 (Privatbesitz); hier wenden wir uns nach links, nach etwa 50 m gleich wieder nach rechts und setzen unseren Weg auf der grünen bzw. blauen Markierung fort, nicht mehr unmittelbar am Seeufer, aber unweit. Weiterhin folgen wir dem grünen Strich, an der Dreierweggabel folgen wir nach rechts dem Märkischen Landweg weiter. Vor der Einfahrt zum Feriendorf Brennickenwerder biegen wir nach links ab und wandern nun entlang einer großen Wiese (Sumpfgebiet). Bald biegt das grüne Kreuz nach links ab, wir halten uns jedoch mit dem grünen Strich bzw. einem blauen Kreuz **rechts** 4 und erreichen nach etwa 600 m einen breiten, sandigen Schneisenweg. Auf ihm gehen wir nach rechts. Nach etwa 900 m treffen wir an einer scharfen Linksbiegung auf die Waldeinöde **Woblitz** 5. Knapp 200 m danach biegen wir mit dem blauen Kreuz bzw. dem grünen Strich rechts ab. Wir wandern entlang eines verhältnismäßig sumpfigen Geländes und schließlich kommen wir nach etwas mehr als 1,5 km zu einer Fußgängerbrücke, die nach rechts über die Woblitz zum Himmelpforter Ortsteil Pian führt. Von dort kommt eine gelbe Markierung heran, mit der wir uns jedoch von der Brücke entfernen

und die uns jetzt bis Himmelpfort begleitet. Etwa 200 m nach der erwähnten Brücke geht es rechts auf einem schmalen Pfad mitten in ein Sumpfgebiet – dies ist einer der reizvollsten Abschnitte der Wanderung.
An einer Gabelung halten wir uns links. Unser Weg führt flach an den Sümpfen weiter und steigt dann kurz an, bevor die ersten Häuser von Himmelpfort in der Straße Eichberg erreicht sind. Wir gehen geradeaus in den Ort hinein, passieren das rechts befindliche schloßähnliche Landhaus Himmelpfort, gehen am Obelisken des Kriegerdenkmals vorbei und auf der idyllischen Klosterstraße weiter. Dann überqueren wir das schmale Mühlenfließ und die Woblitz und haben nun an der Ruine des 2010 niedergebrannten alten Klosterbrauhauses die Ortsmitte von **Himmelpfort** ❻ (Touristeninformation, Weihnachtspostamt) sowie den Klosterbereich erreicht. Hier gibt es einige schöne Einkehrmöglichkeiten, außerdem sind unweit die farbenfrohen Bürgerhäuser (u. a. Haus Nr. 7) in der Straße »Zur Hasenheide« sehenswert. Von der Klosterruine gehen wir zum Seeufer (Bademöglichkeit) und biegen dort mit der gelben Markierung nach links ab. Wir wandern auf einem äußerst schönen Weg das Ufer entlang, bis wir zu einer Brücke kommen, die die Engstelle zwischen Haussee und Moderfilzsee überspannt. Wir überqueren die Brücke und gehen gleich danach mit Grün nach links, mit Gelb geht es rechts zu einer schönen Badestelle.
Auf dem grünen Weg kommen wir nach 200 m an den Orsteingang von Pian, biegen hier links ab und gehen durch den Ort, der eigentlich nur eine Wochenendhaussiedlung ist, bis zum Ortsende von **Pian** ❼. Nun wandern wir mit der grünen Markierung nach rechts in den Wald. Ein schöner breiter Waldweg bringt uns nach knapp 2 km bis zum Ufer des **Großen Lychensees** ❽, wo der Weg im rechten Winkel nach links abbiegt und wir jetzt mehr oder weniger parallel zum teils verschilften Seeufer wandern. Nach

*Die efeuumrankte Ruine der Klosterkirche von Himmelpfort.*

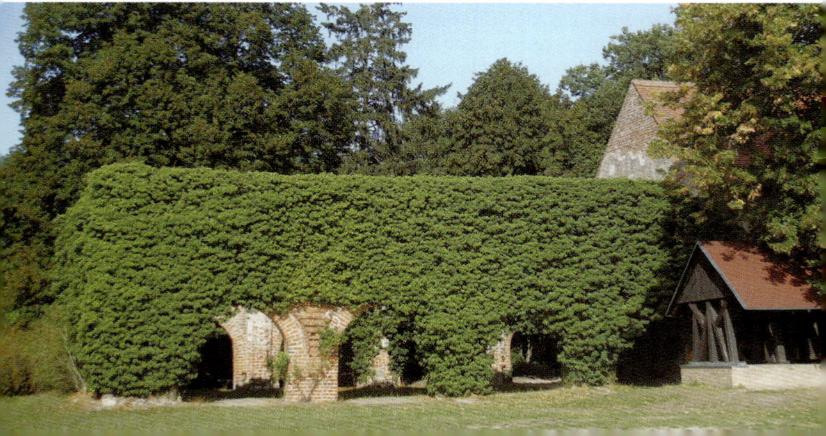

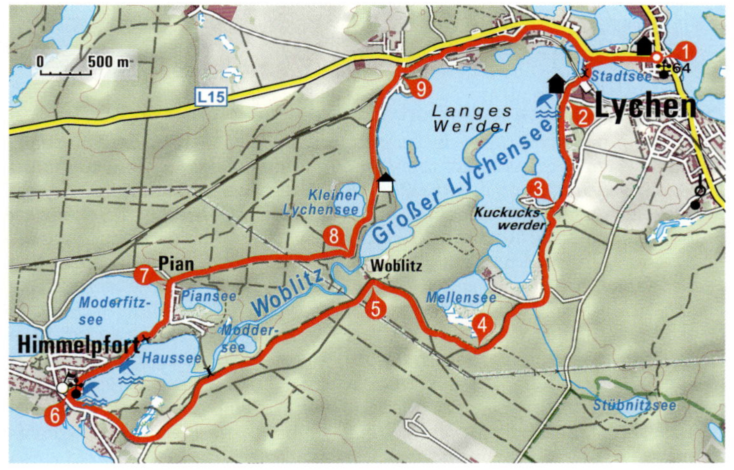


etwa 1 km erreichen wir eine Wegkreuzung, hier gibt es einen Rastplatz mit einer kleinen Schutzhütte. Wir gehen auf dem schmalen Waldpfad geradeaus weiter und kommen nach etwa 600 m zu einem Feriendorf, wo wir auch auf den Radweg aus Himmelpfort treffen. Etwa 500 m danach kreuzen wir die **Draisinentrasse Fürstenberg–Lychen** ❾ und gehen nach nur etwa 50 m und noch vor Erreichen der Landstraße Fürstenberg–Lychen nach rechts auf einem schmalen Pfad in den Wald (grüne Markierung, nur schwer erkennbar). Hier wandern wir mit ständigem, leichtem Auf und Ab bis zu einer kleinen Asphaltstraße hoch und überqueren diese. Wir gehen geradeaus nochmals ansteigend bis kurz vor die Landstraße und biegen dann nach rechts auf einen schmalen, kaum erkennbaren Pfad ab, der uns fast wie durchs Unterholz immer parallel zur Landstraße nach Lychen bringt. Bei den ersten Häusern erreichen wir (in Verlängerung des Pfads) den Goetheweg. Wo dieser nach links zur Landstraße (hier Fontanestraße) abbiegt, gehen wir halbrechts hinab zur Bahnhofstraße. Auf dieser wenden wir uns nach links, gelangen zur Berliner Straße (Landstraße nach Fürstenberg) und gehen über diese nach rechts zum Ausgangspunkt unserer Tour, ins Zentrum von **Lychen** ❶ zurück.

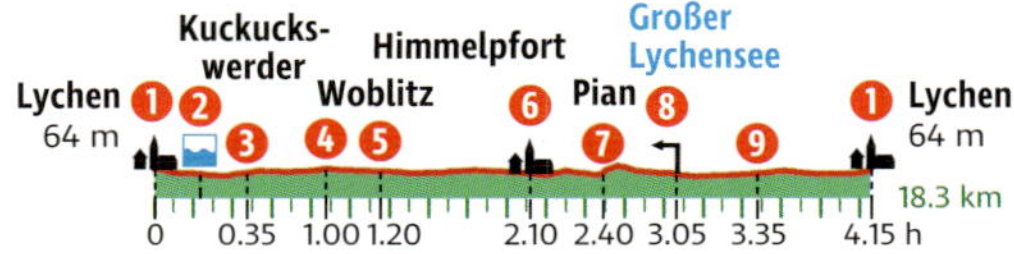

↗ 80 m | ↘ 80 m | 21.1 km

# 14 Von Lychen entlang des Zenssees in die Hohe Heide

5.30 h

## Zu einem faunistisch wie kulturhistorisch bedeutenden Bach

*Südöstlich von Lychen liegt der lang gestreckte Zenssee. Er wird zum sogenannten Lychener Seenkreuz (oder auch Seespinne) gezählt. Er ist bis zu 29 m tief, 3 km lang und etwa 400 m breit. Östlich schließt sich das Kiefernwaldgebiet der Hohen Heide an. Der nördliche Teil der Hohen Heide wird vom Küstrinchenbach durchflossen (auch Küstriner Bach genannt), der als Paddelwasserstraße viel befahren wird, da er die Feldberger Seen mit den Lychener Seen verbindet. Das 11 km lange Gewässer ist sehr flach und nur etwa 50 cm tief. Zwischen dem Dorf Küstrinchen und der Mündung in den Oberpfuhlsee bei Lychen überwindet der Bach auf 7 km Länge knapp 10 m Gefälle, weshalb er in früheren Jahrhunderten zum Holzflößen genutzt wurde. Dafür wurden vier Staustufen gebaut. Wegen der besonderen Fauna des Küstrinchenbachs (u. a. Bachneunauge und Kleine Bachmuschel) bestehen besondere Befahrungsvorschriften – für den Wanderer ist der Weg entlang des Bachs eine der beeindruckendsten Strecken der Uckermark.*

**Ausgangspunkt:** Lychen, 64 m, Marktplatz; Bus 517 ab Templin ZOB oder Fürstenberg; nach Templin aus Berlin u. a mit RB 12.

**Anforderungen:** Längere Wanderung auf schmalen und breiteren Waldpfaden und -wegen, kurze Abschnitte auf befestigten Wegen. Die Tour ist durch ständige kleine An- und Abstiege (meist nur im 5-m-Bereich) gekennzeichnet, insbesondere entlang des Zenssees geht es dabei ohne Unterlass auf und ab. Dieses Teilstück sollte nicht bei Nässe und Dunkelheit begangen werden – zu groß ist die Gefahr, dass man auf dem sehr schmalen Pfad am Hang oberhalb des Seeufers ausgleitet und in den See stürzt. Des Weiteren kann nach längerem Regen oder nach der Frühjahrsschmelze der Weg entlang des Küstrinchenbachs sehr durchweicht oder gar überflutet sein. Der Bach fließt auf fast gleicher Höhe wie der Weg.

**Variante:** Vom Waldparkplatz (nach Wegpunkt 6) nach links direkt bis zur Boitzenburger Chaussee abkürzen: insgesamt 18 km, Zeitersparnis 45 Min.

**Einkehrmöglichkeiten:** Lychen: u. a. Café Strandbad, Am Strandbad 11; Gaststätte Zum Dicken, Templiner Str. 4, Tel. +49 39888 43199; Café Kunstpause, Berliner Str. 60, Tel. +49 3988 52645, www.kunstpause-lychen.de; Gasthof am Stadttor, Stargarder Str. 16, Tel. +49 39888 43116, www.gasthof-am-stadttor.de. Unterwegs am Ufer des Zenssees: Waldhotel Sängerslust, Tel. +49 39888 64600, www.saengerslust.de. Wuppgarten: Pension-Gasthaus am Zenssee, etwas abseits des Wegs, Tel. +49 39888 2247, www.zenssee.de, für Tagesgäste nur Getränke, Kaffee und Kuchen.

Vom südlichen Rand des Marktplatzes von **Lychen** ❶ gehen wir nach links durch die Hospitalstraße zur Templiner Straße, auf dieser nach rechts und über die Brücke zwischen Stadt- und Oberpfuhlsee. Etwa 120 m nach der Brücke biegen wir nach links in den Weg am **Zenssee** ❷ ein. Wir folgen

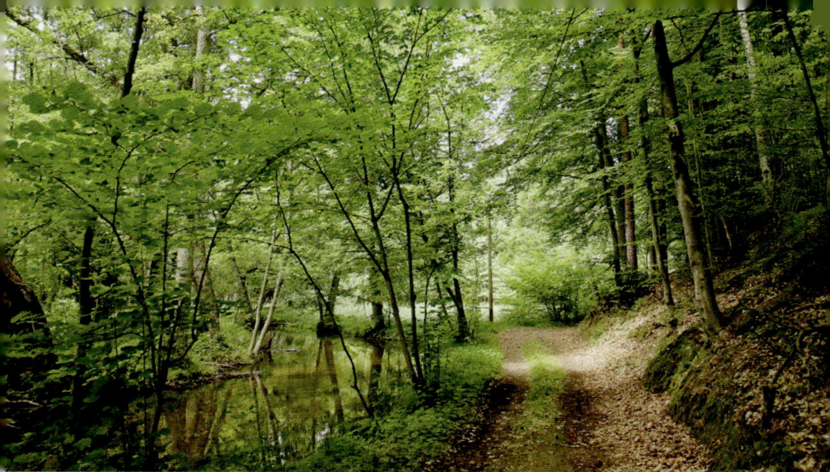

*Entlang des Küstrinchenbachs führt eine der schönsten Wanderstrecken der Uckermark.*

ab hier immer der Markierung »großer grüner Punkt«. Der Weg bringt uns entlang von Neubauten bzw. Wochenendhäusern hinunter zum Ufer des Zenssees und unterhalb der eindrucksvollen Villen des Sanatoriums vorbei. Dann geht es auf recht schmalem, wurzeldurchwirktem Pfad durch wunderbaren Buchenmischwald leicht bergauf und bergab, immer unmittelbar am Seeufer entlang oder oberhalb von diesem. Wir passieren das Waldhotel Sängerslust und kommen nach insgesamt knapp 3 km (ab Sanatorium) am Südende des Zenssees auf einen Teerweg. Auf diesem nach links gelangen wir zur Brücke über den Durchstich zwischen Zenssee und Platkowsee. Von ihr kann man schöne Blicke über beide Seen genießen.

Nach der Brücke wenden wir uns mit der grünen Markierung nach links, passieren alsbald das Forsthaus Wuppgarten. Nach ca. 500 m gehen wir am Abzweig geradeaus zum »Pension-Gasthaus am Zenssee« in **Wuppgarten** ❸, daran vorbei und halten uns rechts. Abermals nach 500 m zweigt unsere grüne Markierung in spitzem Winkel nach links auf einen leicht sandigen Weg ab. Wir befinden uns nun mitten in den Kiefernwaldungen der Hohen Heide. Auf diesem Weg erreichen wir nach gut 2 km eine kleine **Schutzhütte** ❹. Hier wendet sich der Weg deutlich nach links und verläuft weiter gut 2 km durch den Wald, bis wir das erste Haus des Dorfes Küstrinchen erreichen. Wir gehen nach links und sofort wieder nach rechts und wandern auf der Straße bis zur Kirche in der Mitte des idyllischen **Küstrinchen** ❺. Der Dorfanger des weltfernen Örtchens mit seinen Gattern ist ein Ort besonderen altertümlichen Zaubers.

Wir gehen zurück zum Weg schräg gegenüber der Bushaltestelle und verlassen Küstrinchen nach rechts. Die befestigte Straße führt hinab zu

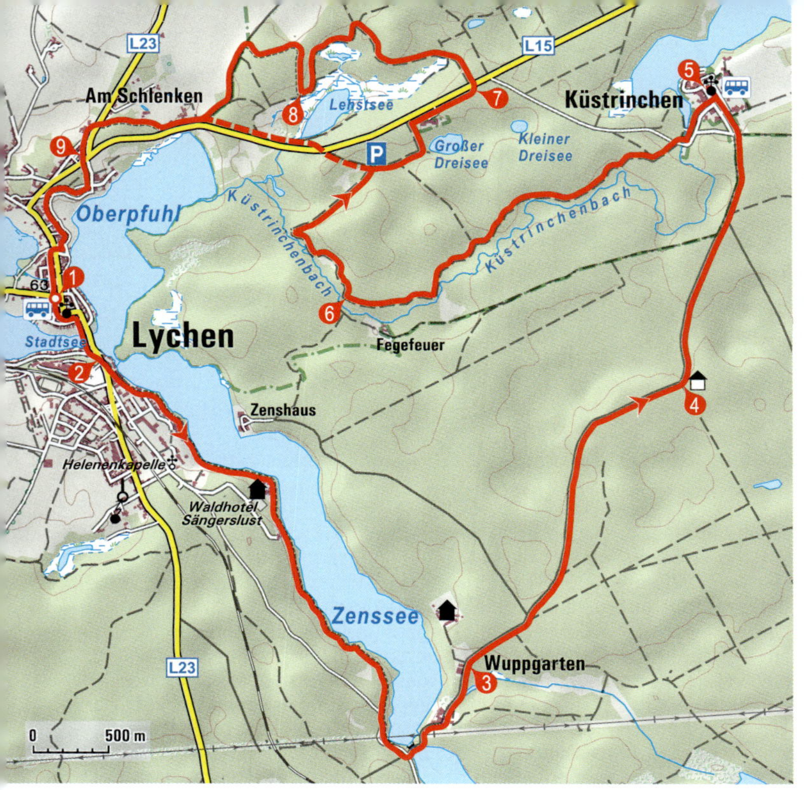


einigen Gebäuden des Fischereibetriebs am Küstrinchenbach. Gleich nach dem Bach biegen wir von der Teerstraße nach links in einen Waldweg ein, der uns alsbald direkt an das Ufer des Küstrinchenbachs bringt. Der nun folgende Abschnitt ist von besonderem Reiz: Die feuchten Erlenbruchwälder verleihen der Natur auf diesem Teilstück fast den Charakter eines südamerikanischen Sumpfwalds. Knapp 2 km nach dem Abbiegen von der Teerstraße kommen wir zu einer Waldkreuzung mit einem Wegweiser nach Lychen; wir folgen diesem mit der grünen Markierung nach links. Nach etwas mehr als 1 km kommen wir zu einer der erwähnten **Schleusen** 6 des Küstrinchenbachs, der hier auch auf einer kleinen Brücke überquert werden kann. Wir gehen aber geradeaus mehr oder weniger parallel zum Bach durch eine traumhafte Waldlandschaft weiter. Dann verlassen wir den Bach nach rechts und stoßen nach etwa 300 m auf einen breiten Querweg

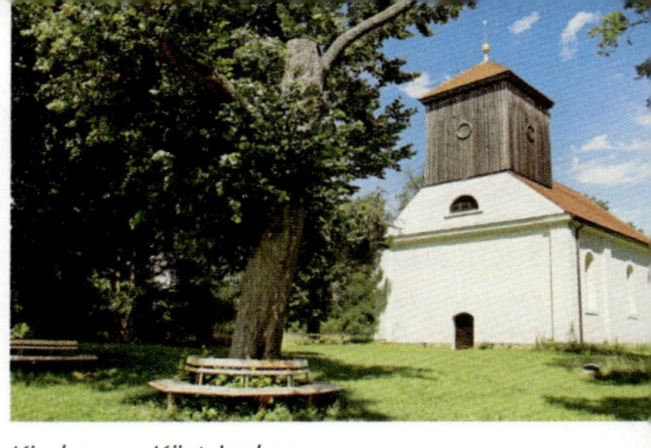

*Kirche von Küstrinchen.*

mit Waldparkplatz (→ Variante). Wir wollen weiter die Waldeinsamkeit erleben und gehen mit Grün nach rechts. Nach etwa 150 m biegen wir im spitzen Winkel nach links in die Sümpfe hinein ab und wenden uns nach weiteren 150 m erneut nach links. Alsbald kommen wir zum Zaun einer Ferienhausanlage und gehen – unmittelbar vor Erreichen der Straße Lychen–Boitzenburg (L15) – mit Grün auf einem Brandschneisenweg nach rechts und parallel zur Straße. Nach etwa 500 m wendet sich unser markierter Weg nach links, kreuzt die Straße und führt in den **Lychener Stadtforst** 7 hinein. Der Weg führt etwas abwärts, steigt wieder an und nach etwa 1 km biegen wir scharf nach links ab. Erneut geht es abwärts, dann wieder eben am Rand einer großen sumpfigen Wiese entlang. Plötzlich führt unsere grüne Markierung bei einer **Abzweigung** 8 in rechtem Winkel nach rechts. Bergauf kommen wir nach etwa 350 m zum Waldrand; hier biegt Grün wieder nach links in den Wald ein. Nach etwa 400 m gelangen wir erneut an den Waldrand und biegen nach links in die mit einem grünen Dreieck markierte Allee ein. Auf ihr kommen wir nach etwa 700 m wieder zur L15, die ab hier Boitzenburger Chaussee heißt. Wir wenden uns nach rechts in Richtung Lychen. Nach knapp 300 m leitet uns der grüne Punkt nach rechts in eine Betriebseinfahrt, doch kurz vor dem Tor biegen wir nach links ab, steigen auf eine niedrige Hügelkette und gehen auf ihr parallel zur Straße in Richtung Lychen, bis wir am Ortsrand auf die befestigte Beenzer Straße kommen. Auf dieser gelangen wir nach links nach etwa 100 m wieder zur Boitzenburger Chaussee am Abzweig der **Markgrafenallee** 9. Wir biegen in die Markgrafenallee ein. Wo die Straße den Linksknick macht, wandern wir geradeaus auf dem schmalen Pfad des Markgrafenbuschs bergab und folgen dem Wegverlauf nach rechts. Es geht entlang von Neubauten und Wochenendhäusern, dann biegen wir bei einer Ruhebank mit Grün nach links in Richtung Stadt ab. Erneut führt der schmale Weg an Wochenendhäusern vorbei, bis wir die Stelle des alten Jüdischen Friedhofs direkt vor der Innenstadt Lychens erreicht haben. Wir gehen empor zur Stargarder Straße und auf ihr nach links zum Marktplatzes in **Lychen** 1 zurück.

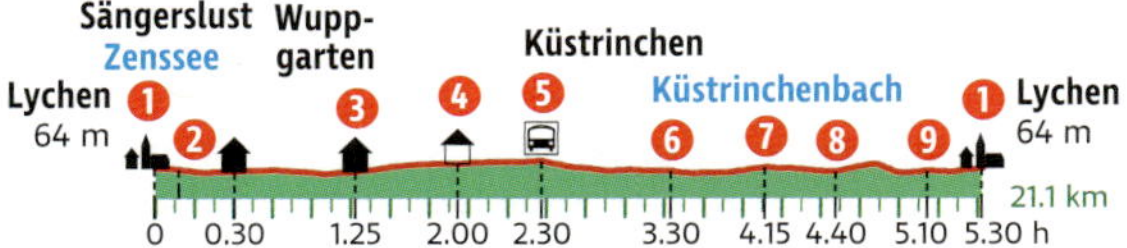

↗ 80 m | ↘ 80 m | 17.0 km

# 15 Von Thomsdorf über Carwitz zum Krüselinsee

4.00 h

## Seenzauber, Waldeinsamkeit und ein Abstecher nach Mecklenburg

*Die nordwestliche Uckermark ist noch dünner bevölkert als die anderen Landesteile. Jenseits der Grenze zu Mecklenburg liegt mit den Feldberger Seen eine wichtige touristische Region. Neben Feldberg ist das 1216 erstmals erwähnte ehemalige Fischerdorf Carwitz die wichtigste Siedlung. Dorthin von der uckermärkischen Seite zu wandern, ist unkonventioneller, als es von Mecklenburg her zu besuchen. In Carwitz lebte von 1933 bis 1944 der Schriftsteller Hans Fallada (1893–1947). Sein Haus ist heute ein Museum, auf dem alten Friedhof (heute Fallada-Park) ist er beigesetzt. Zu den schönsten Seen der Region zählt der Krüselinsee. Der 63 ha große See wird durch den Dreetzsee bewässert, dessen Wasserspiegel zehn Meter höher liegt. Am Ostrand des Sees liegt ein dichtes, unberührtes Waldgebiet.*

**Ausgangspunkt:** Thomsdorf, 103 m, Kirche; Bus 506 ab Boitzenburg; dorthin mit Bus 519 aus Templin oder Bus 503 aus Prenzlau ZOB.
**Anforderungen:** Längere Wanderung auf Feldwegen, Wiesenpfaden, schmalen, ufernahen Waldsteigen und schmaleren und breiteren Waldwegen. Wegen des Wurzelwerks und damit verbundener Rutschgefahr sollte man bei Nässe die Teilstrecke am Krüselinsee nicht begehen. Der Abschnitt von der Krüseliner Mühle bis zum Brüsenwalder Weg ist nicht markiert und erfordert eine gute Wanderkarte, Orientierungsvermögen bzw. die Fähigkeit, GPS-Daten anzuwenden. Die Teilstrecke darf bei Dunkelheit nicht begangen werden – zu groß ist die Gefahr, sich in dem sehr weiträumigen und sehr einsamen Waldgebiet zu verirren.
**Variante:** Vom Campingplatz am Dreetzsee kann man auf dem Moränenweg (rote Markierung) direkt nach Thomsdorf wandern (2,2 km) und die zweite Hälfte der Tour weglassen.
**Einkehrmöglichkeiten:** Thomsdorf: Kantinenwirtschaft im Kunsthandwerkerhof (gegenüber der Kirche), Tel. +49 39889 86241 bzw. 551788, meist nur Do.–So. 11– 18 Uhr, www.kunsthandwerkerhof-thomsdorf.de. Carwitz: Krüseliner Mühle, Tel. +49 39820 30440, www.krueseliner-muehle.de.
**Sehenswürdigkeiten:** Hans-Fallada-Museum, Zum Bohnenwerder 2, Tel. +49 39831 20359, www.fallada.de; Fallada-Grab auf dem alten Carwitzer Friedhof.

Von der Ortsmitte in **Thomsdorf** ❶ gehen wir auf einem blau markierten Weg (die Markierung ist jedoch bis Carwitz nicht durchgehend erkennbar) nach Norden, kommen an einem ehemaligen Ferienheim (heute Tauchschule und Hotel) vorbei und erreichen den Wald. Kurz vorher endete die Befestigung der Straße, ab hier wandern wir auf einem unbefestigten Waldweg. Gleich nach dem nur kurzen Waldstück führt ein Abzweig rechts zu einem Biobauernhof, und unser Weg senkt sich danach rasch zum Carwitzer See hin ab. Wir kommen erneut zu einem Wald, gehen an ihm nach rechts und passieren ein Brückchen über den Durchstich zwischen

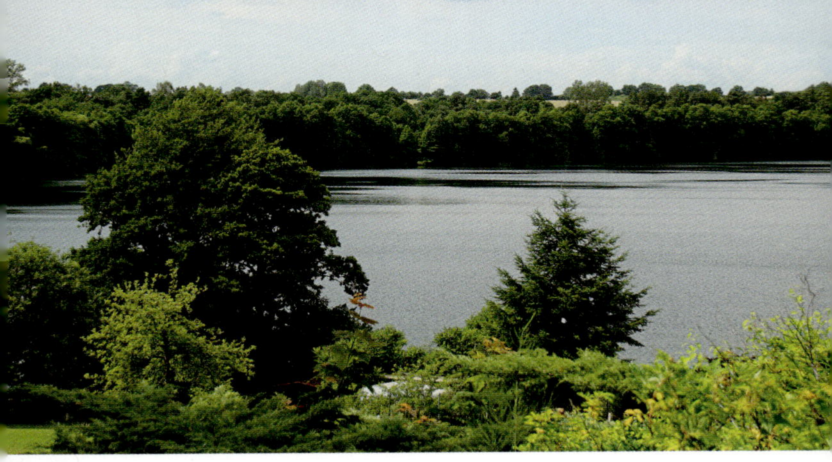

*Blick vom Fallada-Park auf den Carwitzer See.*

Carwitzer See und Dreetzsee. Genau hier verläuft die Grenze zwischen Mecklenburg und Brandenburg. An einem Campingplatz vorbei erreichen wir die Ortsmitte von **Carwitz** 2 mit seiner Kirche. Der blau markierte Weg endet hier und wir biegen nach rechts ab. Die Straße führt entlang einiger sehr schöner alter Häuser bergab, unten wenden wir uns wieder nach rechts in Richtung Hans-Fallada-Haus bzw. Bohnenwerder. Hinter dem hübschen Fachwerkhaus (von 1848) des Fallada-Museums steigt der inzwischen zum Wiesenpfad gewordene Weg etwas an; wir haben die Halbinsel Hauswerder erreicht. Von hier haben wir schon einen wunderbaren Blick über den Carwitzer See. Jetzt geht es kurz hinab und unten über ein Brückchen auf die Insel Bohnenwerder. Über einen schmalen Pfad geht es am Südufer entlang bis zur Südostecke der **Insel Bohnenwerder** 3, wo sich eine Badestelle und ein kleiner Rastplatz befinden. Von hier aus kann man aber nicht entlang des Ufers weitergehen, daher wenden wir uns scharf nach links, steigen westwärts zum höchsten Punkt der kleinen Insel auf und wieder hinunter zu dem Brückchen zur Halbinsel Hauswerder. Von hier wandern wir wie gekommen wieder zur Kirche in **Carwitz** 2 und gehen jetzt auf der Dorfstraße geradeaus weiter. Bald kommen wir am alten Friedhof vorbei (heute Fallada-Park; rechts am Weg), wo der bedeutende Schriftsteller seit 1981 ruht – nach seinem Tod war er zunächst in Pankow beigesetzt. Wir gehen weiter bis zum westlichen Ortsende und biegen bei einer flügellosen Windmühle bzw. einem Kreisverkehr nach links auf eine Asphaltstraße ab. Ab hier folgen wir vorerst dem mit einem blauen Kreuz markierten Märkischen Landweg, einem der beiden Fernwanderwege der Uckermark. Nach etwa 200 m biegt dieser Weg nach links ab und führt an einer Wochen-

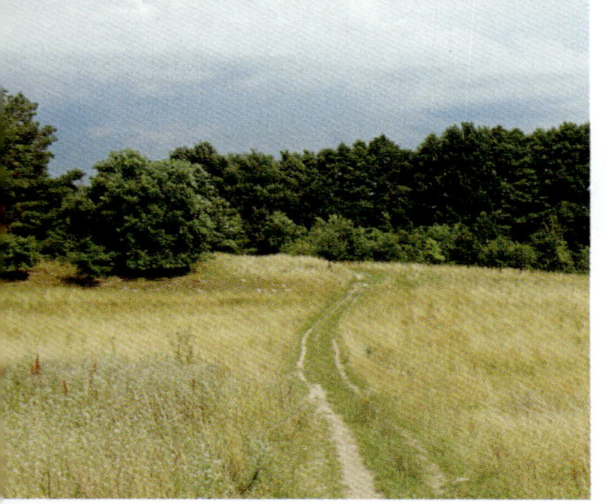

*Landschaftsidyll auf dem Weg von Carwitz zur Insel Bohnenwerder.*

endhaussiedlung vorbei bergab zum Westufer des Dreetzsees. Wir bleiben nun am Uferrand, bis wir den kleinen Notausgang des Campingplatzes am Dreetzsee erreichen. Hier wendet sich der Weg nach rechts, steigt kurz bergan und kommt zur Teerstraße aus Carwitz. Wir gehen hier links, passieren den Haupteingang des Campingplatzes (Bushaltestelle) und biegen gleich danach nach rechts ab. Bergab gelangen wir nach 250 m zum Ufer des **Krüselinsees** 4. Der Märkische Landweg biegt hier links ab und verläuft nun entlang des Ufers, immer leicht bergan und bergab über Wurzelwerk und Sand hinweg und mit prächtigen Impressionen von See und Wald bis zur **Krüseliner Mühle** 5. Im Sommer lässt es sich hier gut einkehren.

Vor der Mühle wendet sich der Märkische Landweg nach links (Wegweiser »Kolbatzer Mühle«), steigt kurz bergan und kommt nach etwa 600 m zu einer **Kreuzung** 6. Hier biegt der blau markierte Märkische Landweg rechts ab, wir aber wandern auf dem Waldweg nach links weiter und verlassen nun alle markierten Wege. In diesem Bereich gilt es Vorsicht walten zu lassen, es besteht die Gefahr, sich zu verirren. Nach etwa 60 m halten wir uns geradeaus über eine weitere Kreuzung hinweg in tiefe Waldungen hinein. Nun geht es etwa 600 m mit einem leichten Rechtsknick mehr oder weniger geradeaus zu einer breiten Waldkreuzung. Auch über diese geradeaus hinweg erreichen wir nach etwa 50 m eine **Gabelung** 7: Hier biegen wir halbrechts ab. Nun führt der Weg mit einigen Kurven durch das inzwischen recht hügelig gewordene Waldgebiet etwas bergauf. Nach 500 m überqueren wir geradeaus den breiten Weg aus Götzendorf. Die nächste Kreuzung ist nach etwa 650 m erreicht, erkennbar an einer an einem Baum angebrachten Flurmarkierung »5449« – wieder halten wir uns geradeaus. Dann ändert sich plötzlich das Gelände. Überraschend steil steigen wir nach ungefähr 500 m ein kurzes Stück empor und erreichen auf einer Art Plateau die nächste **Kreuzung** 8. Sie ist recht breit und ungewöhnlich

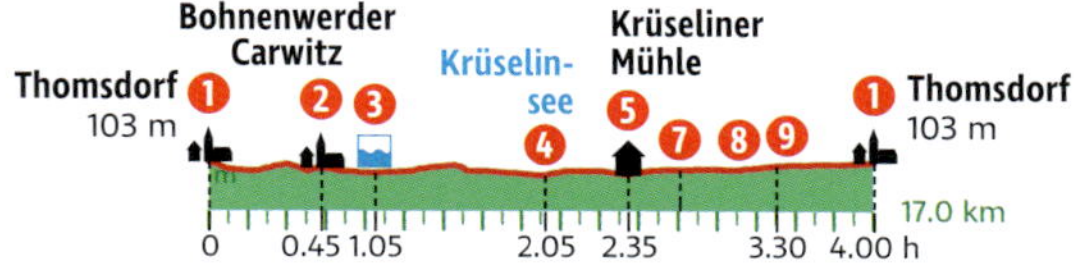

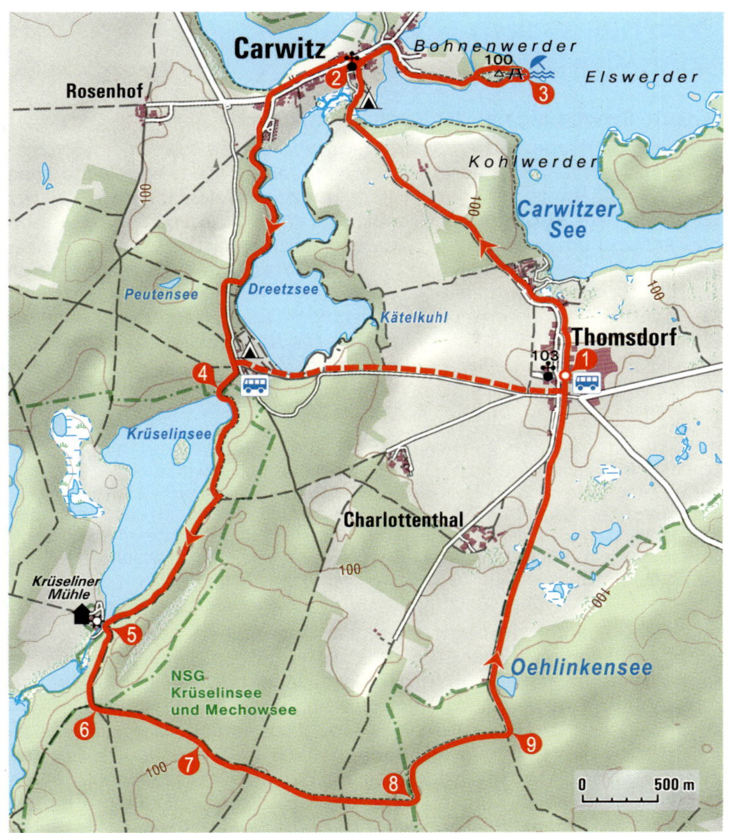


von Gras und Moos bewachsen. Hier biegen wir nach links ab. Nach knapp 200 m macht der Weg einen Rechtsknick und gelangt nach etwa 250 m zu einem auf einem dünnen Stamm aufgebrachten Brocken Salz, der zur Nahrungsergänzung der Waldtiere dient. Weiter durch den dichten Wald erreichen wir nach knapp 600 m den breiten, von Brüsenwalde kommenden **Waldweg** 9. Wir folgen ihm nach links, verlassen nach gut 350 m bei einem einzeln stehenden Haus den doch etwas unheimlich gewordenen Wald und wandern nun aufatmend die letzten gut 2 km durch liebliche Wiesen- und Teichlandschaften nach **Thomsdorf** 1.

↗ 40 m | ↘ 40 m | 6.2 km

# 16 Von Klaushagen zum Vier-Brüder-Platz

**1.30 h**

## Erneute Begegnung mit der Familie von Arnim

*Die letzte Generation der Familie von Arnim, die noch auf Schloss Boitzenburg residierte, waren die um die vorletzte Jahrhundertwende geborenen Brüder Adolf-Heinrich, Bernd-Nivigeus, Joachim-Dietlof und Wolf-Werner von Arnim. Alle vier waren Naturliebhaber und durchstreiften gemeinsam oft die Natur um Boitzenburg. Besonders hatte es ihnen ein Platz am Ostufer des Haussees angetan. Vier steinerne Sessel sind in Gedenken daran nach 1990 errichtet worden. Doch nicht nur der heute recht einsam gelegene Platz selbst bietet einen traumhaften Blick über den Haussee – auch die Wanderung dorthin von Klaushagen aus (sie ist jedoch auch von Boitzenburg bzw. dem Schumellensee aus möglich) ist beglückend und soll daher den Uckermark-Besuchern nicht vorenthalten werden.*

**Ausgangspunkt:** Klaushagen, 103 m, Kirche; Busse 503 und 519 ab Templin ZOB oder Boitzenburg; nach Templin aus Berlin u. a. mit RB 12.
**Anforderungen:** Kurze Tour auf breiten unbefestigten Wegen; der letzte Abschnitt zum Vier-Brüder-Platz verläuft auf abschüssigen, schmalen Waldpfaden, teilweise auch durch sumpfiges Gelände, bei Nässe schwierig zu gehen.
**Einkehrmöglichkeiten:** Keine.
**Hinweis:** Der in manchen Karten eingezeichnete Rundweg um den Vier-Brüder-Platz, der auf einer anderen Route zurück zur Kreuzung am Waldrand führt, existiert nicht mehr.

Von der Kirche in **Klaushagen** ❶ gehen wir auf einem breiten Weg westwärts, ein Wegweiser »Vier-Brüder-Platz« mit grünem Punkt gibt die Richtung an – diese Markierung ist aber im Gelände nicht zu entdecken und erscheint nur kurz einmal vor dem Vier-Brüder-Platz.
Über weite Feldfluren wandern wir knapp 2 km entlang einer Allee bis zu einem einzelnen Haus am Waldrand, danach treffen wir auf eine **Kreuzung** ❷, wo wir den rot markierten Uckermärker Landrundweg queren. Geradeaus und leicht bergab kommen wir zu einer Gabelung, an der wir links weiterwandern. Nach gut 800 m durch schönen Mischwald gelangen wir erneut an eine Gabelung. Hier gehen wir jedoch rechts (Wegweiser »Hausseebrücke«) und erreichen nach etwa 80 m einen kleinen Rastplatz mit **Schutzhütte** ❸. Hier biegt unser Weg rechts ab und führt uns auf teils unwegsamem Pfad durch den Wald hinunter zu den Sumpfgebieten am Haussee.

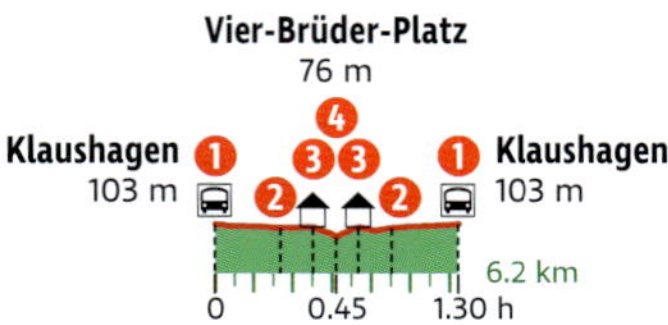


Vom tiefsten Punkt an einem Graben aus bringt uns ein kurzer Anstieg hinauf zum **Vier-Brüder-**

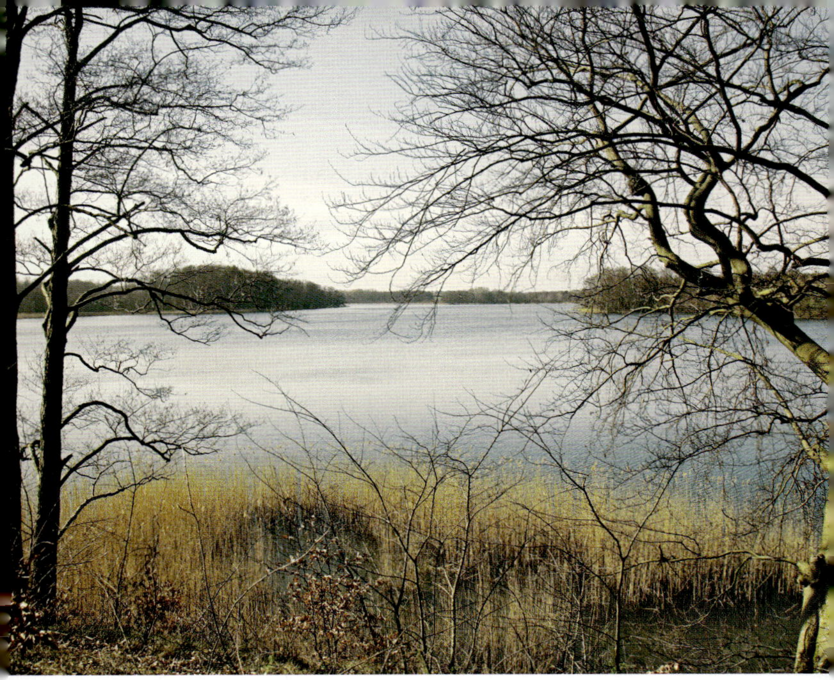

*Vorfrühling am Haussee.*

**Platz 4** mit seinen Steinsesseln, wo der Pfad auch endet. Dieser Platz ist in der Tat ein Ort ausgesucht mystischen Charakters. Weitab von jedem Lärm der Zivilisation bietet er Möglichkeit zu innerer Einkehr. So, wie wir gekommen sind, kehren wir zum Ausgangspunkt in **Klaushagen 1** zurück.

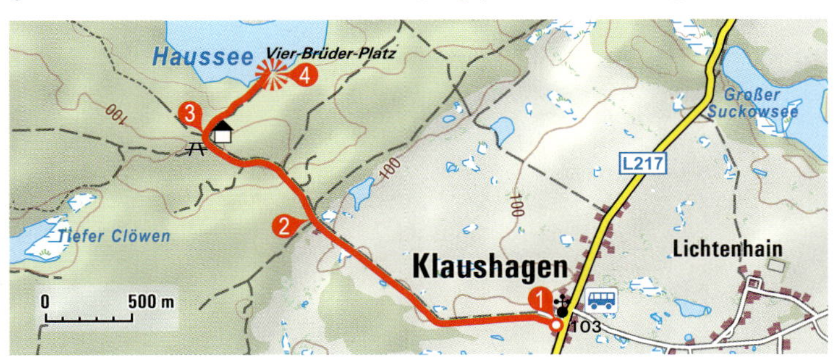

# 17 Herzfelde und der Große Dolgensee

1.00 h

## Eine Kurzwanderung um einen kaum bekannten See

*Nur wenige Kilometer nordöstlich von Templin liegen mit dem Petznicksee, dem Trebowsee und dem Kuhzer See touristisch eher unberührte Gewässer, von denen nur der Große Dolgensee bei Herzfelde direkt zugänglich ist. Der 17 ha große See ist maximal 5 m tief, sehr fischreich und bewirtschaftet. Sehenswert sind auch die Gutsanlage und das Schloss in Herzfelde. Letzteres wurde erst zu Beginn des 20. Jh. in klassizistischem Stil erbaut. 1944/45 war hier die japanische Botschaft untergebracht, die wegen der Bombenangriffe aus Berlin »ausgelagert« worden war. Nach Kriegsende diente das Schloss kurze Zeit als Lager für Vertriebene aus den deutschen Ostgebieten, seit Mitte der 1950er-Jahre war es Schulungsstätte verschiedener DDR-Behörden. Seit Ende der 1990er-Jahre befindet es sich in Privatbesitz und ist ein beliebter Ort für private Feierlichkeiten wie etwa Hochzeiten bzw. Treffpunkt der berlinisch-brandenburgischen Hautevolée. Das Schloss ist außerhalb der Veranstaltungen nicht zugänglich, die Parkanlage jedoch tagsüber meist geöffnet. Die Kürze und die reizvolle Natur machen diese Tour sehr attraktiv.*

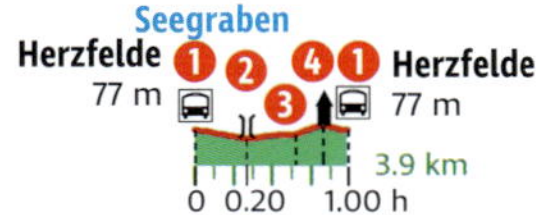


**Ausgangspunkt:** Herzfelde, 77 m, Ortsmitte; Bus 519 ab Templin ZOB oder Boitzenburg; nach Templin aus Berlin u. a. mit RB 12.

**Anforderungen:** Kurze Wanderung größtenteils auf befestigten Wegen; der Abschnitt entlang des Ostufers verläuft auf einem wurzelreichen, schmalen Pfad unmittelbar am Ufer und ist bei Nässe schwierig zu begehen.
**Einkehrmöglichkeiten:** Keine.
**Hinweis:** Der Weg um den See ist im Gelände nicht markiert (in manchen Karten grüner Diagonalbalken).
**Tipp:** Unterwegs am Westufer Bademöglichkeit.

*Um den Großen Dolgensee bei Herzfelde führt ein reizvoller Rundweg.*

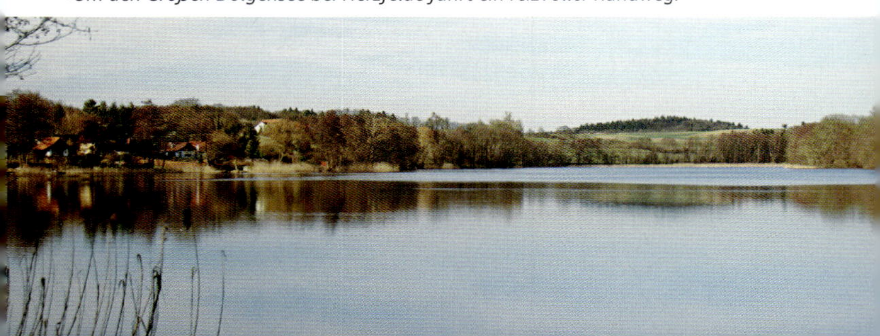

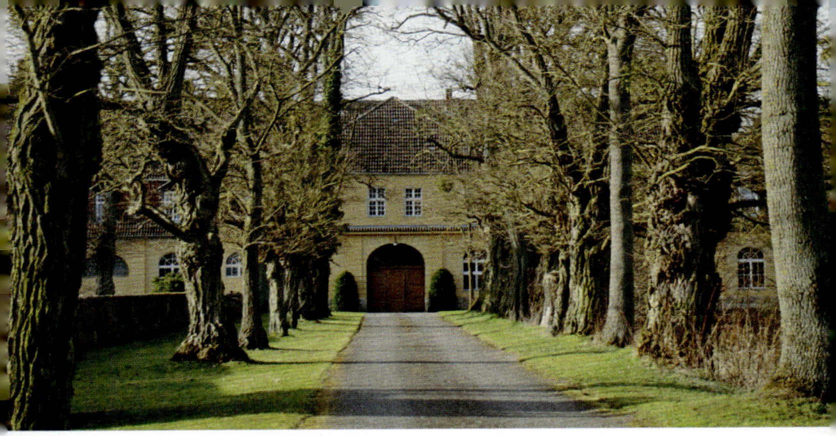

Schloss Herzfelde bei Templin.

Von den Wirtschaftsgebäuden des Gutes in der Ortsmitte von **Herzfelde** ❶ gehen wir über die von hübschen Häusern gesäumte und gepflasterte Kreuzkruger Straße südwärts aus dem Ort hinaus. Am Ortsausgangsschild (150 m nach dem Abzweig des Seewegs) wandern wir auf einem nicht näher gekennzeichneten unbefestigten Weg zum Seeufer, wo sich eine schöne Badestelle befindet. Wir wandern am Ufer entlang und erreichen nach etwa 400 m die Südspitze des Sees und überqueren auf einer kleinen Brücke den **Seegraben** ❷. Hier wendet sich unser Weg nach links und verläuft nun als recht schmaler, steiniger und wurzelreicher Pfad immer leicht auf und ab unmittelbar am Ufer entlang. Nach etwa 350 m steigt der Pfad kurz an und mündet im spitzen Winkel in einen etwas breiteren und höher gelegenen Feldweg ein. Auf diesem wandern wir weiter am Ostufer entlang, das schöne Blicke auf die Westseite des Sees gewährt. Schließlich kommen wir zur alten **Pflasterstraße Herzfelde–Mittenwalde** ❸. Auf ihr gehen wir nach links. Die Straße steigt zum Ortseingang von Herzfelde deutlich an. Von rechts kommt die Straße aus Wichmannsdorf heran, wir gehen nach links und gleich wieder nach rechts hinauf zum **Schloss Herzfelde** ❹. Vielleicht haben wir Glück und der Park ist gerade geöffnet. Von hier kehren wir zurück zur Mittenwalder Straße, gehen auf ihr in Richtung Ortsmitte und erreichen nach etwa 350 m den Ausgangspunkt in **Herzfelde** ❶.

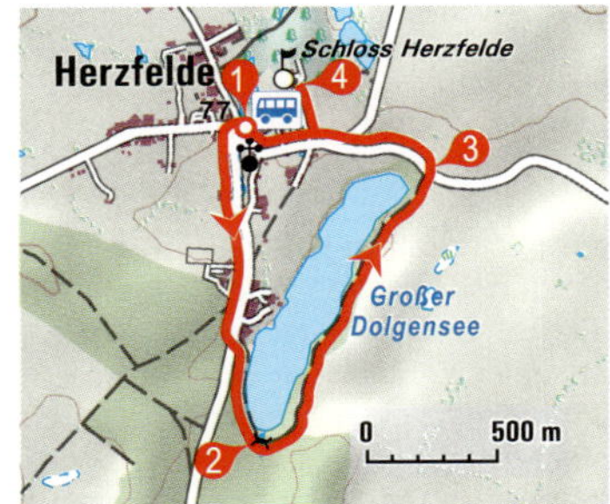

↗ 70 m | ↘ 70 m | 11.0 km

# 18 Der »Kleine Boitzenburger«

**2.45 h**

## Um Schloss und Park des schönsten Adelssitzes der Uckermark

*Seit dem 16. Jh. befanden sich die meisten Ländereien der Uckermark unter der Herrschaft der Adelsfamilie von Arnim. Die größten Herrenhäuser der Uckermark sind daher alte Arnimsche Schlösser wie Zichow im Nordosten, Criewen an der Oder und das Schloss in Boitzenburg, das älteste und prächtigste von allen. Es geht in seiner Bausubstanz auf das 13. Jh. zurück und kam 1528 in Arnimschen Besitz. Die mittelalterliche Wasserburg erhielt nun ein Renaissance-Antlitz, wurde 1750 zur dreiflügeligen Anlage erweitert, um 1840 neugotisch verändert und erhielt um 1900 ihr ursprüngliches Renaissance-Aussehen zurück. Nach 1945 diente das Schloss zunächst der sowjetischen Armee als Offiziersheim und Verwaltungssitz, dann als Erholungsheim. Heute ist es ein Hotel und Restaurant, im Marstall befindet sich eine Schaumanufaktur für Süßwaren. Der »Kleine Boitzenburger« ist eine zweiteilige Rundwanderung und führt durch den von Peter Joseph Lenné 1840 konzipierten Landschaftspark und durch den Tiergarten, das alten Arnimschen Wildgehege. Beide Teile können separat begangen werden. Der »Große Boitzenburger« ist ein knapp 20 km langer Rundweg, der vom Tiergarten bis nach Naugarten und zurück verläuft. Beide zusammen wurden als »Doppelter Boitzenburger« 2009 zum schönsten Wanderweg Deutschlands gekürt.*

**Ausgangspunkt:** Boitzenburg, 70 m, Marstall des Boitzenburger Schlosses, großer Parkplatz; Bus 519 ab Templin ZOB, Bus 503 ab Prenzlau ZOB; nach Prenzlau Bhf. von Berlin Hbf. mit RE 3.
**Anforderungen:** Mittellange Tour, die beiden Teilstücke durch den Landschaftspark und den Tiergarten sind in etwa gleich lang und können auch getrennt begangen werden. Beide verwandern im Allgemeinen auf guten Waldwegen und -pfaden. Im Landschaftspark gibt es einige an- und absteigende Passagen auf lehmigem Untergrund, die bei Nässe sehr unangenehm zu begehen sind.
**Einkehrmöglichkeiten:** Boitzenburg: Schlossrestaurant, Tel. +49 39889 50930, www.schloss-boitzenburg.de; Gasthof zum Grünen Baum, Templiner Str. 4, Tel. +49 39889 569995, www.boitzenburger.de; Brauhausrestaurant im Marstall, Templiner Str. 5, Tel. +49 39889 509094, www.marstall-boitzenburg.de.
**Tipp:** Am Schumellensee gibt es eine beliebte Badestelle.

Vom Marstall gleich neben dem **Boitzenburger Schloss** ❶ gehen wir an einigen hübschen ehemaligen Wirtschaftsgebäuden vorbei in Richtung Kirche, biegen aber gleich nach links in die Straße Am Schmiedeberg ab. Hier wenden wir uns sofort erneut nach links in einen schmalen Weg (kleiner Wegweiser »Schumellenseerundweg«, gelber Punkt), auf dem wir entlang des Schlossteichs westwärts gehen. Nach etwa 1,5 km kommen wir zu **zwei hohen Bäumen** ❷, deren Äste sich durch ein zufälliges

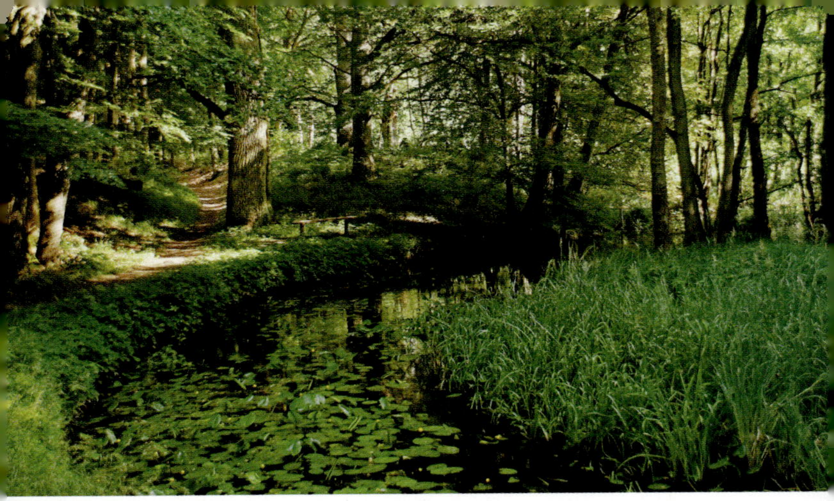

*Der Boitzenburger Schlosspark ist von idyllischen, schmalen Kanälen durchzogen.*

Wachstum umarmen – fast wie ein Liebespaar. Hier gehen wir nach links und auf der Fasanenbrücke über den Stichkanal zwischen Schlossteich und Schumellensee und steigen verhältnismäßig steil aufwärts. Auf dem Plateau erreichen wir einen breiteren Waldweg und gehen auf ihm nach rechts, bis wir einen schönen Aussichtspunkt oberhalb des Sees erreicht haben. Von hier steigen wir wieder hinab, direkt zum Ufer des **Schumellensees** ❸, wo sich eine beliebte Badestelle befindet – genau zwischen dem nur durch eine schmale Landbrücke getrennten Schumellensee und dem Krienkowsee. Hier wenden wir uns mit dem gelben Punkt nach links. Wie-

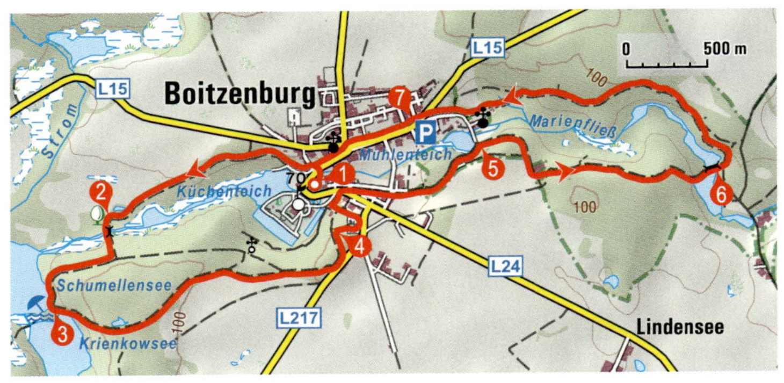

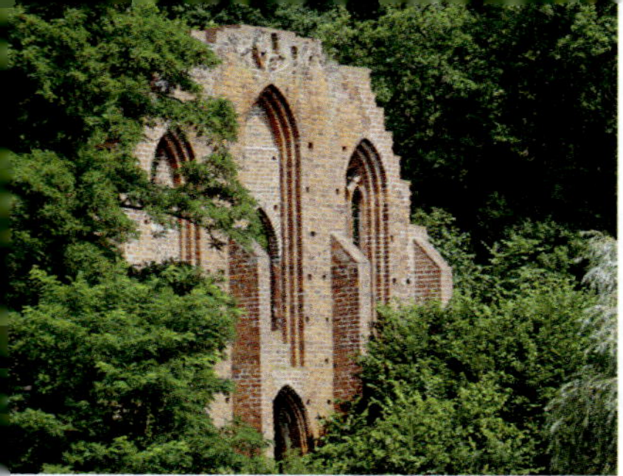

*Die Reste des Zisterzienserklosters Boitzenburg.*

der steigt der Weg bergan, oben informiert uns ein Stein, dass wir nun den Carolinenhain erreicht haben. Der Weg wendet sich hier nach rechts und verläuft nun oberhalb des Krienkowsees. Wir passieren den Aussichtspunkt »Dietlofs Lust« und wandern durch schöne, lichte Mischwälder, bis wir uns der Landstraße Boitzenburg–Templin angenähert haben. Kurz davor biegt unser Weg nach links ab und bringt uns zum **Apollotempel 4**, von dem wir einen prachtvollen Blick auf das Schloss haben – nur durch ein Plattengebäude aus DDR-Zeit im Vordergrund etwas getrübt. Wir gehen etwa 150 m weiter und kommen zum Arnimschen Erbbegräbnis, von wo aus wir abwärts in Richtung Schloss gehen. Unten wenden wir uns nach rechts und erreichen die schon erwähnte Straße nach Templin. Hier ist der erste Teil der Runde zu Ende; wer will, geht nach links zum nahe gelegenen Marstall.

Für den zweiten Teil der Runde überqueren wir die Straße, gehen ein kleines Stück geradeaus und biegen dann in die Straße Alte Gärtnerei nach rechts ein. Diese Straße bringt uns nach etwa 600 m direkt zum Rand des Tiergartens (Rundweg grün-diagonal markiert). Wir gelangen an einer Gabelung am Mühlenteich (links) – unweit der Klostermühle und der Klosterruine – zum links abzweigenden **Mühlenweg 5**. Wir gehen hier jedoch rechts, bleiben auf dem Tierparkrundweg und wandern durch die reizvolle Parklandschaft, bis wir nach etwa 2 km am Ostende des Tiergartens zur **Hirschbrücke 6** kommen. Wir überqueren auf ihr den hier verbreiterten Strombach, gelangen zu einer breiten Kreuzung und gehen nach links (westwärts) in Richtung Boitzenburg; unser Tiergartenrundweg folgt nun dem gelb markierten Rundweg »Großer Boitzenburger«.

Wir steigen bergan, wandern hoch über dem Stromtal und kommen zu einer kleinen Ruhebank. Dann geht es wieder bergab zum Jägerplatz – sehr pittoresk durch die zahlreichen lebenden und toten Eichen – und gelangen bald danach zur Klosterruine bzw. zum Parkplatz in der Nähe. Von hier gehen wir rechts hoch zur **August-Bebel-Straße 7**, wandern nach links durch Boitzenburg bis zur Kirche, biegen dort links ab und gelangen nach 300 m bergab wieder zurück zum Marstall am **Boitzenburger Schloss 1**.

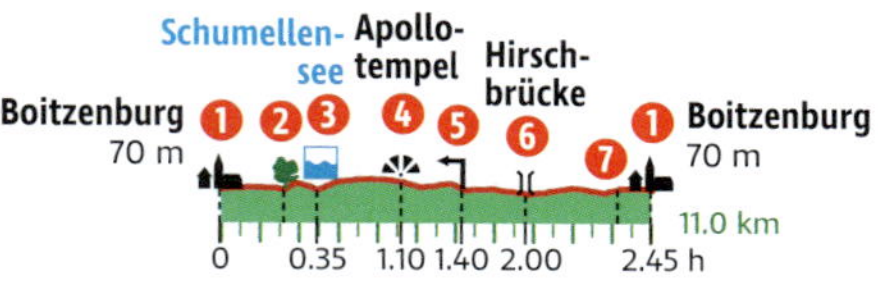

↗ 120 m | ↘ 120 m | 19.2 km

4.45 h

# Auf dem »Großen Boitzenburger« 19

## Unterwegs auf einem prämierten Wanderweg

*Der Rundweg von Boitzenburg in die Zerweliner Heide über Naugarten und Berkholz wurde zusammen mit dem »Kleinen Boitzenburger« 2009 als »schönster Wanderweg Deutschlands« ausgezeichnet; beide zählen zu den beliebtesten Touren der Uckermark. An seinem Anfang steht die Ruine der Kirche des im Dreißigjährigen Krieg zerstörten Zisterzienserinnenklosters Marienpforte (gemeinhin Klosterruine Boitzenburg genannt). Das gegen 1240 errichtete Kloster wurde 1536 säkularisiert, die Gebäude wurden 1637 von dänischen Truppen niedergebrannt. Heute existieren noch zwei voneinander getrennte große Mauerrelikte. Die nahe Klostermühle beherbergt ein technisches Museum sowie eine Gaststätte. Um die Klosterruine erstreckt sich der Tiergarten, das alte Arnimsche Wildgehege aus dem 18. Jh., heute eine Mischung aus Park und Wildrevier. Naugarten, der von Boitzenburg entfernteste Punkt auf dem Rundweg, liegt am Osthang der Zerwelliner Moränenberge. Die ursprünglich slawische Siedlung (»novograd«) weist viele hübsche Bauernhäuser auf.*

**Ausgangspunkt:** Boitzenburg, 67 m, Parkplatz an der Klosterruine; Bus 519 ab Templin ZOB, Bus 503 ab Prenzlau ZOB; nach Prenzlau Bhf. von Berlin Hbf. mit RE 3.
**Anforderungen:** Lange Tour auf guten Waldwegen durch teilweise sehr hügeliges, für Norddeutschland verhältnismäßig stark ansteigendes und abfallendes Gelände, einige kleinere Abschnitte auf Wiesenpfaden bzw. auf befestigten Wegen. Bei Nässe kann der Weg um den Jagdplatz sehr morastig sein.
**Variante:** Auf dem Rückweg am Jägerplatz (Wegpunkt 11) links auf dem »Kleinen Rundweg« auf der Südseite des Tals durch schier undurchdringlichen Laubwald zum Ausgangspunkt.
**Einkehrmöglichkeiten:** Boitzenburg: Schlossrestaurant, Tel. +49 39889 50930, www.schloss-boitzenburg.de; Gasthof zum Grünen Baum, Templiner Str. 4, Tel. +49 39889 569995, www.boitzenburger.de; Brauhausrestaurant im Marstall, Templiner Str. 5, Tel. +49 39889 509094, www.marstall-boitzenburg.de.
**Tipp:** Theateraufführungen in der Klosterruine (www.theaterklosterruine.de). An der Klostermühle bzw. ruine beginnt ein gesonderter, sehr reizvoller Rundweg durch den Tiergarten. Bademöglichkeit am Naugartener See.

Vom Parkplatz am Ostrand von **Boitzenburg** ① gehen wir zunächst etwa 100 m in Richtung Ruine und biegen dann links (Wegweiser »Großer Rundweg«, gelbes Kreuz) auf einen schmalen Weg ab. Nach etwa 80 m zweigen wir mit dem gelben Kreuz bei einer Tafel »Weinberg« nach links ab, steigen hoch zur Teerstraße nach Gollmitz, überqueren sie schräg und gehen auf einem breiten, leicht ansteigenden Feldweg weiter. Wir betreten den Wald und erreichen nach etwa 1,5 km eine große Lichtung, wo wir im rechten Winkel nach links am Waldrand entlang bis zum Fahrweg Boitzenburg–

Zerwelin gehen. Wir biegen rechts in die schöne Lindenallee ein, wandern auf die wenigen Häuser von **Zerwelin** ❷ zu und betreten danach wieder den Wald. An einer Gabel gleich nach dem Waldrand gehen wir gemäß dem Wegweiser rechts; der Weg steigt wieder an. Nach etwa 1,5 km gehen wir an einem großen Wegedreieck geradeaus weiter, nur wenig später kreuzen wir den Weg **Petznicksee–Berkholz** ❸. Immer weiter leicht bergan kommen wir nach gut 1 km zur im Dreikaiserjahr 1888 gepflanzten **Kaisereiche** ❹. Nach nochmals gut 1 km gelangen wir zu einer großen **T-Kreuzung** ❺, wo wir mit der gelben Markierung nach links auf einen teilweise mit Betonplatten belegten Weg abbiegen. Nach etwa 200 m biegen wir jedoch mit Gelb nach rechts auf einen schmalen, abschüssigen Pfad direkt in den Wald ab. Wir gehen hinunter zu einem sumpfigen See, verlassen den Wald und erreichen den Ortsrand von Naugarten. Hier biegen wir mit Gelb links ab und erreichen die ersten (Wochenend-)Häuser. Gelb führt hier nach rechts erst auf eine Grundstückseinfahrt zu und dann direkt am Zaun entlang über einen Wiesenpfad abwärts zum Naugartener See. Wir gehen rechts, passieren eine schöne Badestelle und gelangen weiter am Seeufer entlang zu einer privaten Liegewiese, die wir auf ihren 40 m Breite jedoch überqueren dürfen. Danach wenden wir uns nach rechts, gehen

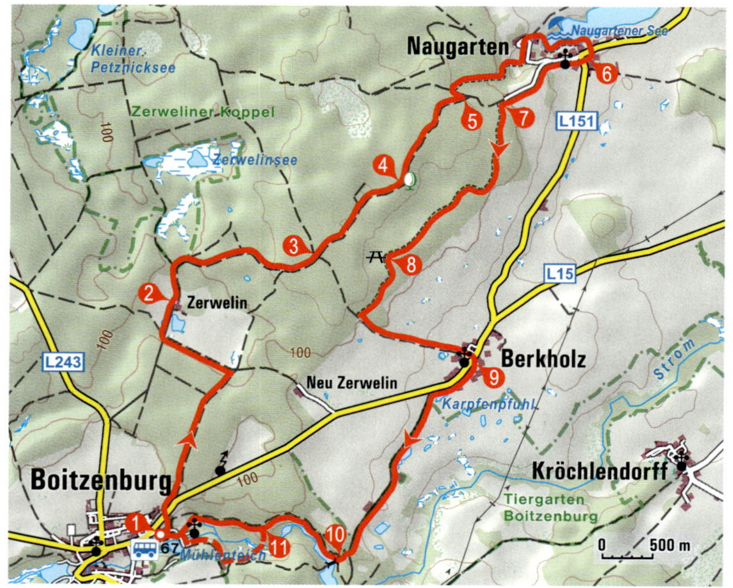

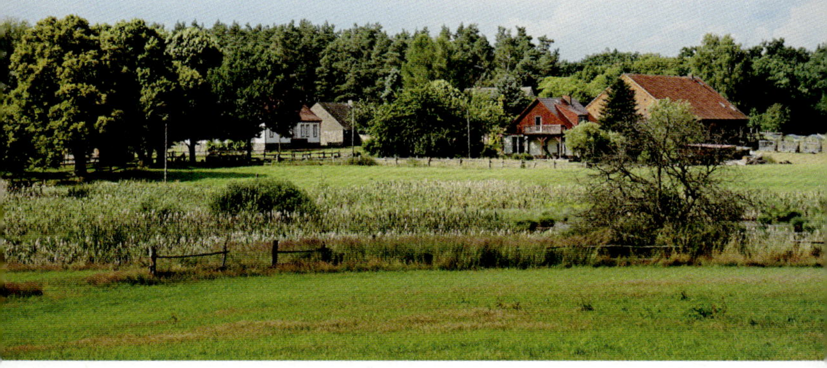

*Fern allen Weltgetriebes: der Einödhof Zerwelin.*

direkt in die Ortsmitte von **Naugarten** 6 und erreichen am Gasthof Hof Kokurin die Dorfstraße. Auf ihr gehen wir nach rechts bergan an der Kirche vorbei und verlassen Naugarten gemäß dem gelben Kreuz ansteigend in Richtung Waldrand. Etwa 150 m nach einem einzeln stehenden Haus biegen wir **nach links** 7 in den Wald ein und folgen dem gelben Kreuz nun in Richtung Berkholz auf vielerlei Wendungen. Nach etwa 2,5 km kommen wir zu einem **Rastplatz** 8 mit hölzernem Turngerät. Hier biegen wir mit Gelb nach links ab. Bald macht der Weg eine scharfe Rechtsbiegung und schnell ist erneut der Weg Berkholz–Petznicksee erreicht. Wir wenden uns nach links und wandern sanft bergab bis in die Ortsmitte von **Berkholz** 9 mit seinem malerischen Friedhof um die Kirche. Wir biegen rechts in die befestigte Dorfstraße ein und schlagen am Ortsende nach links den Wichmannsdorfer Weg ein. Er bringt uns durch Wiesen und Felder zu einem einzeln stehenden farbenfrohen Wohnhaus, danach geht es relativ steil hinab in die Flussniederung. Gleich nach dem Waldrand gehen wir mit dem gelben Kreuz nach rechts und kommen am Ostrand des alten Arnimschen Tiergartens zu einer größeren **Waldkreuzung** 10. Der Weg biegt rechts ab, steigt etwas an und führt oberhalb des breiten Tals westwärts. Wieder bergab kommen wir zum **»Jägerplatz«** 11 mit zahlreichen »Eichenruinen«. Weiter durch das Tal, dann links zur »Klosterruine« und zurück zum Ausgangspunkt in **Boitzenburg** 1.

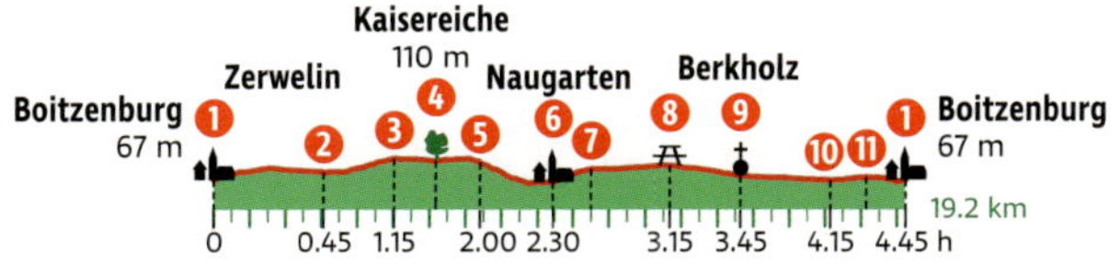

TOP

↗ 70 m | ↘ 70 m | 24.7 km

# 20 Große Wolfshagener Runde

6.00 h

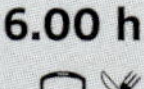

## Eine sehr vielfältige Tour im äußersten Norden der Uckermark

*Die Region zwischen Prenzlau und der Grenze zu Mecklenburg ist mit der B 198 zwar stark durchfahren – die Orte und Landschaften links und rechts davon werden von den Reisenden jedoch so gut wie nicht besucht. Dabei ist die nur dünn besiedelte Landschaft von großem Reiz und vor allem sehr abwechslungsreich. Enge Bachtäler, weite Ackerebenen, hügelige Wiesenlandschaften, Wasserkanäle und vor allem das ehemalige Residenzstädtchen Wolfshagen lohnen das Kennenlernen dieses Landstrichs sehr. Das 1727–37 errichtete Schloss wurde 1945 zerstört und danach abgetragen, aber es existiert noch der von Peter Joseph Lenné gestaltete Schlosspark, ebenso wie die eindrucksvolle Königssäule und das sog. Triumphtor (auch Ehrenpforte genannt; errichtet 1814 im Gedenken an den Sieg über Napoleon), die deutlich an das Brandenburger Tor in Berlin erinnert. Im Schlosspark steht auch der 24 m hohe Fangelturm, der Bergfried und einzige Rest der Burg Blankenstein. Die Kombination aus Geschichte und wechselnden Landschaftseindrücken macht die Tour zu einer der schönsten in der Uckermark.*

**Ausgangspunkt:** Wolfshagen, 96 m, Kirche; Busse 401 und 414 ab Prenzlau ZOB; nach Prenzlau Bhf. von Berlin Hbf. mit RE 3.
**Anforderungen:** Ziemlich lange, jedoch landschaftlich sehr abwechslungsreiche Tour. Die Strecke verläuft überwiegend auf breiten Feld- und Waldwegen, einige Teilabschnitte auf Asphalt- und Pflasterstraßen. Die nicht befestigten Wege sind vielerorts durch schweres Ackergerät stark zerpflügt, was ihre Begehung bei Regen erschwert.

**Einkehrmöglichkeiten:** Kraatz: Weinschänke und Restaurant Gutshof Kraatz, Schlossstr. 7, Tel. +49 39859 63976, geöffnet Do.–Sa. 14–21 Uhr, So. 10–18 Uhr, sonntags Brunch 10–15 Uhr, www.gutshof-kraatz.de.
**Sehenswürdigkeiten:** Wolfshagen: Schlosspark von Peter Joseph Lenné, Fangelturm, Königssäule, Triumphtor, Zollhaus und Gärtnerhaus (beide nahe der Königssäule), neugotische Pfarrkirche, Gruft der Familie von Schwerin an der Pfarrkirche.

Von der Kirche in **Wolfshagen** ❶ gehen wir in nordöstlicher Richtung bergab aus dem Ort hinaus. Nach etwa 600 m macht die Straße einen deutlichen Linksknick und wir biegen rechts auf einen ziemlich zerfurchten Feld-

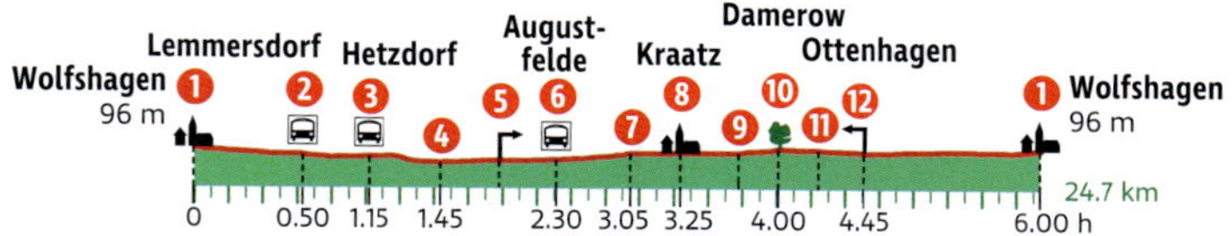

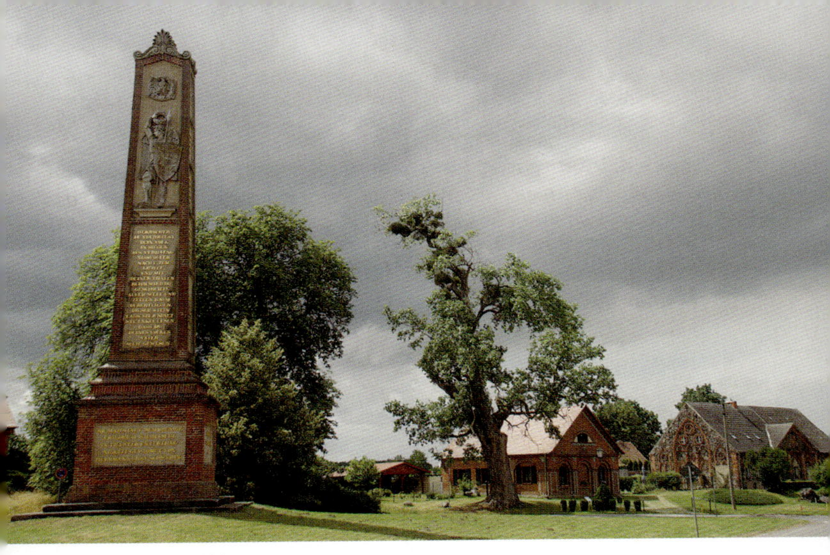

*Königssäule in Wolfshagen.*

weg ein, der größtenteils entlang des recht zugewucherten Bachs Köhntop verläuft. Nach etwa 1,5 km wird der Erdweg zu einem schadhaften Pflasterweg und bald erreichen wir **Lemmersdorf** ❷. Gleich am Ortsanfang biegt der Weg scharf nach rechts ab, um sich nach wenigen Metern wieder ebenso scharf nach links zu wenden. An dieser Stelle könnte man – je nach geöffneten Toren bzw. zeitweise vorhandenen Verbotsschildern – geradeaus zum Gut und durch den Gutspark zu der unten erwähnten Wegkreuzung gehen; wir bleiben aber auf der Dorfstraße und gehen bis zum Ortsende, wo diese erneut scharf nach rechts abbiegt. Auf dem Asphaltweg kommen wir nach etwa 250 m zu einer Scheune an einem Abzweig, wo sich einst die Lemmersdorfer Mühle befunden hat (Infotafel).

Über eine kleine Brücke gehen wir am Mühlenteich vorbei, gehen im Rechtsbogen um den Teich herum, gelangen in den alten Gutspark und erreichen eine Wegkreuzung. An dieser gehen wir nach links, verlassen bei einem Gittertor den Park und wandern auf einem schönen Alleeweg südwärts in Richtung Hetzdorf. Im Ortsteil Gneisenau gelangen wir auf eine Asphaltstraße und gehen auf ihr nach links zur Kirche von **Hetzdorf** ❸. Hier biegen wir rechts ab und gehen aus Hetzdorf hinaus. An den beiden Gabelungen außerhalb des Orts halten wir uns jeweils rechts. Bald senkt sich der Weg wieder zum Tal des kleinen Köhntops ab (dem wir bereits zwischen Wolfshagen und Lemmersdorf gefolgt waren), den wir auf einem Plattenbrückchen überqueren. Wieder ansteigend erreichen wir das Dorf

**Dolgen** ❹. Wir gehen auf der Dorfstraße durch den Ort hindurch zur B 198, überqueren sie und schlagen etwa 10 m nach links versetzt den breiteren Feldweg in Richtung eines Waldstücks ein. An der ersten Gabelung halten wir uns rechts und erreichen am Ende des Waldes eine breite **Kreuzung** ❺. Hier gehen wir wieder rechts, gelangen bald auf freies Feld und kommen nach gut 1 km zur Teerstraße Rittgarten–Augustfelde. Wir gehen nach rechts nach **Augustfelde** ❻.

Wir folgen der Dorfstraße, bleiben am großen Linksknick auf der Teerstraße (Alte Bahnhofstr.) und gehen dort, wo diese rechts in Richtung Kraatz abbiegt, auf einem alten Pflasterweg geradeaus. Auf diesem gelangen wir nach etwa 1,5 km auf einen verhältnismäßig gut ausgebauten **Feldweg** ❼.

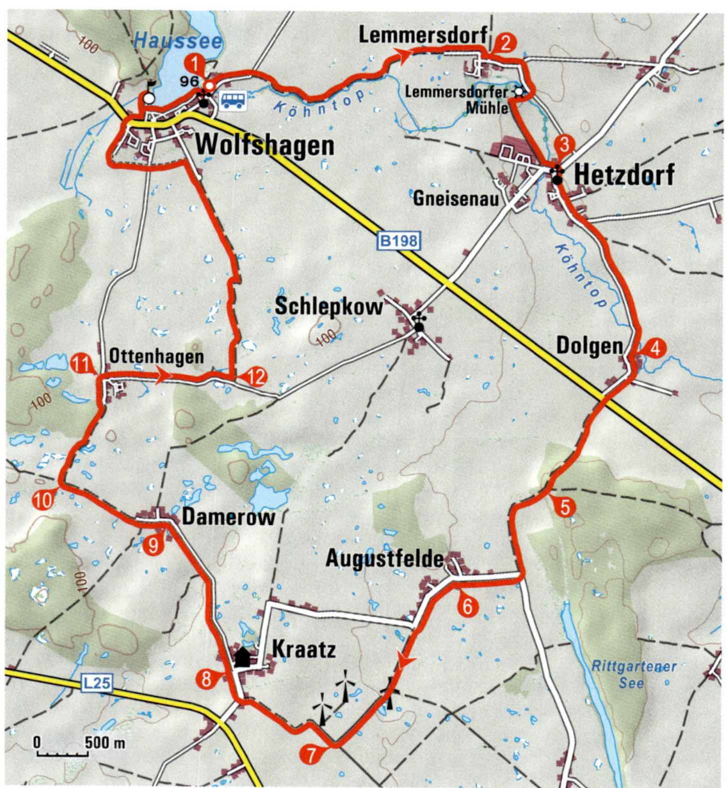

Auf diesem gehen wir nach rechts zur Dorfstraße und auf dieser nach rechts bis zum Kriegerdenkmal in der Dorfmitte von **Kraatz** 8. Rechts des Wegs findet sich im Kraatzer Gutshaus das Restaurant, wir gehen jedoch auf einem alten Pflasterweg geradeaus weiter, und erreichen nach knapp 2 km **Damerow** 9, ein kleines Dorf, oder besser Vorwerk, das sehr stark vom Verfall gekennzeichnet ist. Wir biegen links in die Dorfstraße ein, passieren einige zum Teil sehr ruinöse Wirtschaftsgebäude der ehemaligen Kolchose und gehen mit leichtem Anstieg auf einem sehr verwachsenen Pflasterweg aus Damerow hinaus. Wir erreichen eine breite Wiese, der Weg verschwindet im Gras. Parallel zur Stromleitung gehen wir auf eine Buschgruppe zu, links an ihr vorbei, halten die Richtung, und gelangen nach etwa 150 m zu einer knorrigen, großen **Linde** 10. Hier wenden wir uns rechts, wandern durch dicht bewachsenes Gebiet und gelangen nach gut 1 km nach **Ottenhagen** 11. Hier biegen wir rechts ab (nicht in den Betrieb hinein, Verbotsschild) und schlagen direkt links an seiner Mauer vorbei den Plattenweg ein. Bei der Gabelung nach gut 1 km wird der Plattenweg zum Erdweg, wir gehen geradeaus weiter. Knapp 300 m nach dieser Gabelung zweigt nach links ein schmaler Pfad ab, gekennzeichnet mit einem allerdings um 50 m vom Erdweg versetzten Wegweiser **»Wolfshagen«** 12. Wir biegen auf diesen ab und wandern durch eine von zahlreichen Kanälen durchzogene Ebene; sie ist reich an Wasservögeln, Rehen und allerlei Sumpfgetier. Die Kirche von Wolfshagen wird in der Ferne bereits sichtbar, nach etwa 2,5 km sind die ersten Häuser des Orts erreicht. Völlig überrascht von der Existenz eines solchen Bauwerks an dieser Stelle durchwandern wir das kolossale Triumphtor. Gleich danach biegen wir links ab, gehen etwa 350 m entlang des Feldrains zur nächsten Querstraße, über diese hinweg bis zu einem großen landwirtschaftlichen Betriebsgebäude und hier rechts bis zur B 198, wo sich die grandiose Königssäule befindet. Links von ihr stehen die markanten Steingebäude des Zoll- und Gärtnerhauses. Wir wenden uns auf der Bundesstraße nach rechts und biegen nach etwa 150 m nach links in den Schlosspark ein, umrunden den Fangelturm und gehen dann auf dem Weg nahe dem Seeufer bis in den Ostteil des Schlossparks. Etwa auf Höhe der Kirche führt uns ein Weg nach rechts direkt zu unserem Ausgangspunkt in **Wolfshagen** 1 hinab.

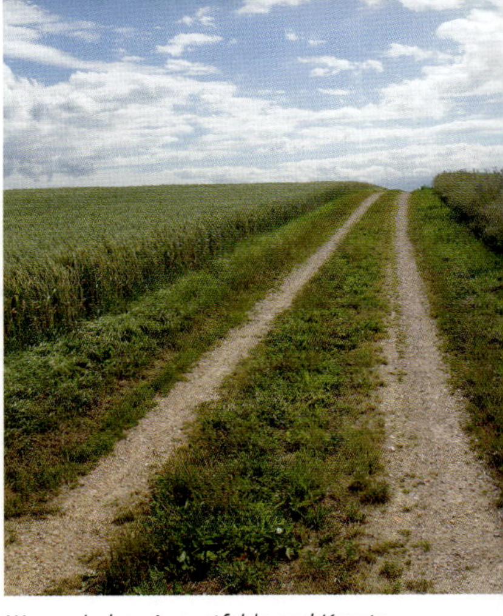

*Weg zwischen Augustfelde und Kraatz.*

↗ 20 m | ↘ 20 m | 5.5 km

# 21 Strasburg

1.15 h

## Geruhsam durch Laubenkolonien und um einen hübschen See

*Das 5000-Einwohner-Städtchen trägt offiziell den Namen Strasburg (Uckermark). Doch es liegt ungewöhnlicherweise weder im Kreis Uckermark noch in Brandenburg. Um 1250 gegründet, siedelten sich auch hier gegen Ende des 17. Jh. Hugenotten an, was, wie etwa auch in Brüssow, zu einem Aufblühen des Gemeinwesens führte. Im April 1945 brannten zwei Drittel der Stadt ab. Die Gebietsreform der DDR schlug Strasburg zusammen mit dem Nordosten der vormaligen Provinz Brandenburg dem neugegründeten Bezirk Neubrandenburg zu, dessen größter Teil von dem alten Herzogtum Mecklenburg-Strelitz gebildet wurde. Dieser Bezirk wurde 1990 Bestandteil des neuen Bundeslands Mecklenburg-Vorpommern. Ein Volksentscheid gab den Strasburgern die Möglichkeit, nach gut 40 Jahren wieder brandenburgisch zu werden, doch optierte man für Mecklenburg.*

**Ausgangspunkt:** Strasburg, 62 m, Marktplatz; RE 4 Lübeck–Stettin; RE ab Neubrandenburg oder Pasewalk.
**Anforderungen:** Einfacher und nicht allzu langer Spaziergang auf guten befestigten und unbefestigten Wegen.
**Einkehrmöglichkeiten:** Strasburg: u. a. Restaurant Zeitlos (sehr empfehlenswert), Bahnhofstr. 9, Tel. +49 39753 20406; Restaurant Bierstübchen, Altstädter Str. 22, Tel. +49 39753 20361; Restaurant Glühwurm, Karl-Liebknecht-Str. 4, Tel. +49 39753 21605. Am Stadtsee: »Imbiss am See« (nur im Sommer geöffnet).
**Sehenswürdigkeiten:** Die frühgotische Pfarrkirche, das Trümmerfrau-Denkmal in der Falkenberger Str. (nahe Marktplatz), das Museum mit der berühmten Uhr aus Stroh, dem Max-Schmeling-Gedächtnisraum (er war im nahen Groß Luckow geboren) und der Stadtinformation, Pfarrstr. 22a, Tel. +49 39753 20046, geöffnet Di.–Fr. 10–12 und 14–16 Uhr, So. 15–17 Uhr, www.strasburg.de.

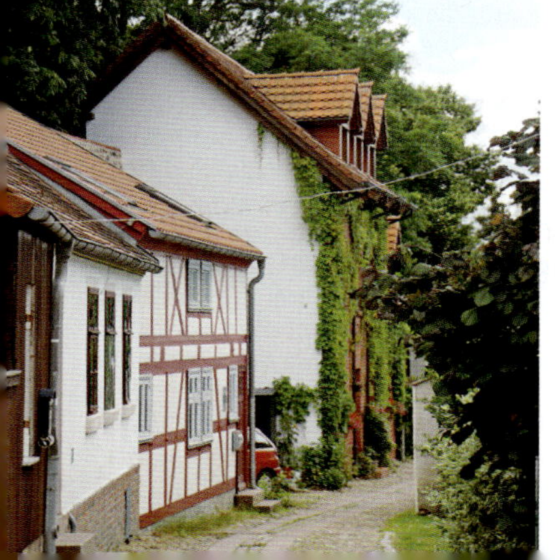

Vom Marktplatz in **Strasburg** ❶ gehen wir nordwärts, direkt links an der Kirche und dem Stadtmuseum vorbei zur Pfarrstraße, biegen links in diese ein, gehen bis zur Altstädter Straße und hier nach rechts. Gleich darauf erreichen wir den alten Wallgraben und biegen nach rechts in ihn ein. Wir wandern entlang der Stadtmauer und einer schönen Lindenallee um die Innenstadt herum, in der sich in diesem Bereich aber nur neuere Plattenbauten befinden.

*Romantik in der Mauerstraße in Strasburg.*

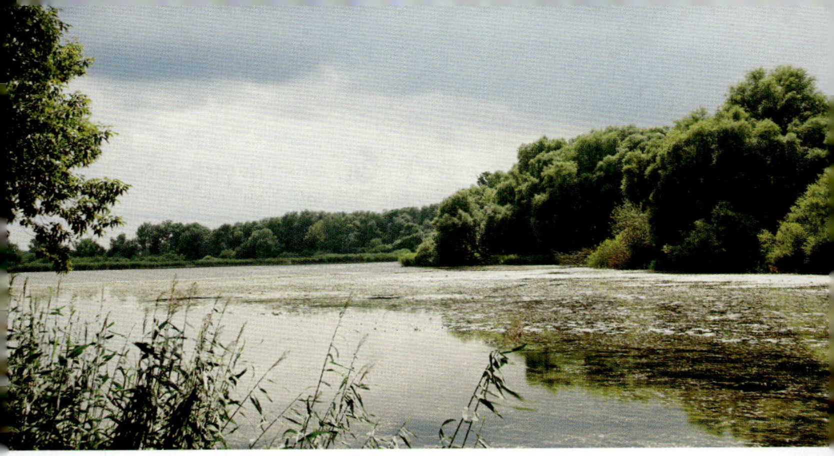

*Von besonderem Reiz ist eine Runde um den Strasburger Stadtsee.*

Nach knapp 600 m kommen wir zur B 104, links liegt stadtauswärts die neugotische, katholische Kirche, geradeaus auf der anderen Straßenseite befindet sich das markante Friedensdenkmal mit einer Taube auf einer Weltkugel.

Wir gehen links vom Denkmal weiter, rechts befindet sich in der Stadtmauer ein hübsches Wiekhaus (ein meist noch aus dem Mittelalter stammendes, in die Stadtmauer integriertes Wachhaus), links flankiert eine Kleingartenkolonie den Weg. Nach etwa 250 m biegen wir nach links in die Laubenkolonie ein und wenden uns in den ersten Weg nach links und folgen diesem Weg, der bald einen deutlichen Rechtsknick macht, bis zur Promenade am **Stadtsee** ❷. Rechts liegt eine kleine Brücke, wir jedoch gehen nach links, immer entlang des Seeufers, bis zur B 104. Kurz vor der Straße gehen wir nach rechts auf einem Pfad durch eine kleine

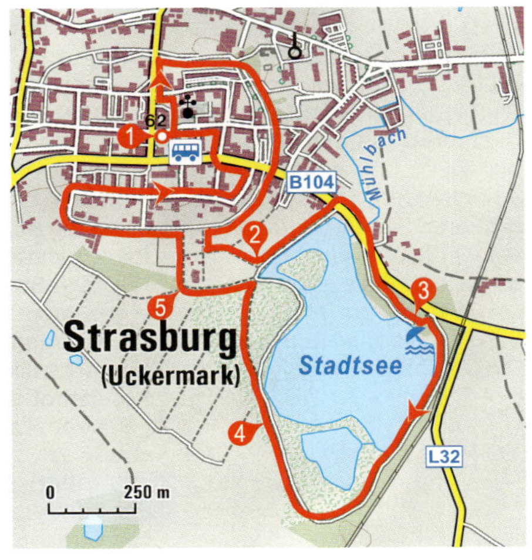

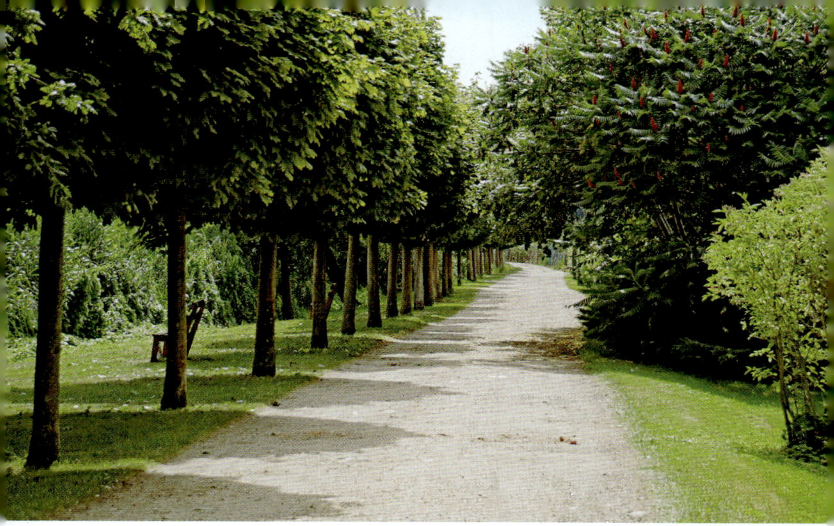

*Ruhe und Beschaulichkeit bestimmen die Uferpromenade des Strasburger Stadtsees.*

Parkanlage weiter am Ufer entlang, bis wir eine **Badestelle** 3 erreichen. Von hier spazieren wir weiter am Stadtsee entlang, passieren den »Imbiss am See« (nur im Sommer geöffnet) und umrunden ihn an seiner Ostseite.
An der Südostecke des Sees wendet sich der Weg scharf nach rechts (Nordwest) und wir kommen, genau der Badestelle gegenüber, zu einer kleinen **Brücke** 4. Wir überqueren sie und gelangen nach etwa 200 m zu dem Brückchen, das wir am Beginn der Seepromenade bereits gesehen hatten. Wir biegen allerdings davor nach links ab und gehen am Seekanal entlang. Nach etwa 150 m biegen wir nach rechts ab, gehen über eine kleine **Steinbrücke** 5 und geradeaus, bis wir wieder den Wallgraben bzw. Wallgang erreicht haben. Dort wenden wir uns nach links und gehen bis zu einer größeren Freifläche. Rechts sind Reste der Stadtmauer zu erkennen.
Wir wenden uns hier nach rechts in die Letzte Straße und biegen bei nächster Gelegenheit nach rechts in die Lange Straße ab. Auf dieser gehen wir ostwärts bis zur Mauerstraße, der vielleicht idyllischsten Ecke von Strasburg. Durch die Mauerstraße gehen wir nun bis zur B 104 (Ernst-Thälmann-Straße), biegen hier links ab und gehen gleich wieder nach rechts in die Rosenstraße. Dort zweigen wir an der ersten Kreuzung nach links in die Schulstraße ab, wandern am neoklassizistischen Rathaus vorbei und kommen wieder zum Ausgangspunkt am Marktplatz von **Strasburg** 1 zurück.

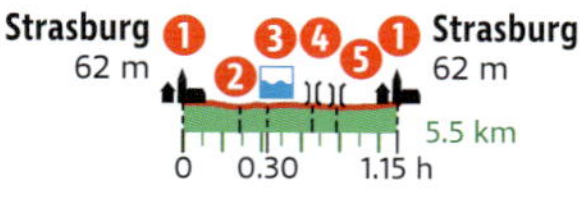

↗ 80 m | ↘ 80 m | 28.4 km

6.45 h

# Um die Niederungen an der unteren Ucker

22

## Durch eine Tiefebene und die umgebende flache Hügellandschaft

*Die in der nördlichen Schorfheide bei Ringenwalde entspringende Ucker durchfließt in nördlicher Richtung den Ober- und den Unteruckersee, passiert Prenzlau und bildet im Norden der Stadt eine breite, fruchtbare Niederung aus. Unweit von Nieden tritt die Ucker nach Vorpommern über und nennt sich von hier an Uecker. Nach gut 98 km Flusslauf mündet sie bei Ueckermünde in das Kleine Haff, ein Teilbecken des großen Stettiner Haffs. Die Gegend am Fluss im äußersten Norden der Uckermark zwischen Nechlin, Bandelow, Jagow und Milow ist nur dünn besiedelt – vielleicht ist gerade deshalb ihr ohnehin starker landschaftlicher Reiz umso eindrucksvoller.*

**Ausgangspunkt:** Nechlin, 20 m, Kirche in der Ortsmitte; RE 3 Berlin–Stralsund, hält in Nechlin.
**Anforderungen:** Lange Tour auf Plattenwegen mit Grünstreifen, Feldwegen, Wiesenwegen und kleineren Abschnitten auf Asphaltstraßen.
**Hinweis:** Der Milower Weg führt von Lübbenow direkt nach Milow, er ist in großen Teilen aber kaum begehbar, sodass man parallel zur Trasse über den Acker wandern muss; daher ist es besser, den Strasburger Weg zu benutzen. Alternativ kann man auch auf dem Güterberger Weg bis kurz vor Güterberg gehen, dann nach rechts, bis wir bei Wegpunkt 6 wieder den ursprünglichen Weg erreichen und von hier wie vorgesehen nach Milow gehen.
**Einkehrmöglichkeiten:** Nechlin: Hotel-Gasthof Alte Brennerei und Café zum Speicher, beide Tel. +49 39740 299792, Mo. und Di. Ruhetag, Mi.–Sa. 11–20 Uhr, So. 11–18 Uhr, www.cafezumspeicher.com; Gaststätte Löhn, Tel. +49 39740 20272. Bandelow: Käserei Wolters, Tel. +49 39740 20274, www.uckerkaas.de, geöffnet tägl. ab 10 Uhr, die angeschlossene Imbissstube nur in den Sommermonaten. Wilsickow: Gutscafé, geöffnet nur Sa., So. und Feiertage, Tel. +49 39752 20699, www.gutshof-wilsickow.de.
**Sehenswürdigkeiten:** Gutshaus Nechlin (Privatbesitz), Dorfkirche Nechlin; Gutshaus mit Gutsanlagen und Wassermühle Werbelow.

Von **Nechlin** ❶ gehen wir entlang der Hauptstraße nordwestwärts in Richtung Trebenow aus dem Dorf hinaus. Etwa 150 m nach dem Dorfende biegen wir in einer Rechtskurve der Straße spitzwinklig nach links in einen Plattenweg ein, der mitten in die Uckerniederung führt. Er ist wegen des überwiegend vorhandenen Grünstreifens in der Mitte gut begehbar. Nach gut 1 km biegen wir mit dem Weg in rechtem Winkel nach rechts ab und

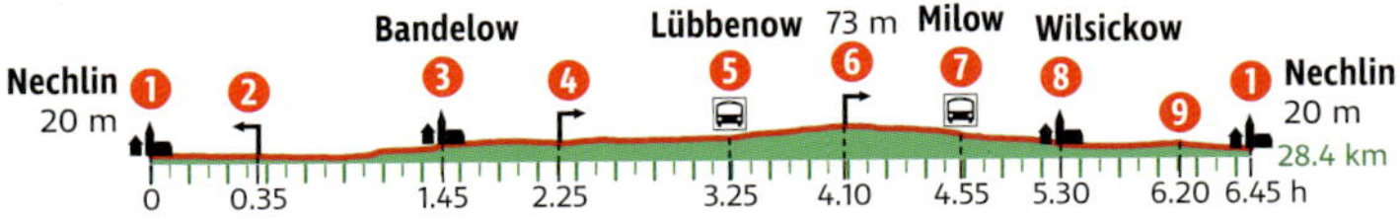

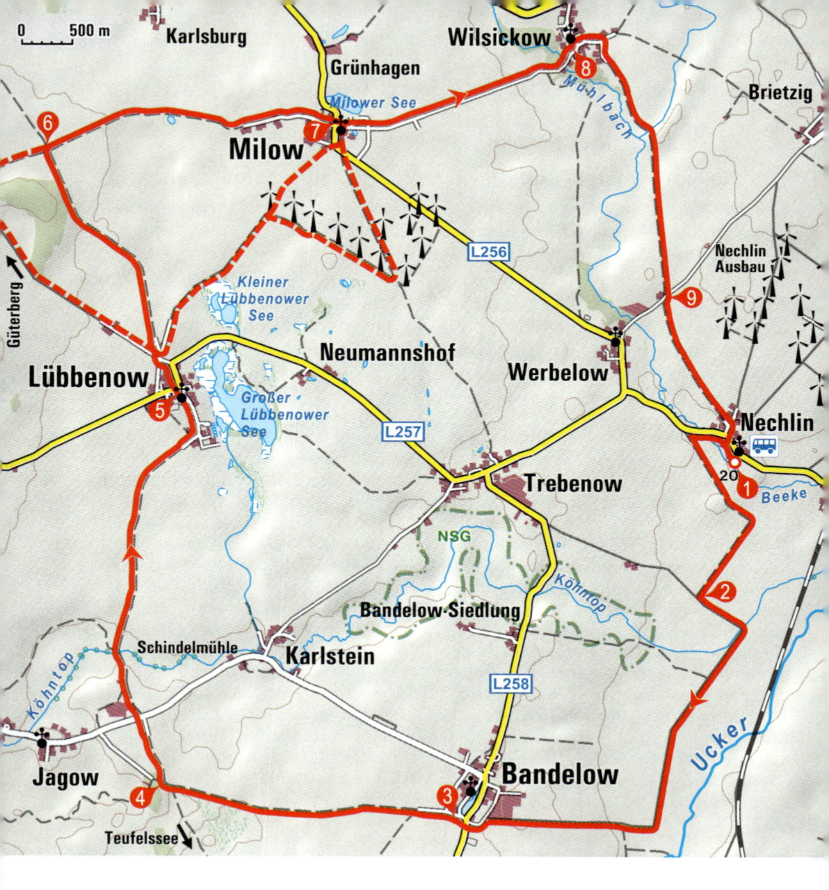


wandern nun etwa 1 km schnurgerade durch die Weidegebiete der Niederung. Dann treffen wir auf den **Weg aus Trebenow** 2 und gehen auf ihm nach links weiter. Nach 600 m wendet sich dieser Weg scharf nach rechts und verläuft nun baumgesäumt fast 2,5 km südwestwärts, bis er erneut scharf nach rechts abknickt und sich nach Westen wendet. Kurz vor Bandelow passieren wir einen landwirtschaftlichen Betrieb, gehen an der folgenden Querstraße nach links und erreichen nach der Rechtskurve die Straße Trebenow–Schönwerder. Wir überqueren die Straße, gehen links am Dorfteich von **Bandelow** 3 vorbei und biegen leicht ansteigend halblinks in die Straße nach Jagow ein. Auf ihr erreichen wir eine weite

Hochfläche, nach etwa 1,5 km beginnt sich der Weg wieder abzusenken. Wir kommen rechts an einem verlandenden See vorbei und erreichen kurz vor Jagow am Waldrand eine **Kreuzung** 4: In spitzem Winkel kommt ein Weg von links aus Richtung Teufelssee heran (beliebter Badesee), und gleich danach gabelt sich der Weg: Der Hohlweg links führt nach Jagow hinein, wir nehmen jedoch den rechten Weg. Nach etwa 700 m leichtem Anstieg erreichen wir die Straße Trebenow–Jagow, gehen geradeaus über sie in Richtung Lübbenow hinweg und wandern auf einem Feldweg an einigen Häusern von Jagow vorbei. Dann senkt sich der Weg gering bergab und wir überqueren einen kleinen Bach. An der Gabelung direkt danach gehen wir halbrechts in Richtung Lübbenow weiter. Nun wandern wir durch etwas hügeliges und sehr idyllisches Gelände – eigentlich ist dies der schönste Abschnitt der Tour. Nach etwa 2,5 km kommen wir zur Dorfstraße, wenden uns auf ihr nach links und kommen nach der Kirche in der Ortsmitte von **Lübbenow** 5 zu einer breiten Asphaltstraße. Auf ihr gehen wir etwa 250 m geradeaus und biegen am Ortsende, dort wo sie nach rechts abknickt, nach links in den Güterberger Weg ein. Nach 100 m schlagen wir nach rechts den Milower Weg und gleich danach nach links den Strasburger Weg ein (→ Hinweis). Unser Weg erreicht nach gut 2,5 km, nach einem Wäldchen eine **Wegkreuzung** 6; links kommt der Weg von Güterberg heran, wir wandern nach rechts und über weite Felder nach **Milow** 7. Dort gehen wir geradeaus über die Straße Strasburg–Milow–Nechlin–Nieden und links an der Kirche vorbei in Richtung Wilsickow. Nach knapp 2,5 km führt die Straße vor Wilsickow etwas bergab zu einem kleinen, waldigen Sumpfgebiet, gleich danach ist **Wilsickow** 8 erreicht, rechts liegt das Gutshaus (Einkehrmöglichkeit). Wir gehen am Gutshof vorbei, am nächsten Abzweig nach rechts (Fahrradwegmarkierung) und biegen nach 250 m im rechten Winkel nach Süden ab (Wegweiser »Nechlin«). Wir kommen bald auf eine uralte Pflasterstraße, die an der Ostseite des Gutshofs nach Werbelow führt. Auf ihr und teils durch einen Hohlweg wandern wir durch schöne Wiesen- und Sumpflandschaften auf eine Hochfläche am östlichen Ortsrand von **Werbelow** 9. Hier gehen wir geradeaus über die Straße Werbelow–Brietzig. Nach etwa 1,5 km auf einem baumbestandenen, mit uraltem Pflaster versehenen Feldweg erreichen wir wieder **Nechlin** 1.

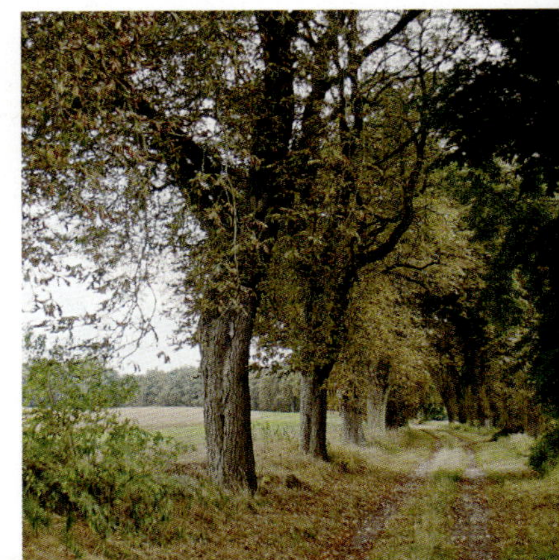

*Alter Pflasterweg zwischen Wilsickow und Nechlin.*

↗ 60 m | ↘ 60 m | 8.0 km

# 23 Naturschutzgebiet Charlottenhöhe

2.00 h

## Durch eine zauberhafte Hügellandschaft vor den Toren Prenzlaus

*Etwa 5 km südwestlich von Prenzlau liegt unweit der B 109 das 2,5 km² große Naturschutzgebiet Charlottenhöhe. Bis 1990 diente das Gebiet um die Hügellandschaft als Truppenübungsplatz. Mehrere kleine eiszeitliche Seen und Sumpfgebiete haben hier besondere Feuchtbiotope entstehen lassen, auch existieren Trockenrasengebiete. Bekannt ist die Charlottenhöhe auch als bevorzugter Lebensraum der Zauneidechse. Daher wurde die Landschaft um die bis 75 m hohen Hügel als Naturschutzgebiet ausgewiesen.*

**Ausgangspunkt:** Parkplatz am Gasthaus Kleine Heide an der B 109, 55 m; Busse 441, 502 und 503 ab Prenzlau ZOB.
**Anforderungen:** Leichte Wanderung mit kleineren Steigungen, überwiegend auf guten Feldwegen, einige kurze Teilstrecken verwandern über Wiesenpfade.
**Einkehrmöglichkeiten:** Gasthaus Kleine Heide, Kleine Heide 1, Tel. +49 3984 8358388, Mo. und Di. geschlossen, www.kleine-heide.net.

**Variante:** Die Tour lässt sich um etwa 3 km verkürzen, indem man nach dem Wegpunkt 5 direkt nach rechts zum 300 m entfernten Sandsee (Wegpunkt 2) geht.
**Hinweis:** Der in den Karten eingezeichnete Weg, der südlich von Wegpunkt 5 in großem Bogen zu Wegpunkt 6 führt, existiert in der Natur nicht – die Wege sind so überwachsen, dass sie kaum noch erkenn- und begehbar sind.

Vom Gasthaus **Kleine Heide** ❶ gehen wir auf der B 109 etwa 60 m in Richtung Prenzlau und biegen am Waldrand rechts in einen Feldweg ein. Wir wandern am Waldrand leicht bergab, dann bleibt der Wald zurück und wir erreichen eine Gabelung, an der wir links abbiegen. Nach etwa 800 m gelangen wir am Südende des **Großen Sandsees** ❷ nach links bergan zu einem Feldweg, auf dem wir nach links weiterwandern. Zunächst am Waldrand, dann an einem eingezäunten Areal entlang kommen wir nach etwa 750 m auf eine breite, teilweise befestigte Straße. Wir folgen ihr nach rechts und biegen nach gut 600 m rechts ab ❸. Am Schlagbaum vorbei gelangen wir auf einem deutlich erkennbaren Wiesenweg empor zu einem **Picknickplatz** ❹ mit reizvol-

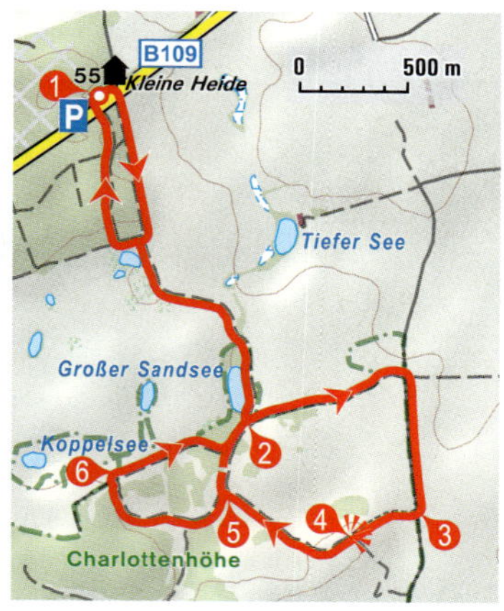

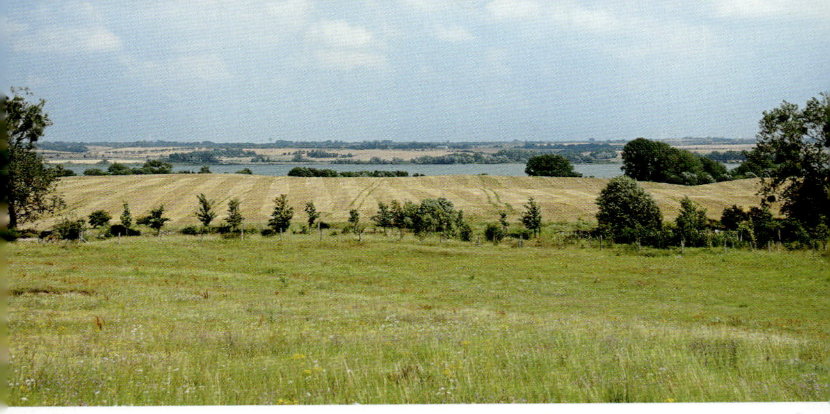

*Blick von der Charlottenhöhe auf den Unteruckersee.*

ler Aussicht über die Charlottenhöhe und den Unteruckersee.
Dann wandern wir bergab durch den schönsten Teil der Charlottenhöhe. Allmählich dreht der Weg nach rechts, bis wir an den Fundamentresten militärischer Bauten auf eine Art **Kreuzung** 5 treffen (→ Variante).
Wir biegen nach links ab und folgen dem Weg leicht abwärts durch die reizvollen Hügel und Wälder, bis wir in einem kleinen Talgrund auf eine paradiesische Wiese gelangen und hier halbrechts, der Wiesenpfad ist kaum zu erkennen, abbiegen (und nicht dem Pfad links folgen; er führt an einem hinter Buschwerk kaum erkennbaren kleinen Teich entlang). Zunächst gehen wir ein Stückchen am Waldrand entlang, dann queren wir die Wiese und erreichen an deren westlichem Ende wieder den Waldrand. Der Weg steigt kurz an und auf freiem Feld kommen wir zu einem breiteren Feldweg, auf dem wir nach rechts gehen und nach etwa 80 m an der Ecke zu einem Waldstück (Naturschutzgebiet-Schild) zu einer Anhöhe kommen, wo ebenfalls Mauer- und Fundamentreste aus dem Boden ragen. Wir biegen hier aber nicht links ab, sondern gehen nach **rechts** 6 ostwärts weiter. Der Weg senkt sich, steigt wieder an und führt an einem Wäldchen vorbei. Wir bleiben weiter geradeaus, bis wir wieder oberhalb des **Großen Sandsees** 2 stehen und von dort auf dem Hinweg zurückgehen.
Am Waldrand gehen wir jedoch nach links und nach etwa 120 m beim Schild »Erlebniswald« rechts und geradeaus durch den Wald (ein Teil wird als »Waldruhestätte«, d.h. als Friedhof genutzt) bis zu einem Querweg. Hier rechts, dann wieder links und zurück zum Ausgangspunkt am Gasthaus **Kleine Heide** 1.

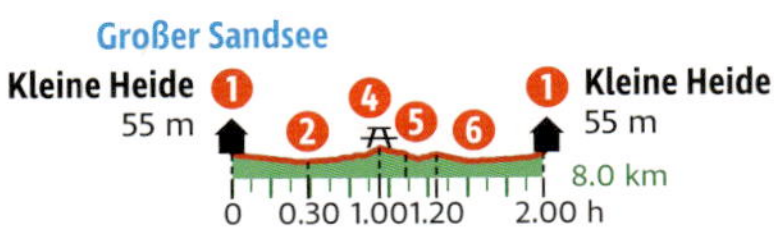

↗ 30 m | ↘ 30 m | 3.5 km

# 24 Prenzlau

**1.00 h**

## Ein Streifzug durch die Hauptstadt der Uckermark

*Das 20.000 Bewohner zählende Prenzlau ist die historische Hauptstadt der Uckermark und Verwaltungssitz des heutigen Kreises Uckermark. Vermutlich gegen 1180 waren hier erste Ansiedlungen entstanden, 1237 erhielt »prenclaw« durch den Pommernherzog Barnim I. die Stadtrechte. Gegen 1450 zählte Prenzlau zu den größten und bedeutendsten Städten der Mark – wie noch heute die mittelalterlichen Kirchen, Tore und Türme zeigen. Die Marienkirche ist mit ihrem grandiosen Ostgiebel eine der großartigsten Schöpfungen der norddeutschen Backsteingotik. Im April 1945 nahm die Rote Armee Prenzlau kampflos ein, doch kam es danach zu Brandschatzungen, denen die gesamte historische Innenstadt mit ihren leicht entflammbaren Fachwerkhäusern zum Opfer fiel. Dennoch ist Prenzlau nicht uninteressant – auf dieser Tour lernen Sie einige hübsche und verträumte Ecken kennen.*

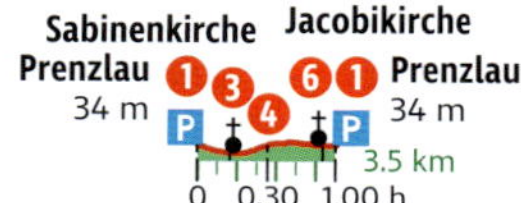


**Ausgangspunkt:** Prenzlau, 34 m, Marktberg; RE 3 Berlin–Stralsund.
**Anforderungen:** Leichter Stadtrundgang.
**Einkehrmöglichkeiten:** Restaurant Marie Luise (im Hotel Uckermark), Friedrichstr. 2, Tel. +49 3984 36400, www.hotel-uckermark.de; Gaststätte zum Schwan, Friedrichstr. 7, Tel. +49 3984 2500; Bio-Café Lew, Neustadt 30, Tel. +49 3984 832583, www.lew-bio.de; Gaststätte Zur Fischerstraße, Uckerpromenade 15, Tel. +49 3984 2614, www.pension-prenzlau.de; Seerestaurant Am Kap, Uckerpromenade 84, Tel. +49 3984 7180305, www.kap-prenzlau.com.
**Sehenswürdigkeiten:** Marienkirche mit Turm (Aufstieg möglich, überwältigende Sicht), Stadtmauer und Tortürme, Dominikanerkloster (heute Kulturhistorisches Museum), Uckerwiek 813, Tel. +49 3984 752241, www.dominikanerkloster-prenzlau.de.

Vom Mittelpunkt **Prenzlaus** ❶ am Marktberg (Pavillon mit Tourismusinformation) haben wir einen überwältigenden Blick auf den großartigen Ostgiebel der Marienkirche. Wir gehen an ihr vorbei ins Tal hinunter, vorbei an der Ruine der Heiliggeistkirche (innen Ausstellung zur Stadtentwicklung) und passieren den **Mitteltorturm** ❷. Im Rückblick genießen wir den berühmten und so eindrucksvollen Blick auf Tor und Marienkirche. Dann wechseln wir die Straßenseite und gehen bis zur Uferpromenade am Unteruckersee. Ein Stück nach rechts gelangt man zur **Sabinenkirche** ❸ mit ihrem markanten Fachwerkturm. Sie ist die älteste Kirche der Region, ein Vorgängerbau geht auf das 12. Jh. zurück.
Wir kehren zurück zur Uferpromenade, folgen ihr nach rechts und biegen nach der Einmündung der Fischerstraße nach links zur Wasserpforte ab,

einem rekonstruierten mittelalterlichen Stadttor. Dahinter befand sich die 1938 zerstörte Synagoge.
Wir gehen an dieser Stelle nach rechts, an den Resten der Stadtmauer entlang. Nun kommen wir zur Büste von Jakob Philipp Hackert. Er kam 1737 in Prenzlau zur Welt und starb 1807 in Careggi bei Florenz; er gilt als bedeutendster deutscher Landschaftsmaler des Frühklassizismus.
Nach der Büste wendet sich die Stadtmauer nach links und der Weg steigt etwas an. Wir passieren den eindrucksvollen Komplex des Dominikanerklosters und kommen zur Steinstraße mit dem **Steintor** ❹, oft auch Schwedter Tor genannt. Gleich um die Ecke steht das Prenzlauer Rathaus. Vom Steintor gehen wir nach links quer über eine kleine Grünfläche zur B 198 (Baustraße) und über sie hinweg in eine große Grünanlage, die sich an der Stelle des alten Wallgrabens befindet. Hier halten wir uns halb links und gehen unterhalb der Stadtmauer am Hexenturm vorbei bis zur Wallgasse. Hier wechseln wir auf die Innenseite der Stadtmauer und gehen weiter an dieser entlang am Pulverturm vorbei zu einer breiten Straßenkreuzung. Wir gehen hinüber zum **Stettiner Torturm** ❺ und an der Außenseite der Stadtmauer nach links (westwärts). Nach etwa 200 m begeben wir uns bei einem Durchlass auf die stadtzugewandte Mauerseite und gehen auf dieser ein Stück in Richtung Stettiner Torturm zurück. Beim Einkaufszentrum gehen wir nach rechts und über die Dr. Wilhelm-Külz-Straße zur **Jacobikirche** ❻. Von hier folgen wir der Friedrichstraße, Prenzlaus traditioneller Einkaufsstraße, südwärts und kommen nach etwa 300 m, an der Ecke zur Scharnstraße, zum im Jahr 2000 wieder aufgestellten Roland. Viele märkische Städte besaßen als Ausdruck ihrer bürgerlichen Freiheit und ihrer unabhängigen Gerichtsbarkeit Rolandsfiguren (u. a. existieren heute in Brandenburg und Stendal noch solche Figuren).
Vom Roland sind es nur noch wenige Meter zum **Ausgangspunkt** ❶.

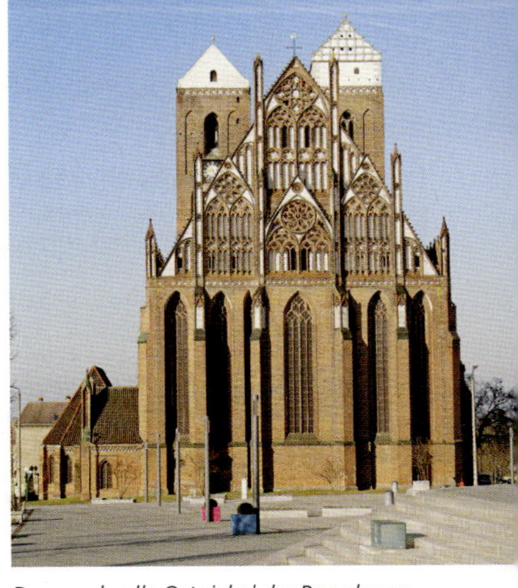

*Der prunkvolle Ostgiebel der Prenzlauer Marienkirche.*

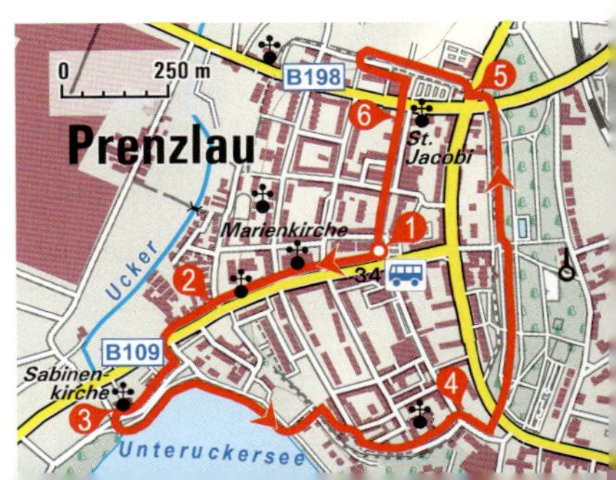

↗ 40 m | ↘ 40 m | 11.7 km

# 25 Von Prenzlau nach Seehausen

2.45 h

## Eine entspannende Wanderung entlang des Unteruckersees

*Die beiden Uckerseen dominieren die Landschaft der mittleren Uckermark. Am Nordsaum des größeren, des Unteruckersees, liegt Prenzlau, der alte Hauptort der Uckermark. Der Unteruckersee ist 7 km lang, durchschnittlich 2,1 km breit und besitzt eine Fläche von etwa 10,5 km². Er erreicht maximal 20 m Tiefe. Nach dem Schwielochsee (13,3 km²) und dem Scharmützelsee (12 km²) ist er zusammen mit dem etwa gleich großen Parsteiner See bei Angermünde der drittgrößte der brandenburgischen Seen. Gespeist wird er im Wesentlichen durch den Uckerkanal, einen natürlichen, aber im Lauf der Jahrhunderte ausgebauten Teilabschnitt der Ucker, die den Oberuckersee mit dem Unteruckersee verbindet. Zwischen Prenzlau und Seehausen verkehrt in der Saison ein Ausflugsschiff. Entlang des Seeufers breitet sich mit Schilfgürtel, Äckern und Wiesen eine vielfältige Wanderlandschaft aus.*

**Ausgangspunkt:** Prenzlau, 34 m, Touristeninformation, Marktberg 2; RE 3 Berlin–Stralsund.
**Endpunkt:** Seehausen, 21 m, Bahnhof.
**Anforderungen:** Mittellange Tour überwiegend auf Wiesenpfaden und Feldwegen, zu Beginn auf befestigten Wegen, kurz nach dem Restaurant Am Kap stetes leichtes Auf und Ab auf schmalen Pfaden entlang des Schilfgürtels durch bei Regen sehr feuchtes Gelände.
**Einkehrmöglichkeiten:** Prenzlau: Restaurant Marie Luise (im Hotel Uckermark), Friedrichstr. 2, Tel. +49 3984 36400, www.hotel-uckermark.de; Gaststätte zum Schwan, Friedrichstr. 7, Tel. +49 3984 2500; Gaststätte Zur Fischerstraße, Uckerpromenade 15, Tel. +49 3984 2614, www.pension-prenzlau.de. Unterwegs am Seeufer: Seerestaurant Am Kap, Uckerpromenade 84, Tel. +49 3984 7180305, www.kap-prenzlau.com. Seehausen: Seehotel Huberhof, Dorfstr. 49, Tel. +49 39863 6020, www.seehotel-huberhof.de
**Hinweis:** Die Rückkehr nach Prenzlau erfolgt zweckmäßigerweise mit der Bahn, die ab Seehausen tagsüber im Zweistundentakt (RE 3: 7.52, 9.52, 11.52 Uhr etc. bis 21.52 Uhr) fährt.
**Varianten:** Wer nach Prenzlau zu Fuß zurückgehen möchte, geht ab Bahnhof Seehausen zunächst auf der nicht allzu sehr befahrenen Straße in Richtung Bietikow und biegt am Ortsende von Seehausen links bei einem sich durch besondere Buntheit auszeichnenden Haus nach links auf den schmalen Asphaltweg nach Seelübbe ab. Der nur wenig befahrene Weg führt zu einem großartigen Aussichtspunkt. Kurz vor Seelübbe biegt man bei der Häusergruppe von Kietz Modderort nach links ab und gelangt am Seelübber See vorbei zurück zum Hinweg, auf dem man nach Prenzlau zurückkehrt. Diese Variante Seehausen Bhf.–Seelübbe–Prenzlau ist 12,5 km lang.
Zur Halbinsel Marienwerder führt am südlichen Ortsende, von der Hauptstraße, die hier im rechten Winkel abknickt, der Klosterweg. Nach etwa 100 m kommt man am Rand einer großen Aue zu einer kleinen Aussichtsplattform, in deren Nähe sich ein Findlingshaufen befindet. Die Steine sind Fundamentreste des schon im Mittelalter aufgegebenen Zisterzienserklosters Marienwerder. Von

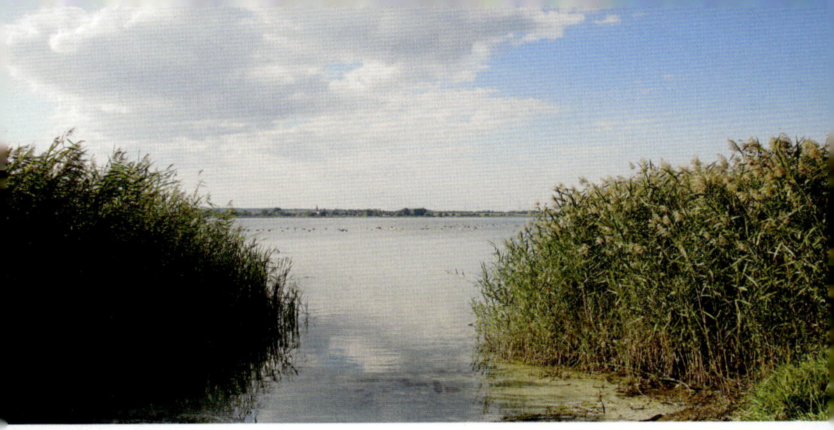

*Einsame Badestelle am Ostufer des Unteruckersees.*

der Aussichtsterrasse hat man einen guten Blick über die stillen Lande zwischen den beiden Uckerseen (vom Bhf. bis hierher: 1,5 km).

**Tipp:** Lohnend ist ein Spaziergang durch das hübsche Seehausen, ebenso der Besuch der Halbinsel Marienwerder (→ Varianten). An der Ecke des Klosterwegs zur Dorfstraße gibt es einen guten, kleinen Imbiss.

Vom alten Marktplatz am Marktberg bzw. der dortigen Touristeninformation von **Prenzlau** ❶ gehen wir über die Steinstraße südwärts. Die Steinstraße war bis 1945 (zusammen mit der Friedrichstraße) – anders als heute – die hauptsächliche Nord-Süd-Achse Prenzlaus und eine wichtige Geschäftsstraße. An ihrem Ende treffen wir auf das Steintor, oft auch Schwedter Torturm genannt, und dahinter auf das heutige Rathaus. Nach diesem biegen wir rechts in die Straße Am Steintor ab und gleich erneut nach rechts in den Seeweg. Er führt entlang des sehr hübschen Seeparks hinab zur Uckerpromenade am **Unteruckersee** ❷, wo wir uns nach links, auf befestigtem Weg, stadtauswärts wenden. Bis Seehausen halten wir uns jetzt an die blaue Markierung. Mit dieser gehen wir den Unteruckersee entlang, vorbei an kleinen Bootsanlegestellen, bis wir nahe hinter dem Uckerstadion an einen hügeligen Waldhain kommen. Blau spaltet sich hier vom bisherigen Uferweg ab und führt nach links empor, jedoch mehr oder weniger parallel zum Teerweg, zum Seerestaurant **Am Kap** ❸. Von dessen Terrasse haben wir einen großartigen Blick über den See hinüber

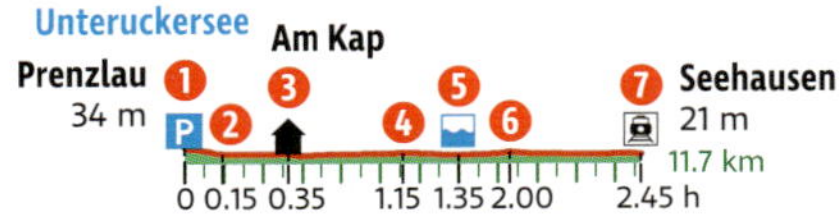

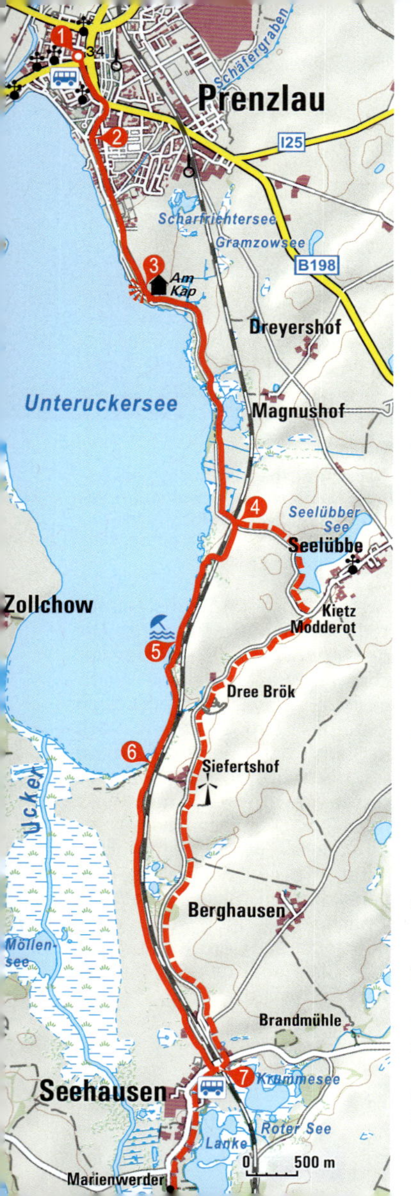


nach Röpersdorf. Von der Terrasse steigen wir über eine Treppe hinab zum Uferweg, gehen nach links und befinden uns bald mitten in unberührter Natur. Der Weg wurde in Teilstücken asphaltiert und führt am Schilfgürtel des Unteruckersees entlang. Dann wird der Weg plötzlich zum schmalen Pfad und ist beidseitig von Schilf gesäumt. Nach etwa 600 m kommen wir zu einer großen Wiese, an deren Ende der Weg sich nach links wendet, leicht bergan führt und unmittelbar vor einem **Bahnübergang** 4 nach rechts abbiegt und parallel zum Bahndamm verläuft. Bis Seehausen bleiben wir nun mehr oder weniger in direkter Nähe zur Bahn. Unser Weg steigt an und nach rechts schwenkend wieder ab, dann wendet er sich nach links und rechts und taucht in den hier urwaldähnlichen Uferbereich ein. Er führt wie durch einen Tunnel durch dichtes Heckenholz und durch Feuchtgebiete zu einer kleinen **Badestelle** 5. Danach geht es teils auf Bohlenstegen über die ufernahen Sumpfbereiche. Dann steigt der Weg wieder an und verlässt, unmittelbar neben dem Bahngleis, das Dickicht. Nicht weit danach erreichen wir einen breiten, unbefestigten **Weg** 6, über den wir am Hang durch freies Feld und mit guter Fernsicht weitergehen. Nach ziemlich genau 3 km kommen wir an den Ortsanfang von Seehausen. Hier gabelt sich der Weg: Nach rechts kommt man direkt zur Dorfstraße; nach links, unmittelbar am Bahngleis entlang, gelangt man direkt zum Bahnhof bzw. zum Haltepunkt von **Seehausen** 7. Ein eigentliches Bahnhofsgebäude gibt es nicht mehr. Zurück nach Prenzlau fahren wir mit dem Zug oder gehen zu Fuß (→ Varianten).

↗ 10 m | ↘ 10 m | 8.0 km

2.00 h

# Potzlow und die Mitte der Uckermark

26

## Eine ungewöhnliche Holzfigur und der Mittelpunkt der Uckermark

*Das Dörfchen Potzlow (500 Einwohner) wirkt heute verwunschen. Im Spätmittelalter war es jedoch eine bedeutende Siedlung mit Marktrecht und besaß als Ausdruck der lokalen Gerichtsbarkeit eine steinerne Rolandsstatue. Aus Missgunst stahlen die Prenzlauer einst – wie die Sage berichtet – diese Figur, was nach und nach den Niedergang Potzlows mit sich brachte. Erst nach langen Jahren entschied man sich im 18. Jh. zur Aufstellung eines neuen Rolands – aus Sparsamkeitsgründen aus Holz. Dieser wurde in den napoleonischen Kriegen zerstört, ein neuer hölzerner wurde um die Jahre 1806 bis 1820 sehr unkünstlerisch gestaltet, die Extremitäten nur angedeutet und in einem eisernen Rahmen aufgestellt. Das Holz faulte von unten weg, wodurch die Gestalt in ihrem Gestell nach unten sank und ein beinloser Torso übrigblieb. 1990 wurde ein dritter Roland angefertigt, ganz bewusst als Kopie des Torsos.*

*Südöstlich von Potzlow befindet sich die geografische Mitte der Uckermark, genaugenommen des Kreises Uckermark. An der Straße nach Seehausen gibt es den kleinen Rastplatz »Mittelpunkt der Uckermark«. Er liegt jedoch nicht genau auf dem Mittelpunkt – die auf dem Findling mit der Metalltafel angegebenen Koordinaten sind die des Rastplatzes. Die genaue Lage des geografischen Zentrums ist auf der Karte auf der Informationstafel angegeben: Er liegt ca. 300 m westlich des Rastplatzes am Waldrand.*

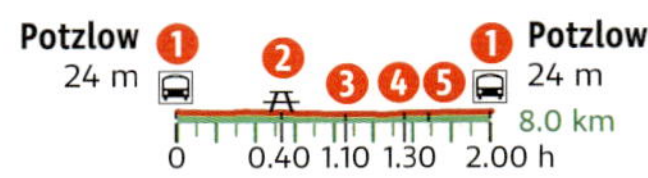


**Ausgangspunkt:** Potzlow, 24 m, Marktplatz; Bus 445 ab Prenzlau ZOB; nach Prenzlau aus Berlin mit RE 3.
**Anforderungen:** Leichte und nicht sehr lange Wanderung auf breiten Feldwegen, einige Abschnitte direkt am Ackerrand und durch Feuchtgebiete. Der Abschnitt zwischen dem Rastplatz »Mittelpunkt der Uckermark« und den Seeauen ist bei Nässe schwer begehbar. Je nach Jahreszeit und je nach Erntesituation ist der Weg vom tatsächlichen Mittelpunkt bis zur Asphaltstraße Potzlow–Seehausen statt auf dem Acker u. U. nur am äußersten Rand des Feldes zu bewältigen.
**Einkehrmöglichkeiten:** Keine.
**Sehenswürdigkeiten:** Aussichtspunkt Dreiseenblick (in manchen Karten »Potzlower Seenblick«) an der Straße nach Fergitz, etwa 3 km südlich von Potzlow.

Vom Marktplatz in **Potzlow** ❶ gehen wir auf dem Mittelweg nordwärts. Kurz bevor die kleine Straße nach links in die Straße nach Prenzlau einmündet, biegen wir nach rechts auf einen breiten Feldweg ab, auf dem wir ostwärts in die breite Ebene um die Uckerseen gelangen.
Nach etwa 850 m macht der Weg eine scharfe Biegung im rechten Winkel nach rechts (Süden), nach etwa 350 m schwenkt er wieder in die ursprüng-

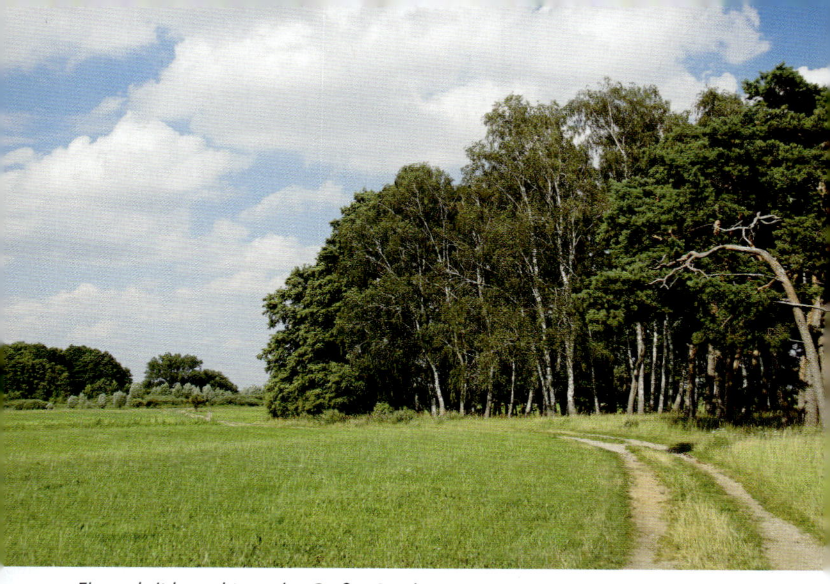

*Einsamkeit herrscht um den Großen Potzlowsee.*

liche Richtung, wird schmaler, teilweise zum Wiesenpfad und erreicht in südöstlicher Richtung die Straße Potzlow–Seehausen. Schräg gegenüber befindet sich der Rastplatz **Am Mittelpunkt der Uckermark** ❷. Hier gehen wir auf dem Feldweg weiter in die Niederungen am Ostufer des Großen Potzlowsees.

Der Weg beschreibt einen weiten Bogen nach rechts und biegt dann scharf nach links ab. Zu diesem Punkt werden wir später zurückkehren.

Zunächst gehen wir auf dem Feldweg weiter. Er führt uns durch eine unwirklich schöne, unberührte Natur mit kleinen Hainen – links blinkt der Oberuckersee herüber, rechts lässt sich der Große Potzlowsee zumindest erahnen. Der Weg endet plötzlich und führt als schmaler Wiesenpfad noch ein Stückchen weiter, bis auch dieser an einem **Jägerstand** ❸ mitten in der Sumpfniederung endet. Ein Ort der Stille und der unberührten Natur.

Leider gibt es von hier kein Weitergehen um den Großen Potzlowsee herum bzw. hinüber zur Straße nach Fergitz, hoch zum Aussichtspunkt »Dreiseenblick«.

Wir müssen umkehren und gehen bis zur erwähnten Abzweigung nahe dem Rastplatz zurück, biegen hier nach links in Richtung eines Ackers ab und wandern parallel zu dessen Rand. Je nach Jahreszeit können wir auf dem Feld (wenn abgeerntet bzw. noch nicht gesät ist) gehen oder direkt an dessen Rand. Nach etwa 150–200 m erreichen wir am Waldrand linker

Hand den **eigentlichen Mittelpunkt der Uckermark** ❹. Er ist allerdings im Gelände nicht gesondert markiert.

Weiter geht es parallel zum Feldrain, bis wir auf eine mit einem Metallzaun umgebene kleine **Anlage** ❺ kommen, deren Zweck sich einem jedoch nicht ohne Weiteres erschließt. Hier beginnt nun außerhalb des Feldes ein breiter Feldweg, der leider durch schweres Ackergerät sehr zerfurcht ist. Auf diesem wandern wir etwa 600 m nach rechts und erreichen wieder die Straße nach Seehausen.

Hier gehen wir nach links ins etwa 1 km entfernte **Potzlow** ❶ zurück.

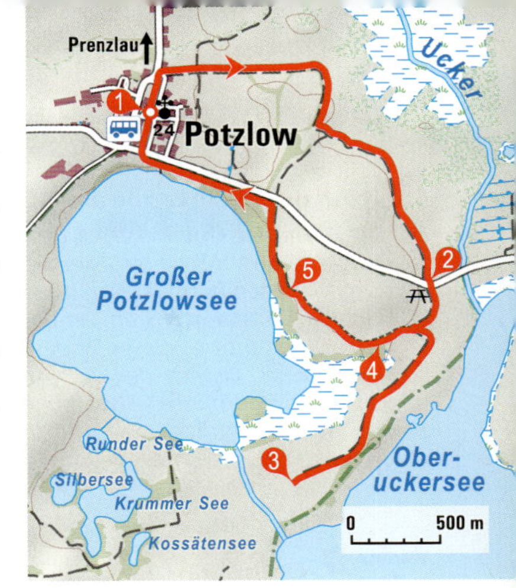


*Ein vielbestauntes Kuriosum: der hölzerne Roland von Potzlow.*

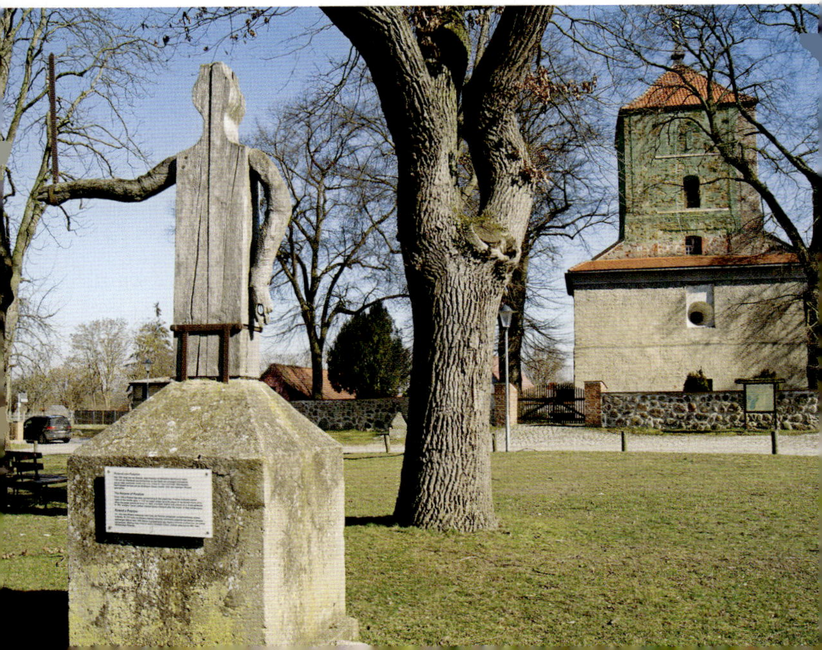

↗ 50 m | ↘ 50 m | 9.3 km

# 27 Von Warnitz nach Melzow

2.15 h

## Streifzug durch die Lande am Ostufer des Oberuckersees

*Der bis 28 m tiefe Oberuckersee besitzt eine Fläche von knapp 7 km². Leider ist auch er – wie der Unteruckersee – größtenteils verschilft und nicht gut zugänglich. Doch befindet sich an seiner Ostseite mit dem Ort Warnitz eines der kleinen Touristenzentren der Uckermark. Hier und auch im nördlich gelegenen Quast gibt es einige Badestellen sowie eine Anlegestelle der Uckerseen-Schiffahrt. Östlich des Sees steigen bewaldete Moränenzüge bis auf knapp 120 m an. Von den Höhen oberhalb des Sees genießt man eine bezaubernde Aussicht auf den See und seine westlichen Umlande. Bei den Besuchern von Warnitz ist die hier vorgestellte Route der beliebteste Wanderweg.*

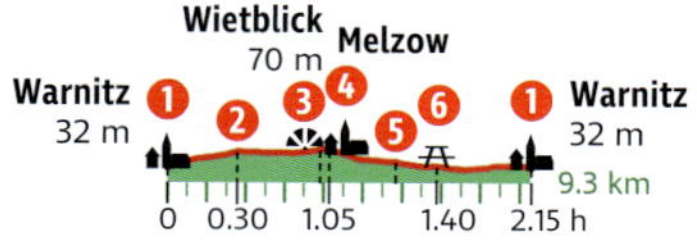


**Ausgangspunkt:** Warnitz, 32 m, Bahnhof; RE 3 Berlin–Stralsund; RB 62 ab Angermünde.

**Anforderungen:** Mittellange Tour auf guten Feld- und Waldwegen sowie Asphaltstraßen bzw. Plattenwegen.

**Einkehrmöglichkeiten:** Warnitz: Gasthof Deutsche Eiche, Lindenallee 54, Tel. +49 39863 7149. Melzow: Lebensmittel-Getränke & Imbiß Meistereck, Grünheider Str. 4, Tel. +49 174 7840701.

Vom Bahnhof in **Warnitz** ❶ aus gehen wir über die Lindenallee nordwärts und gegenüber dem Gasthof Deutsche Eiche (nahe Kirche und Bahnübergang) schräg in den Neuhofer Weg, unterqueren die Bahnlinie und wenden uns gleich nach links. Nach wenigen Metern folgen wir dem Wegweiser »Zimmerberg« (rote Markierung) nach rechts und gehen auf dem recht sandigen Weg leicht bergan. Bald wird er weniger sandig und führt uns durch eine sehr reizvolle Wiesen- und Ackerlandschaft.

Nach etwa 1,5 km (rechts lugt der Dolgensee herauf) kommen wir zu einer Bank, von der sich die Landschaft auf das Köstlichste genießen lässt. Nur etwa 50 m danach biegt unser rot markierter **Weg** ❷ rechts ab und führt abwärts zum Ostufer des Dolgensees. Der Pfad ist im unmittelbaren Uferbereich zwischen Wald und Sumpf besonders reizvoll. Ab Seeende kommen wir ansteigend zu den wenigen Häusern von Trumpf und zur Straße aus Warnitz. Wir überqueren diese und wandern auf einer ebenfalls befestigten Straße geradeaus weiter hinauf nach Melzow. Kurz vor dem Ort liegt rechter Hand, an einem der höchsten Punkte der Uckermark, der Aussichtspunkt **Wietblick** ❸. Dann gehen wir nach **Melzow** ❹ hinein. Wo der rot markierte Weg links zur Kirche abbiegt, wenden wir uns nach rechts in die Stegelitzer Straße. Sie führt leicht bergab zu einer Gabelung am Ortsende, an der wir nach links auf unbefestigtem Weg weiter in Richtung Stegelitz

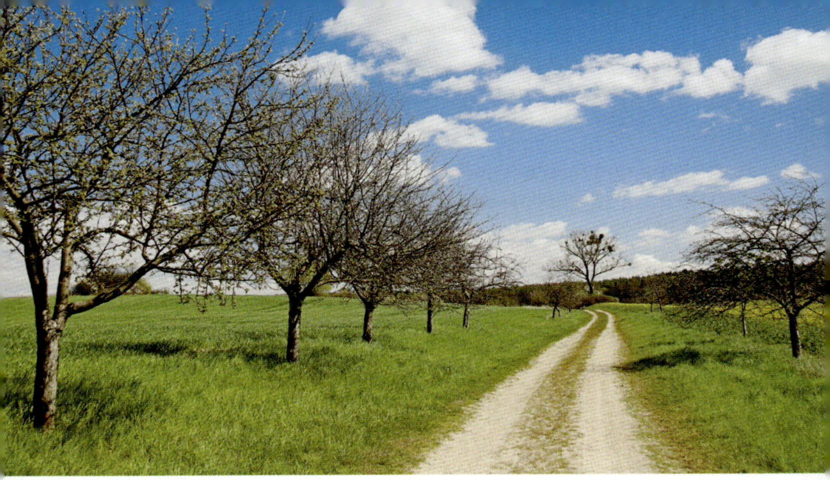

*Frühlingszauber zwischen Warnitz und Melzow.*

gehen. Wir wandern durch eine weite Ackerebene bis zur Bahntrasse Angermünde–Prenzlau. Offiziell existiert hier kein Bahnübergang, doch lässt sich das Gleis problemlos überqueren. Vorsicht vor eventuell herannahenden Zügen! Auf der anderen Seite gehen wir in der bisherigen Richtung weiter. Der Weg senkt sich dann hinab zu einem Plattenweg, der Trasse des **Fernradwegs Berlin–Usedom 5**. Hier biegen wir rechts ab, zum Glück gibt es sowohl in der Mitte als auch am Rand einen unbefestigten Streifen, auf dem es sich gut wandern lässt. Doch Vorsicht: der Radweg ist auch für den motorisierten Verkehr freigegeben. Nach knapp 1 km kommt von rechts die Straße aus Melzow herab, nach links geht es zu einem etwa 50 m entfernten Aussichtspunkt mit **Rastplatz 6**. Obwohl viel tiefer als der »Wietblick« gelegen, bietet auch er eine bezaubernde Sicht auf See und Ufer. Dann gehen wir zurück zum Radweg und wandern auf ihm zum 2 km entfernten **Warnitz 1** zurück.

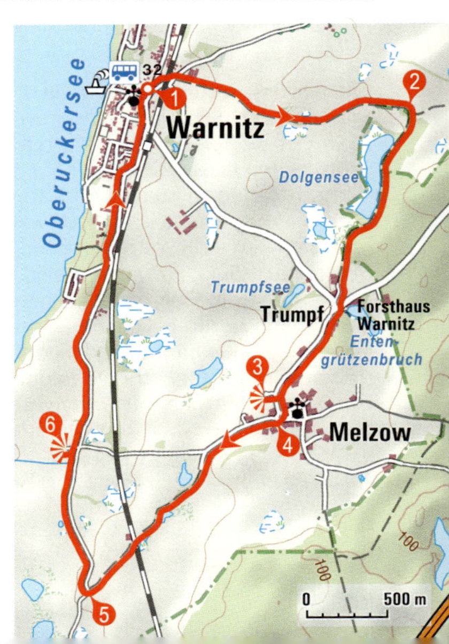

↗ 100 m | ↘ 100 m | 23.8 km

# 28 Landpartie um Wilmersdorf

5.30 h

## Durch Wies' und Au und Wald und Hügel zu malerischen Dörfern

*Zu den einsamsten Ecken der ohnehin meist still dahindämmernden Uckermark zählt die nordwestliche Umgebung von Greiffenberg – zwischen Wilmersdorf, Schmiedeberg, Poißen und Melzow – trotz der B 198 und der nahen A 11. Neben den in der Uckermark so vertrauten, leicht gewellten Landschaften und verträumten Mischwäldern kommen hier einige ganz zauberhafte, sehr sehenswerte Dörfer dazu, teils wegen ihres Ortsbildes im Allgemeinen, teils wegen einiger beachtenswerter und ungewöhnlicher Baudenkmäler.*

**Ausgangspunkt:** Wilmersdorf, 55 m, Ortsmitte (Bushaltestelle); Bus 460 ab Angermünde Bhf., Bus 475 ab Schwedt Bhf.; Angermünde und Schwedt aus Berlin mit RE 3.
**Anforderungen:** Längere Wanderung auf Feldwegen, Waldwegen (teils gepflastert), zwei Teilstücke verlaufen auf einem Plattenweg.
**Variante:** Vor Schmiedeberg bei der roten Bank links abbiegen und über Grünheide nach Melzow abkürzen (18,9 km und 4.30 Std. Gehzeit).
**Einkehrmöglichkeiten:** Melzow: Imbiß Meistereck, Grünheider Str. 4, Tel. +49 174 7840701. Wilmersdorf: Gartenlokal und Pension Rexin, Schmiedeberger Weg 23, Tel. +49 33334 501, www.gartenlokal-rexin.de.
**Sehenswürdigkeiten:** Gutshaus und Dorfkirche Polßen; Laubenhäuser in Schmiedeberg; Dorfkirche Melzow.

Von der Ortsmitte in **Wilmersdorf** ❶ (Bushaltestelle und Gasthaus) gehen wir über den Schmiedeberger Weg nordostwärts aus dem Dorf heraus. Dieser ist als zweispuriger Plattenweg befestigt, doch lässt sich auf dem Grünstreifen in der Mitte oder auf den breiten unbefestigten Seitenstreifen sehr gut gehen. Er steigt leicht an, links und rechts liegen weite Äcker. Wir durchwandern ein lichtes Mischwaldgebiet. Dann gehen wir knapp 600 m, nachdem wir den Wald verlassen haben, jedoch vor der großen Stromtrasse, nach links auf einen eher unscheinbaren **Feldweg** ❷. Dieser führt uns abwechselnd bergan und bergab tief in die Felder hinein und biegt nach knapp 1,5 km bei einem Feldrain in rechtem Winkel nach rechts ab. In leichtem Gefälle geht es Schmiedeberg entgegen. Etwa 300 m vor dem Ort treffen wir bei einer roten Bank auf die rote Markierung der Uckermärker Landrunde, die uns mit Rot geradeaus direkt nach Schmiedeberg führt.

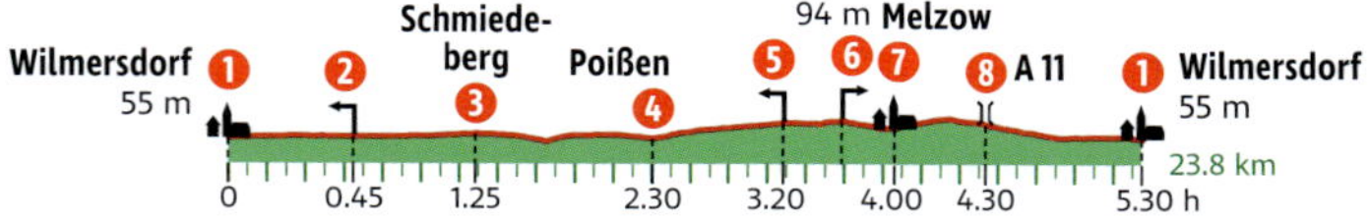

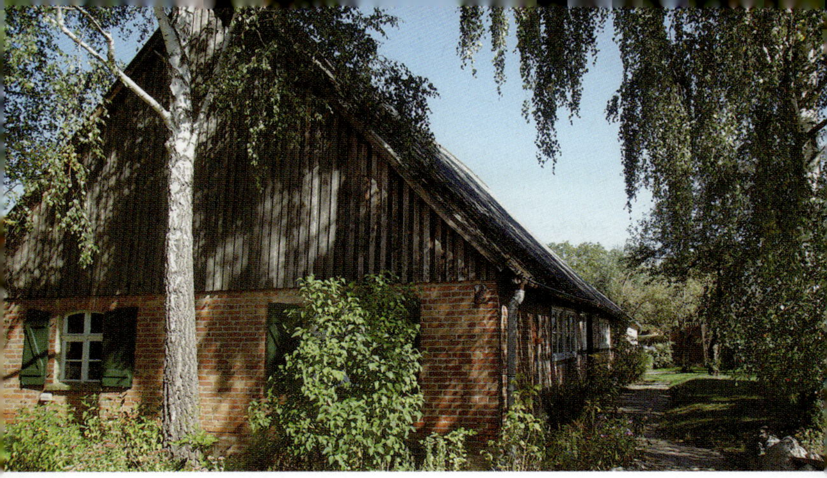

*Idyllisches Haus in Schmiedeberg.*

Unmittelbar bevor der Weg nach Schmiedeberg hinauf ansteigt, überqueren wir eine kleine Brücke, hinter der nach links ein Feldweg abzweigt. Das ist unser Weiterweg, doch wollen wir zuerst nach Schmiedeberg hineingehen, denn das Ortsbild zusammen mit dem Dorfsee ist ausnehmend reizvoll. Wir kommen gegenüber der Kirche von **Schmiedeberg** 3 auf die Dorfstraße, gehen hier nach links und gleich wieder nach rechts an der Kirche vorbei. Diesem Weg folgen wir um den Dorfsee herum, bis wir wieder an der Kirche angekommen sind. Wir gehen jetzt wieder aus dem Dorf hinaus, hinab zur kleinen Brücke und biegen davor rechts ab. Der Feldweg wird bald zum Wiesenweg, an einer Gabelung halten wir uns links Richtung Stromtrasse. Wir folgen dem Wiesenweg, der alsbald zum Poißensee hinabführt, doch der See ist wegen der dichten Ufervegetation kaum zu sehen. Wir wandern weiter rechts am See entlang, bis am Ostende der Wiesenweg etwas ansteigt und auf die Allee am Weg Grünheide–Poißen zuläuft. Auf dieser wenden wir uns nach rechts Richtung Poißen. Zwar ist auch diese Straße mit Platten in zwei Spuren belegt, doch kann man hier ebenfalls am Straßenrand bequem wandern. Nach ungefähr 1,5 km ist der Ortseingang von Poißen erreicht und wir gehen zunächst in das Dorf hinein, zur sehr schönen Feldsteinkirche. Ein wenig weiter fällt die ungewöhnliche Backsteinarchitektur des Gutshauses von **Poißen** 4 auf, das eher an ein Eisenbahnerwohnheim erinnert – wenn nicht der seltsame Turm wäre. Wir gehen die Dorfstraße zurück und biegen dann nach rechts, nordwestwärts, auf den Melzower Damm ab. Der Weg ist auf den ersten 2 km gepflastert, doch kann man gut links und rechts der Pflasterung gehen, die Pflasterung stammt mit Sicherheit aus der Mitte des 19. Jahrhunderts. Der Weg ist

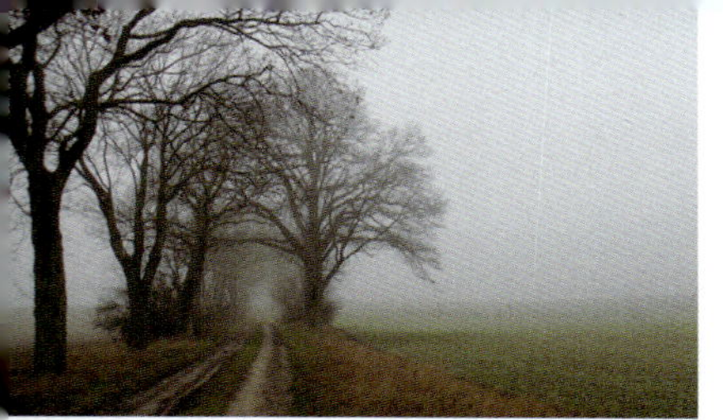

*Zauberhafte Stimmung an einem nebligen Dezembertag bei Poißen.*

wunderbar von einer Allee gesäumt, einige Bäume sind zwar schon abgestorben, doch gibt die schier endlose Baumreihe zusammen mit dem archaischen Pflaster zu jeder Jahreszeit zauberhafte Landschaftsimpressionen. Etwa 1,75 km hinter dem Ortsende von Poißen gabelt sich der Weg. Wir halten uns links und biegen nicht rechts ab. Links befindet sich unmittelbar am Weg eine merkwürdige, überwachsene Erhebung, wahrscheinlich ein Hügelgrab, denn für einen überwucherten Feldsteinhaufen ist sie zu symmetrisch. Dann nimmt die Vegetation links und rechts des Weges zu und wir erreichen den Waldrand. Der Weg führt uns in den Wald hinein, hält sich aber links nahe am Waldrand. In einer kleinen Rechtsbiegung passieren

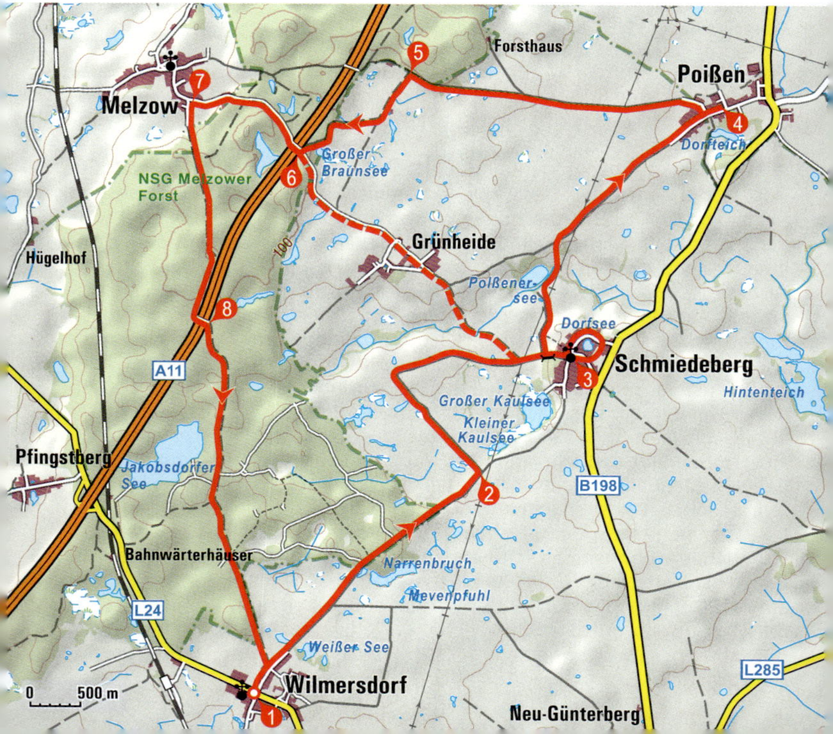

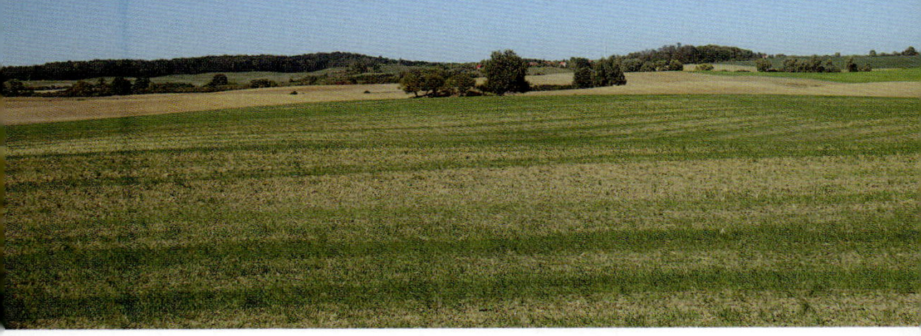

*Weitgespannte Ebene zwischen Schmiedeberg und Grünheide.*

wir einen für die Gegend recht steilen, den Waldhang hinaufführenden Weg, wir aber biegen etwa 250 m danach nach links auf einen weiteren unscheinbaren **Feldweg** 5 ab. Er führt zwischen zwei breiten Äckern hindurch, dann zu einem sumpfigen Graben hinab, und steigt danach an. An der höchsten Stelle (links ein schadhafter Jägerstand) ist eine Gabelung, an der wir rechts in Richtung eines einsamen Gehöfts wandern, gehen an diesem vorbei und über den Zufahrtsweg zu diesem Gehöft wieder Richtung Waldrand. Wir wandern leicht bergauf, dann leicht nach rechts und hinab zur Pflasterstraße **Melzow–Grünheide** 6 unmittelbar vor der Autobahnbrücke. Mit der roten Markierung (Uckermärker Landrunde) gehen wir hier nach rechts und erreichen nach knapp 1 km die ersten Häuser von Melzow. Dann biegen wir an der Kreuzung Grünheider Straße / Waldstraße in **Melzow** 7 nach links in die Waldstraße ein, die uns wieder aus dem Ort hinausführt. Gleich hinter dem Ortsende ist eine Wegegabelung mit einem nach rechts weisenden Pfeil auf einem Findling. Hier gehen wir links. Der sandige Waldweg ist in Teilstücken gepflastert (d. h. er zeigt noch vereinzelt Reste der alten, über hundertjährigen Pflasterung), steigt mit Eintritt in den Wald etwas an und führt uns durch den sehr hügeligen Wald. Nach nicht ganz 1,5 km erreichen wir eine Lichtung (Wiese mit Holzlager), die rechts mit einem natürlichen, aber seltsam aussehenden Wall begrenzt ist. Kurz hinter der Lichtung nähert sich unser Weg der Autobahn und wir begleiten diese auf dem alten Pflaster nach Süden, bis wir die **A 11** 8 auf einer kleinen Brücke überqueren können. Der mal mehr, mal weniger gut erhaltene Pflasterweg führt in munterem Hin und Her nach links, rechts, bergan, bergab über die Waldhügel. Dann überqueren wir über eine kleine Brücke einen markanten Graben. Etwa 800 m danach ist eine Weggabelung erreicht, links davon liegt ein versumpfter See. Hier halten wir uns links, wenngleich am Baum rechts ein roter Pfeil nach rechts weist.

Wir kommen an den Waldrand – der Weg hält sich dazu parallel – und schlussendlich wieder zum Schmiedeberger Weg. Hier gehen wir nach rechts zu unserem Ausgangspunkt in **Wilmersdorf** 1 zurück.

↗ 30 m | ↘ 30 m | 8.9 km

# 29 Durch das Blankenburger Seengebiet

2.00 h

## Streifzüge durch ganz unterschiedliche Seenlandschaften

*Das 12 km südöstlich von Prenzlau gelegene Örtchen Blankenburg ist wegen seines idyllischen Dorfkerns und der Seen in seiner Umgebung ein lohnendes Ziel. Diese Wanderung führt uns zunächst zu den großen und kleinen Waldseen im Süden von Blankenburg. Dann kommen wir ganz nahe des Dorfes zum Wallberg. Er geht auf die Slawenzeit zurück: Im 11. und 12. Jh. wurde ein künstlicher Hügel geschaffen, auf dem eine hölzerne Schutzburg errichtet wurde. Im 14. Jh. übernahmen die Herren von Blankenburg die alte Slawenanlage und bauten sie in Stein aus, doch schon nach 1380 verfiel die Burg. Nordöstlich des Walls erstreckt sich eine zeitweise recht zugewucherte Niederung, in der wir den Großen und den Kleinen Burgsee umrunden. Nördlich von Blankenburg, abseits unserer Runde, liegt der etwa 50 ha große Blankenburger See mit seinem mächtigen Schilfgürtel.*

**Ausgangspunkt:** Blankenburg, 64 m, Kirche; Busse 431 und 445 ab Prenzlau ZOB.
**Anforderungen:** Leichte Wanderungen auf Wiesenpfaden bzw. guten Feld- und Waldwegen, ein kleines Stück auf Wiesenwegen und auch befestigten Wegen (Waldseen). Bei Nässe ist die Begehung des Burgseenrundwegs nicht anzuraten.
**Variante:** Auf dem schmalen Pfad Richtung Wallberg (Wegpunkt 6) können wir die Tour abkürzen, indem wir hier nach links abbiegen und vom Wallberg in die Dorfmitte zurückwandern (je nach Jahreszeit direkt über den Acker oder rechts herum auf dem Feldrain zum Fuß des Wallbergs); gesamte Strecke 6,6 km, Gehzeit verkürzt sich auf 1.15 Std.
**Einkehrmöglichkeiten:** Keine.
**Sehenswürdigkeiten:** Ruine der mittelalterlichen Klosterkirche in Gramzow (5 km östlich von Blankenburg).
**Hinweis:** Die Markierungen in der Natur decken sich nicht mit denen in den Karten, weswegen auch hier weitgehend auf Hinweise zu markierten Wegen verzichtet wird. Die Strecke zwischen den Wegpunkten 6 und 7 um den Wallberg herum und von dort zurück nach Blankenburg war im Herbst 2020 durch teilweise Zuwucherung schwer begehbar.
**Tipp:** Umrundung des Blankenburger Sees (4,5 km); auch ein beliebter Badesee.

Von der Kirche von **Blankenburg** ❶ gehen wir durch die Bertikower Straße zur Gramzower Straße, dort links und gleich wieder rechts (südwestlich) auf einem asphaltierten Pflasterweg aus dem Dorf hinaus. Uns umfängt eine weite Acker- und Wiesenlandschaft mit guten Fernblicken. Nach gut 2 km

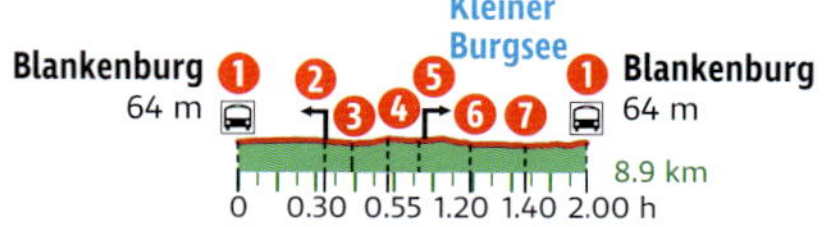

biegen wir am Wegweiser **»Seenrundweg«** ❷ nach links in den Wald ein. Nach etwa 400 m kommen wir zu einer Waldkreuzung, an der der Seenrundweg nach links abzweigt, wir gehen jedoch durch die sehr schöne, hügelige Waldregion geradeaus weiter und erreichen bald danach eine weitere **Kreuzung** ❸. Rechts geht es zum Kleinen Dollinsee, wir wenden uns nach links in Richtung Krummer See, der bald durch die Bäume sichtbar wird. An seinem nördlichen Ufer entlang kommen wir zu einem Wegedreieck, wo wir mit Rot kurz rechts und gleich wieder links in Richtung Messingsee wandern. Kurz vor dem Messingsee erreichen wir eine **Gabelung** ❹, an der wir uns mit Blau rechts halten. Wir wandern nun rechts am Ufer des ziemlich versumpften Sees vorbei; bald nach diesem endet unser Waldweg mehr oder weniger direkt am **Waldrand** ❺. Hier treffen wir auf einen schmalen Wiesenweg. Wir folgen ihm nach rechts, direkt am Wald entlang. Dann schwenkt er nach rechts und gelangt zu einer Birkenallee. Auf ihr gehen wir nach links und kommen am Ortsrand von Blankenburg zur Teerstraße nach Gramzow. Nach links käme man direkt zum Ausgangspunkt. Wir gehen jedoch geradeaus über die Teerstraße hinweg auf einen schmalen Pfad, der alsbald über ein Brückchen führt. Etwa 150 m nach dem Brückchen zweigt nach links ein schmaler **Pfad** ❻ in Richtung Wallberg ab (→ Variante). Wir wandern geradeaus auf dem Wiesenpfad weiter. Er führt an den beiden teilweise ziemlich versumpften und verschilften Seen Großer und **Kleiner Burgsee** ❼ entlang. Nach etwa 2 km ist das Ende des Sumpfgebiets erreicht, der Weg wendet sich um 180° auf die andere Seite der kleinen sumpfigen Seenrinne und führt dann erneut an Schilf und Sumpf entlang zurück. Wir überqueren ein marodes Brückchen, gehen an seiner Ostseite um den Hügel des Wallbergs herum und von ihr direkt zur Kirche und damit zum Ausgangspunkt in **Blankenburg** ❶ zurück.

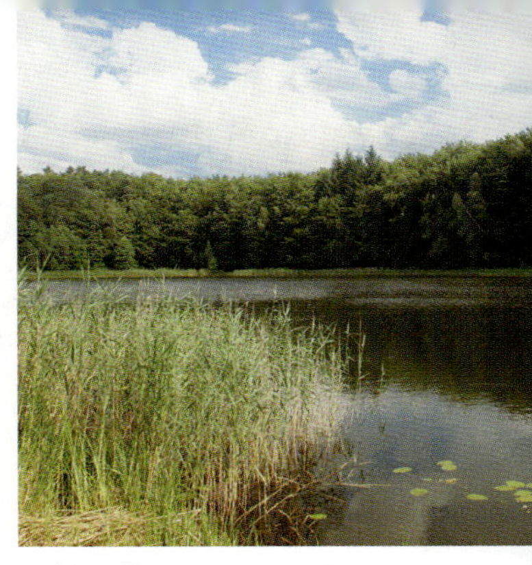

*Waldesstille am Krummen See.*

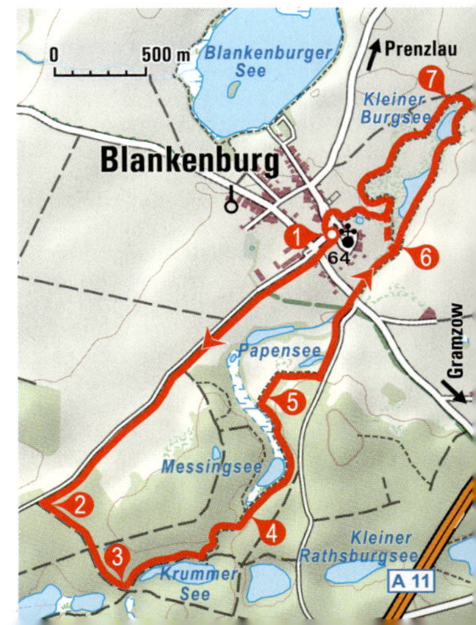

↗ 150 m | ↘ 150 m | 36.3 km

# 30 Von Angermünde nach Biesenbrow

9.00 h

## Wiesen, Felder und Sümpfe – hübsche Orte und ein Dichter

*Während die meisten uckermärkischen Orte 1945 sehr gelitten haben, konnte Angermünde seine historische Altstadt größtenteils bewahren. Fachwerkhäuser, ein bezaubernder Marktplatz, die wuchtige Stadtkirche und die Franziskaner-Klosterkirche verleihen der 14 000-Einwohner-Stadt besondere Attraktivität. Dazu kommt ihre Lage am reizvollen Mündesee. Nördlich von Angermünde trifft man auf Hügel, kleine Waldungen, weit sich dahinspannende Felder, Niederungsbäche sowie die Sumpfgebiete des Welsebruchs, die durch ihre Unberührtheit verzaubern. Biesenbrow ist brandenburgweit als Geburtsort des realistischen Schriftstellers Ehm Welk (1884–1966) bekannt. Seinem Geburtsort und dessen Umgebung setzte er in den nicht nur in der DDR vielgelesenen Romanen »Die Heiden von Kummerow« und »Die Gerechten von Kummerow«, die das Dorfleben seiner Kinderjahre schildern, ein weltliterarisches Denkmal.*

**Ausgangspunkt:** Angermünde, 49 m, Bahnhof; ab Berlin mit RE 3.
**Anforderungen:** Lange Tour auf befestigten Wegen, historischen Pflasterstraßen, Feldwegen und Wiesenpfaden. Der Abschnitt durch die Welseniederung hinter Biesenbrow ist bei Nässe nicht begehbar, es ist ein bloßes Schlammgemetzel. Konditionsstarke Wanderer können die ganze Tour an einem Tag zurücklegen, ansonsten besteht die Möglichkeit, ab Biesenbrow mit öffentlichen Verkehrsmitteln nach Angermünde zurückzukehren (→ Hinweis). Die Aufteilung als Zweitagestour mit Übernachtung sollte man bzgl. der Unterkünfte in Biesenbrow rechtzeitig planen.
**Einkehrmöglichkeiten:** Angermünde: zahlreiche Lokale. Welsow: Obstweinschenke, Am Töpferberg 20, Tel. +49 3331 33981, www.obstweinschenke.com. Biesenbrow: Café Königin von Biesenbrow (auch Hofladen), geöffnet jedoch nur Fr. 15–18 und Sa. 11–19 Uhr. Greiffenberg/Ortsteil Peetzig: Gasthaus Zum Kirschbaum, Bahnhofstr. 26 (3 km von der Ruine Greiffenberg entfernt, gastronomisch jedoch durchaus empfehlenswert), Tel. +49 33334 724027, www.zumkirschbaum.de.
**Unterkunft:** In Biesenbrow gibt es u. a. den »Apfelhof« mit seinen sehr schönen Ferienwohnungen, https://apfelhof-biesenbrow.de; die »Kleine Schäferei« bietet neben einfacher Einkehrmöglichkeit auch eine Ferienwohnung und Speicherquartiere an (um Anmeldung mindestens einen Tag vorher wird gebeten), Tel. +49 33334 70744, Getränke immer auch ohne Anmeldung erhältlich.
**Sehenswürdigkeiten:** Angermünde: Rathaus, Bürgerhäuser, Pfarrkirche, Reste der Stadtmauer, Franziskaner-Klosterkirche; Biesenbrow: Ehm-Welk-Geburtshaus.
**Hinweis:** Über die aktuellen Abfahrtszeiten der wenigen Busse (Linie 475), die von Biesenbrow nach Angermünde fahren, informiere man sich unter www.vbb.de. Von Biesenbrow kann man außerdem auch mit dem RufBus nach Angermünde zurückfahren. Er verkehrt am Wochenende ganztägig, wochentags jedoch nur am Abend und nur auf Vorbestellung (mind. 60 Min. vor gewünschter Abfahrtszeit, Tel. +49 3332 442755, www.wirbewegensie.de).

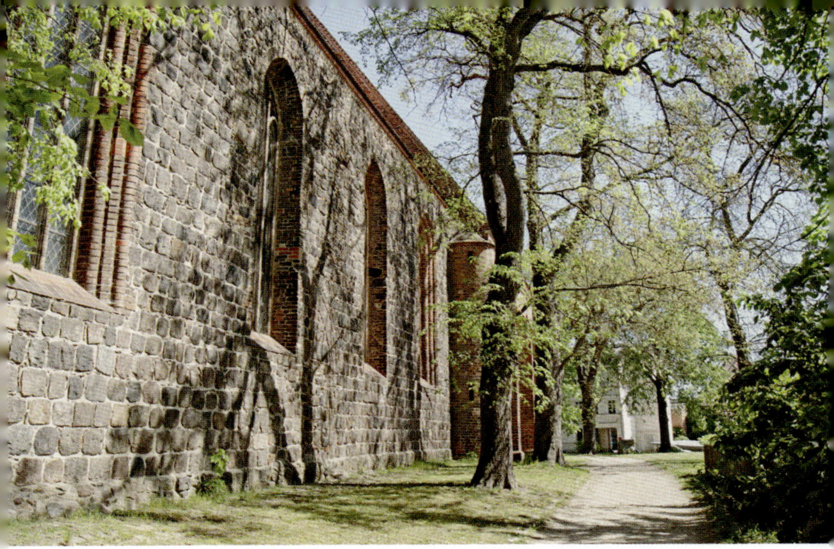

An der mittelalterlichen Feldsteinkirche von Angermünde.

Vom Bahnhof in **Angermünde** 1 gehen wir zur Berliner Straße, dann links bis zu einem großen Kreisverkehr und von dort quer durch eine kleine Parkanlage zur Stadtmauer. Von hier bis Biesenbrow folgen wir einem Teilstück der mit einem roten Punkt markierten »Uckermärker Landrunde«. Auf der Innenseite der Stadtmauer gehen wir ostwärts, passieren die turmlose Franziskaner-Klosterkirche und kommen entlang der Mauer nach einer leichten Linkswendung zur Kloster- bzw. Schwedter Straße, an die Stelle, wo einst das Schwedter Tor stand. Hier gehen wir nach rechts, stadtauswärts, biegen jedoch sogleich in die erste Straße, in den Unterwall, nach links ein. Dann gehen wir nach rechts auf der Straße »Bleiche« durch die Außenbezirke von Angermünde, entlang von Datschensiedlungen bzw. hübscher neuer Eigenheime. In einer scharfen Linkswendung führt der Weg schließlich auf das Ufer des Mündesees zu, biegt jedoch gleich wieder rechts auf einen Radweg ab. Gut 1 km wandern wir mehr oder weniger parallel zum Seeufer weiterhin durch ein Wochenendhausgebiet bis

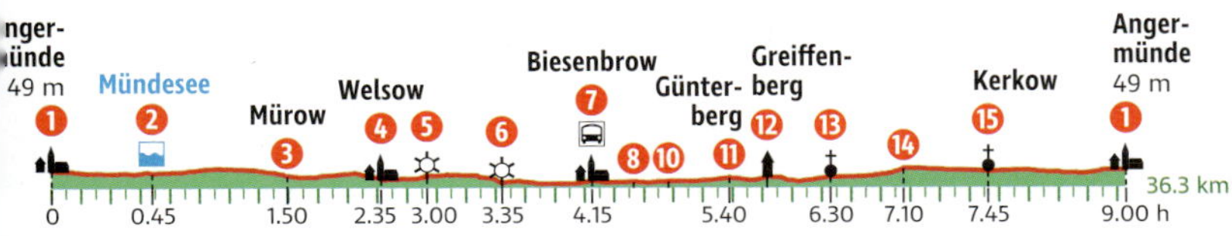

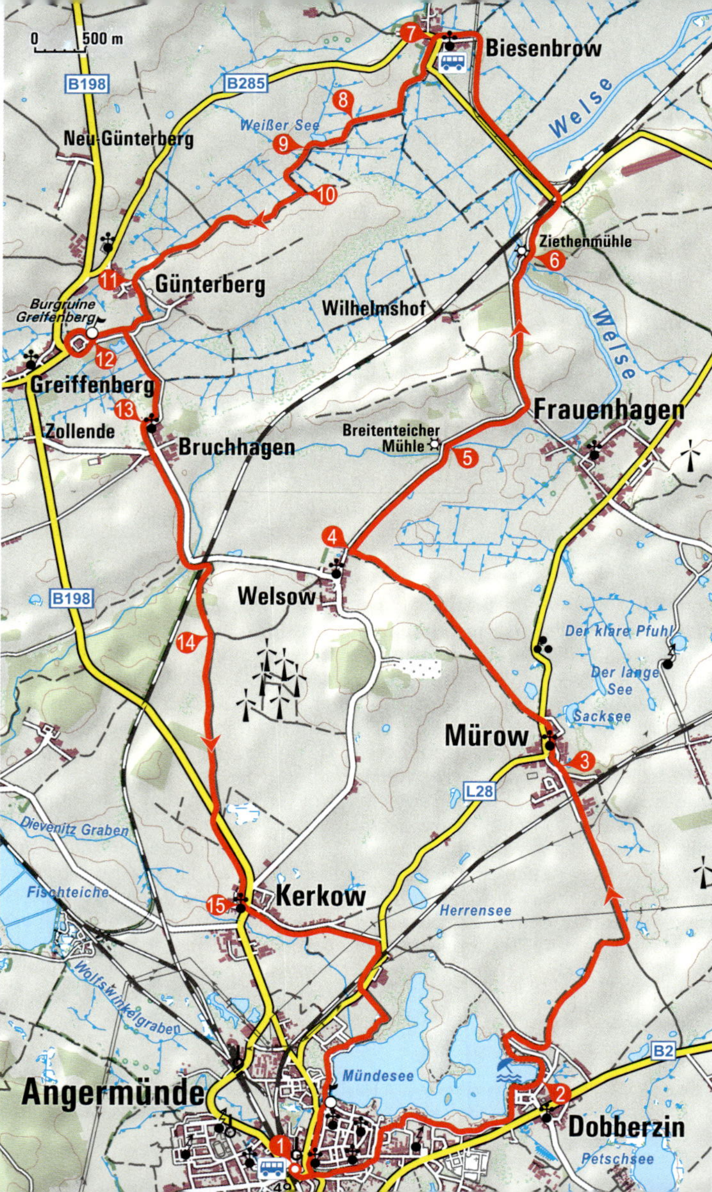

0
500 m
Biesenbrow
B198
B285
Welse
Weißer See
Neu-Günterberg
Ziethenmühle
Günterberg
Wilhelmshof
Burgruine Greiffenberg
Welse
Greiffenberg
Frauenhagen
Zollende
Breitenteicher Mühle
Bruchhagen
Welsow
B198
Der klare Pfuhl
Der lange See
Sacksee
Mürow
L28
Dievenitz Graben
Fischteiche
Kerkow
Herrensee
Wolfswinkelgraben
B2
Mündesee
Angermünde
Dobberzin
Petschsee

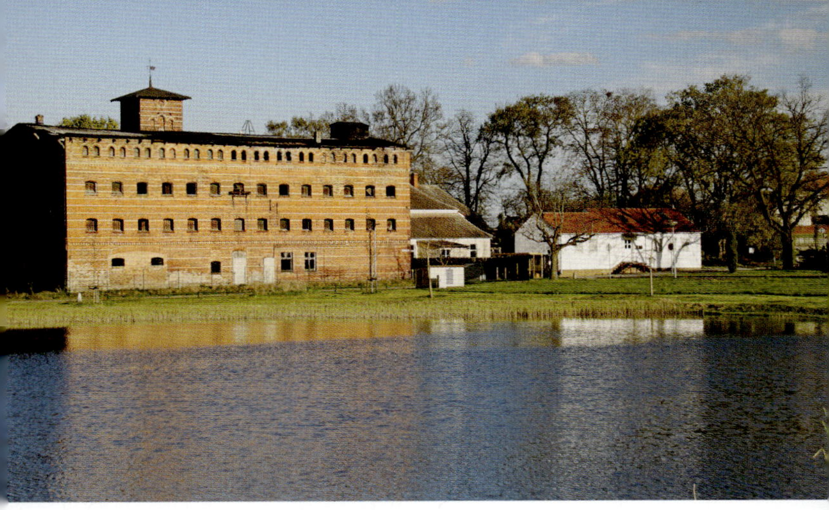

*Altes Speichergebäude am Mürower Dorfteich.*

zur B 2 am östlichen Ortsrand von Angermünde, wo auch schon Dobberzin beginnt. Hier schlagen wir, weg von der B 2, nach links einen schmalen Wiesenpfad ein, der uns fast direkt am Seeufer entlang zu einer reizvollen Badestelle am **Mündesee** 2 bringt. Wir gehen auf dem schmalen Pfad am Seeufer weiter. In einem Linksschwenk führt er an einem Neubaugebiet entlang um das Ostufer herum bis zu einer befestigten Straße. Hier wenden wir uns nach rechts, gehen bis zur Kerkower Straße und biegen nach rechts in diese ein. Nach etwa 350 m schlagen wir nach links einen Feldweg in Richtung Mürow (Wegweiser) ein.

Von hier geht es nun über weite Äcker bis zu einem größeren Findling (erkennbar an einem grobkristallinen Gang); hier wendet sich der Weg scharf nach rechts und erreicht eine alte Pflasterstraße, in die wir nach links einbiegen. Jetzt kommt schon bald Mürow in Sicht, am Dorfeingang passieren wir noch die Bahnlinie Angermünde–Schwedt und erreichen bald den Dorfteich mit dem Gutshof in der Ortsmitte von **Mürow** 3. Wir gehen links am Teich vorbei geradeaus weiter und biegen am Ortsende nach links auf einen breiten Feldweg ab, der sich entlang eines nach links ansteigenden Hügellands erstreckt. Nach knapp 3 km durch eine schöne Landschaft erreichen wir den östlichen Ortsrand von **Welsow** 4. Hier können wir einen kurzen Abstecher nach links machen und in der Obstweinschenke einkehren.

Für den Weiterweg biegen wir nach rechts ab und wandern zur **Breitenteicher Mühle** 5. Das romantische Mühlenensemble liegt etwas versteckt hinter dem Brückchen über die Welse. In der Mühle ist ein Seminarhaus untergebracht. Nach der Mühle beschreibt der Weg eine deutliche Rechtskurve und führt durch einen Hohlweg leicht bergan bis zum Plattenweg Frauenhagen–Biesenbrow. Hier biegen wir nach links ab, passieren eine sehr schöne Streuobstwiese bzw. Streuobsthänge, der Weg steigt etwas an und läuft dann in einer langen Gerade fast 400 m leicht bergab. Kurz nach einem Einzelgehöft biegen wir bei einer Bushaltestelle nach rechts zur **Ziethenmühle** 6 ab. Die Wirtschaftsgebäude der Mühle sind verfallen, doch ein Wohnhaus ist noch bewohnt. Vor diesem biegt unser Weg nach links ab und stößt auf die Trasse der Bahnlinie Angermünde–Stettin; entlang dieser gehen wir nach rechts bis zum Bahnübergang am verfallenen Bahnhof Schönermark. Hier wenden wir uns nach links und gleich danach, bei einigen alten Garagen, gehen wir von der Asphaltstraße einige Meter nach rechts auf einen aufgelassenen Bahndamm, der unmittelbar neben der Straße nach Biesenbrow verläuft. Auf diesem wandern wir nun gut 2 km entlang von Weideflächen und Feuchtgebieten bis nach Biesenbrow. Der Bahndamm ist an einer Stelle wegen einer fehlenden Brücke unterbrochen, ein gutes Stück danach wendet er sich dann in großem Bogen nach rechts bis zum (nicht mehr vorhandenen) Bahnhof Biesenbrow. Hier gehen wir nach links auf der Straße mit dem schönen Namen »Hirtenende« bis zur Dorfmitte von **Biesenbrow** 7. Wer hier die Wanderung beenden will, kann mit dem Linienbus zurück nach Angermünde fahren oder den sogenannten RufBus benutzen.

Der Rückweg zu Fuß beginnt in der Dorfmitte (Kriegerdenkmal) nach links, südwärts (wir verlassen die rote Markierung), bis nach etwa 300 m die Dorfstraße in scharfem Winkel nach links abknickt, links steht in einem Grundstück ein hübscher alter Backofen. Ihm gegenüber zweigt gelb markiert (Wegweiser »Bruchhagen«) der sogenannte Heidenweg ab (benannt nach den »Heiden«, d. h. den nicht christgläubigen Personen aus Ehm Welks Romanen). Er führt in die Welseniederung zwischen Biesenbrow und Greiffenberg. Zunächst folgen wir für etwa 300 m diesem gelb markierten Plattenweg mit Grasstreifen in der Mitte. Wo der Plattenweg endet, biegen wir rechts auf einen Wiesenpfad ab und wandern entlang eines schmalen Grabens. Nach etwa 500 m knickt unser Wiesenpfad nach **links** 8 ab und führt vom Graben weg auf eine kleine Baumgruppe zu. Kurz davor macht unser Weg eine kleine Biegung nach rechts, dann wieder nach links, und nähert sich dann dem Weißen See, der sich rechts von uns befindet. Wir kommen dann zu einem quer verwandernden **Graben** 9, gehen hier nach links und erreichen auf unserem Wiesenpfad einen einzeln stehenden toten Baum. Hier, an einem Wegweiser, gehen wir mit der gelben Markierung nach links und erreichen nach etwa 300 m wieder einen **befestigten Weg** 10. Auf ihm gehen wir nun nach rechts und immer geradeaus. Nach etwa 2 km und einem kurzen, kleinen Anstieg ist der Ortsanfang von **Günterberg** 11 erreicht. Wir biegen nach links in eine Teerstraße ein, ver-

lassen sie aber bereits nach knapp 100 m in spitzem Winkel nach rechts auf einen sich absenkenden Feldweg. Dieser erreicht nach gut 400 m den alten Plattenweg »Am Werder«, den wir nach rechts einschlagen. An einem Teich biegt Gelb nach links ab, doch wir wandern zunächst geradeaus bis zum östlichen Ortsrand von Greiffenberg, wo wir der **Burgruine Greiffenberg** 12 einen kurzen Besuch abstatten und noch einen kurzen Abstecher in das recht hübsche Städtchen machen – es war bis zur Eingemeindung nach Angermünde Brandenburgs kleinste Stadt.
Dann gehen wir auf der Straße »Am Werder« zurück bis zu dem oben erwähnten Teich und folgen nun nach rechts der gelben Markierung. Nach gut 1 km gelangen wir in das weltferne **Bruchhagen** 13. An der Kirche biegen wir links ab und gehen auf der alten Pflasterstraße (sie hat am Rand einen gut begehbaren unbefestigten Streifen) südwärts in Richtung Welsow. Kurz vor der Bahnüberführung macht der Weg eine deutliche Linkswendung und unmittelbar nach ihr biegen wir nach rechts in einen Feldweg ein. Er führt zunächst am Waldrand entlang, steigt an und nach etwa 850 m kommen wir zu einem **Abzweig** 14, wo sich Gelb nach links (nach Welsow) wendet. Wir jedoch gehen geradeaus über eine Ebene weiter und dann hinab zur B 198. Auf ihr gehen wir nach links und erreichen rasch **Kerkow** 15. An der Kirche biegen wir nach links ab, durchqueren das Dorf, verlassen es wieder und kommen zur Straße Angermünde–Mürow. Hier biegen wir nach rechts ab. Wir queren die Bahnlinie und biegen etwa 350 m danach nach links auf den Mündeseerundweg ab. Der befestigte Weg bringt uns zum Mündesee und nach Angermünde hinein. Wir biegen, nachdem wir ein Stückchen am Seeufer gewandert sind, nach rechts in die Straße »Schlosswall« ab. Sie wird in der Verlängerung zur Berliner Straße. Immer geradeaus gehen wir zurück ins Zentrum und zum Ausgangspunkt am Bahnhof von **Angermünde** 1.

*Mürow ist in der östlichen Uckermark zweifellos eines der idyllischsten Dörfer.*

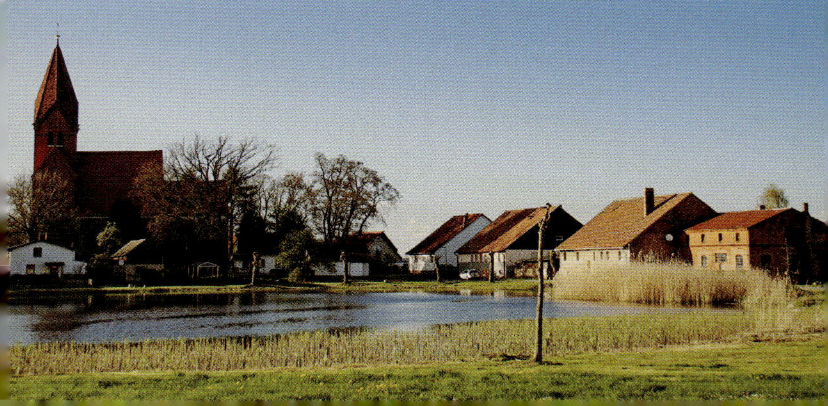

↗ 20 m | ↘ 20 m | 14.2 km

# 31 Um die Blumberger Mühle

3.15 h

## Herrliche Wald- und Teichlandschaften

*Wenige Kilometer westlich von Angermünde liegt am Ostrand des Biosphärenreservats Schorfheide-Chorin das vom NABU (Naturschutzbund Deutschland e. V.) bewirtschaftete Fischteichgebiet Blumberger Mühle. Auf einer Fläche von 220 ha ist es zusammen mit angrenzenden Gebieten als Naturschutzgebiet ausgewiesen. Seit 1997 existiert hier das vielbesuchte Informationszentrum des NABU, architektonisch interessant in Form eines hohlen Baumstumpfes errichtet. Ausstellungen, Vorträge, Wanderungen und vieles mehr werden angeboten, ein dazugehöriges Freigelände thematisiert Fauna und Flora der Region. Die historische Mühle selbst liegt etwa 1,5 Kilometer westlich des Naturerlebniszentrums. Landschaftlich ist das Teichgebiet, zusammen mit den Waldungen um den nahen Wolletzsee, äußerst eindrucksvoll und sicherlich einer der Höhepunkte eines jeden Uckermark-Besuchs.*

**Ausgangspunkt:** NABU-Naturerlebniszentrum Blumberger Mühle, 45 m; Bus 462 ab Angermünde Bhf.
**Anforderungen:** Leichte, nicht allzu lange Tour auf teils befestigten Wegen, Feldwegen und Waldpfaden.
**Einkehrmöglichkeiten:** Naturerlebniszentrum Blumberger Mühle: Restaurant Zum grünen Wunder, Mi.–So. 10–16 Uhr. Wolletz: KaffeeKonsum.
**Variante:** Die Tour lässt sich auch in verkürzter Form genießen. Wer den Abstecher nach Wolletz nicht machen will, kann noch vor dem Dammweg direkt nach Süden zum Strandbad Wolletzsee gehen, diese Variante ist nur 5 km lang.
**Information:** NABU-Naturerlebniszentrum Blumberger Mühle, Blumberger Mühle 2, Tel. +49 3331 26040, www.blumberger-muehle.de; geöffnet täglich 10–18 Uhr, November bis März 10–16 Uhr.
**Tipp:** Zwei Badestellen am Wolletzsee.

Vom NABU-Naturerlebniszentrum **Blumberger Mühle** ❶ gehen wir westwärts in Richtung Fischteiche. Wir wandern zunächst entlang einer Wiese, dann durch eine schöne Allee. Auf Höhe eines Aussichtspunkts mit Blick über die Teiche kommt von links ein Waldweg heran ❷ (→ Variante).

*Dammweg durch die Teichlandschaft.*

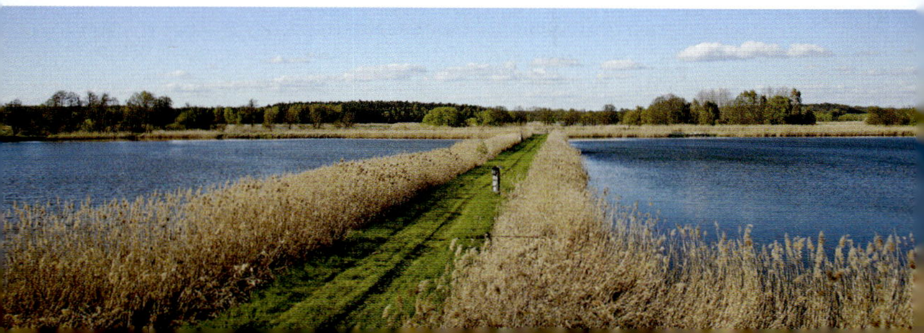

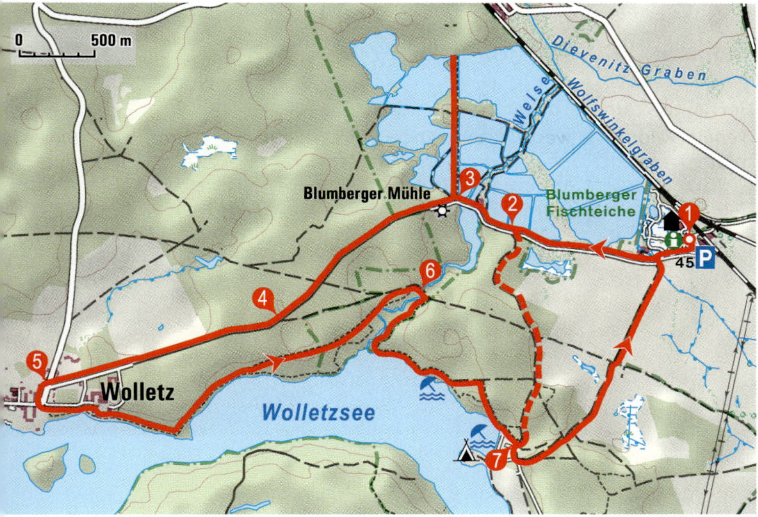

Wir gehen noch etwa 200 m und biegen dort nach rechts in einen (erlaubten) **Dammweg** ❸ ein, der zwischen zwei großen Teichen nach Görlsdorf verläuft. Bedauerlicherweise dürfen fast alle anderen direkt an die Teiche grenzenden bzw. zwischen ihnen verwandernden Wege nicht betreten werden – sie sind als Betriebsgebiet (Teichfischerei) gekennzeichnet.

Wegen der wunderbaren Sicht auf die Fischteiche zu beiden Seiten des Damms folgen wir ihm bis zu seinem nördlichen Ende am Waldrand (oder eben so weit wir wollen). Zwar könnte man von dort auf einem schönen Weg an der Westseite der Teiche zurückgehen, doch ist dies aufgrund des erwähnten Verbots untersagt. Also gehen wir zum Abzweig des **Dammwegs** ❸ zurück und schlagen hier nach rechts einen Pflasterweg in Richtung Wolletz ein, der am eigentlichen Gebäudeensemble der Blumberger Mühle vorbei direkt in den Wald hineinführt.

Wir wandern nun etwa 750 m bis zu einer Waldkreuzung, wo wir geradeaus weitergehen, nach weiteren etwa 350 m treffen wir in spitzem Winkel auf einen mit mehreren Wanderzeichen versehenen **Weg** ❹, wo wir nach

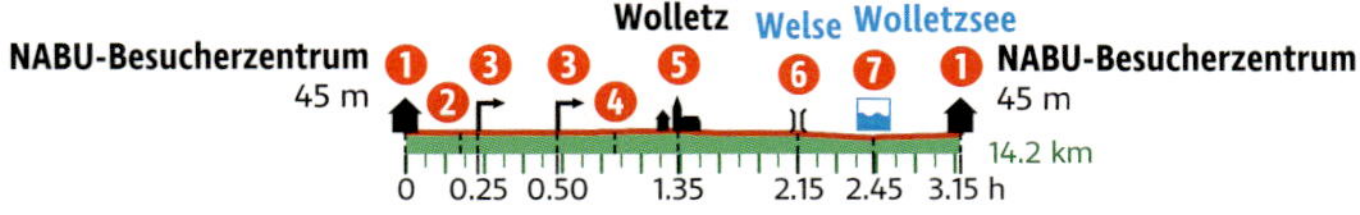

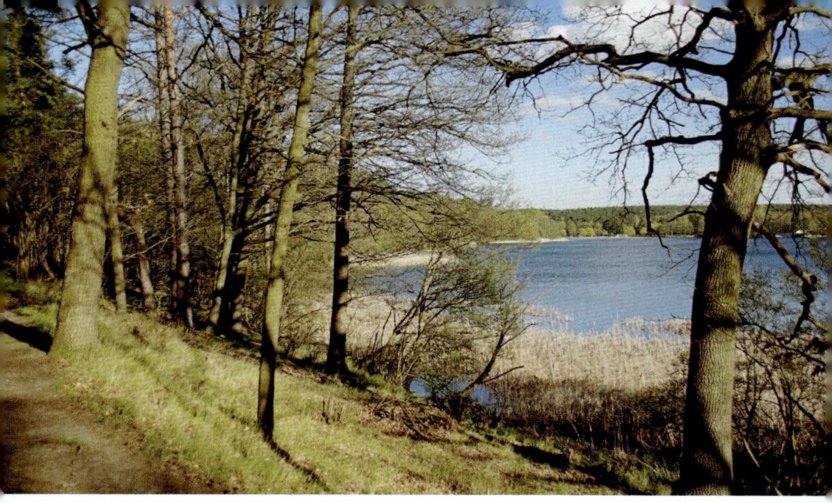

*Uferpfad am Wolletzsee.*

rechts in Richtung Wolletz weitergehen. Gleich danach verlassen wir den Wald, entlang einer Wiese wandernd kommen wir über die Straße Zur Welse nach **Wolletz** 5 und zur Einmündung in die Apfelallee. Hier gehen wir nach links und wenden uns nach nur 100 m wieder nach links, wo wir den mit einem blauen Kreuz markierten Märkischen Landweg erreichen. Auf ihm wandern wir jetzt ostwärts, vorbei am Sanatorium und dann auf sehr hübschen Wegen und Pfaden entlang des nördlichen Ufers des Wolletzsees. Nach etwa 2,5 km erreichen wir östlich von Wegpunkt 4 den dort abzweigenden Weg und gehen nach rechts weiter zu einer kleinen **Brücke** 6 über die Welse. Danach wenden wir uns mit dem blauen Kreuz und einem grünen Punkt nach rechts und gehen ein Stück die Welsesümpfe entlang, bis wir erneut zum Ufer des Wolletzsees kommen.

Von hier folgen wir einem schmalen Pfad oberhalb des Ufers bis zu einer hübschen Badestelle. Weiter am Ufer entlang kommen wir zum Strandbad Wolletzsee (in der Saison gibt es einen Kiosk) und im Bogen um dieses herum bis zum Haupteingang des **Strandbads** 7 an der Ostseite. Von hier gehen wir noch etwa 80 m auf der Teerstraße leicht bergan und biegen dann nach links mit dem blauen Kreuz in den Wald ein. Gut 50 m danach kommen wir zu einer Kreuzung und wenden uns hier mit dem grünen Punkt nach links. Bald verlassen wir den Wald, kreuzen eine aus Angermünde herankommende Erdstraße, gehen schräg über sie hinweg und geradeaus weiter. Nach etwa 750 m erreichen wir die Straße zum Naturerlebniszentrum. Hier biegen wir nach rechts ab und kommen rasch wieder zum Ausgangspunkt am NABU-Naturerlebniszentrum **Blumberger Mühle** 1.

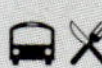 110 m | ↘ 150 m | 17.4 km

**4.15 h**

# Von Pinnow nach Schwedt

**32**

## Abwechslungsreiche Tour mit Natur-, Dorf- und Stadtimpressionen

*Der erste Blick in die Wanderkarte lässt den Westen und Nordwesten Schwedts wegen des Chemiewerks und seiner industrialisierten Umgebung keineswegs als ansprechendes Wandergebiet erscheinen. Doch zwischen Pinnow und Schwedt breitet sich um den Felchowsee bis ins Weichbild von Schwedt hinein eine wenig bekannte und begangene still-sanfte Naturregion aus. Pinnow selbst weist mit seinem imposanten Gutshof ein besonderes Architekturdenkmal auf. Besonders sehenswert ist auch die historische Kastanienallee von Berkholz nach Schwedt – durch sie verläuft der hier vorgestellte Wanderweg. Leider war es mangels geeigneter Wege bzw. geografischer Gegebenheiten nicht möglich, die Route in eine sinnvolle Rundwanderung einzubinden – daher endet die Wanderung in Schwedt, von wo man mit der Regionalbahn nach Pinnow zurückfährt.*

**Ausgangspunkt:** Pinnow, 42 m, Kirche; RB 61 Angermünde-Schwedt bzw. RE 3 Berlin–Schwedt.
**Endpunkt:** Schwedt, 4 m, Hauptbahnhof . Die Rückfahrt mit der Bahn dauert 11 Min.; Fahrzeiten: Mo.–Fr. täglich, letzte Abfahrten in Schwedt um 21.06 Uhr und um 23.06 Uhr, genaue Abfahrtszeiten unter www.bahn.de oder www.vbb.de.
**Anforderungen:** Längere Tour auf befestigten Dorfstraßen, guten Feldwegen, Wiesenwegen, teils schmaleren Waldpfaden und (innerhalb Schwedts) Stadtstraßen.
**Einkehrmöglichkeiten:** Pinnow: Café Eisschmiede, Schmiedeweg 1, Tel. +49 33335 309280, www.eisschmiede-uckermark.de. Schwedt: zahlreiche Möglichkeiten.
**Kombinationsmöglichkeit:** Mit Tour 35.
**Hinweise:** Von Pinnow bis zum Wasserturm von Schwedt ist der Weg mit einem gelben Querstrich markiert. Jedoch ist dieser im Gelände oft sehr schwer zu sehen bzw. nicht vorhanden. Das Gebiet ist auf der kürzlich erschienenen Radwander- und Heimatkarte »Schwedt, Angermünde, Gryfino, Chojna« aus dem Verlag Dr. Barthel (Nr. 246) bestens dargestellt.
**Tipp:** Raketenmuseum bei Pinnow, Tel. +49 162 8065986 oder +49 33335 30388, geöffnet nur nach Voranmeldung.

In der Dorfmitte von **Pinnow** ❶ gehen wir gegenüber der Kirche in den Gutshof hinein und wandern links direkt an dem deutlich rot gestrichenen Gutshaus (heute Verwaltung des Amtes Oder-Welse) vorbei aus dem Gutshof ostwärts hinaus. Linker Hand erblicken wir schon unser gelbes Wanderzeichen. Der Weg biegt erst nach rechts und dann nach links zur Gärtnerei ab. Wir lassen dann die Gärtnerei rechts liegen und gehen halblinks auf einen unbefestigten Weg (Kastanienallee), der in ein kleines Wäldchen führt. Nach dem Wäldchen wird der Weg recht schmal, ist aber erneut von Kastanien gesäumt und führt dann durch eine Wohnsiedlung. Wir erreichen einen breiten Querweg, in den Karten »Zum Felchowsee« genannt. Auf ihm

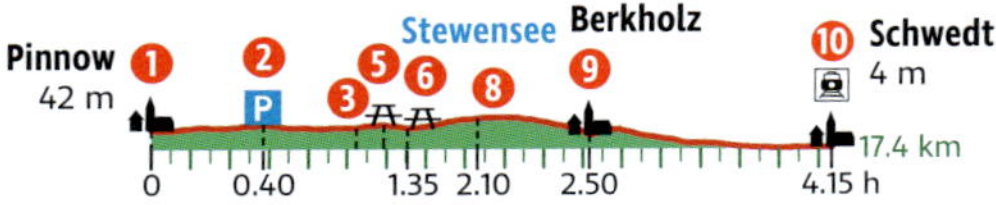


gehen wir mit der gelben Markierung nach rechts. Bald knickt der Weg deutlich nach links ab und verläuft am Waldrand entlang, links erstreckt sich eine wenig ästhetische Betonplattenmauer. Hinter ihr befand sich bis 1990 das streng geheime Instandsetzungswerk Pinnow (IWP), wo sowjetische Raketensysteme gewartet und auch die Mess- und Funktechniksysteme der Nationalen Volksarmee repariert bzw. geeicht wurden. Außerdem wurden hier Panzerabwehrraketen produziert. Heute befindet sich auf dem Areal eine große international agierende Waffen- und Munitionsbergungs- und -entsorgungsfirma.

Wir kommen an einem kleinen Teich, dem Moosfenn vorbei, knapp 1 km danach erreichen wir einen **Wanderparkplatz** 2. Hier biegen wir nach links (Schranke) in einen schmalen Waldweg ab, auf dem wir nach etwa 250 m zum Ufer des Felchowsees kommen. Hier wenden wir uns nach rechts und wandern auf einem Wiesenweg parallel zum Seeufer durch eine paradiesische Auenlandschaft. Vorbei an einem verlandenden, kleineren See rechts des Wegs kommen wir zu einer Gabelung, wo wir mit dem größeren Weg halbrechts gehen. Wir betreten den Wald, passieren ein großes **Wegedreieck** 3 und gehen geradeaus weiter. Der Weg wendet sich allmählich nach links und gut 400 m nach dem Wegedreieck müssen wir genau achtgeben, denn unser gelb markierter Weg wendet sich plötzlich scharf nach **rechts** 4. Wir biegen mit ihm ab und kommen nach etwa 200 m außerhalb des Walds auf einen breiten Querweg. Auf ihm gehen wir nach rechts über eine kleine Brücke. Der Weg steigt kurz an und gelangt, wieder im Wald, zu einer breiteren Kreuzung mit einem kleinen **Rastplatz** 5. Hier

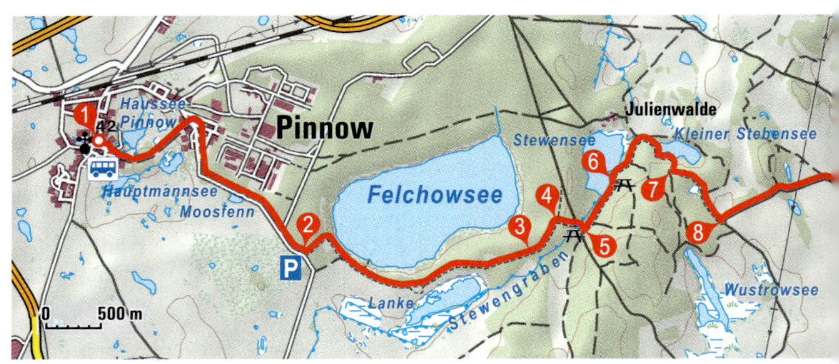

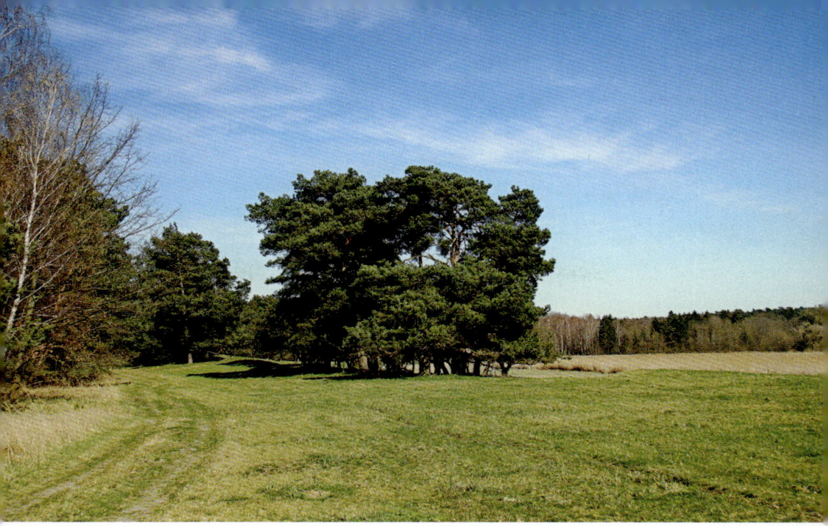

*Über Wiesenwege geht es den Felchowsee entlang.*

gehen wir mit Gelb nach links. Bald nähert sich unser Weg einem See und wir erreichen einen weiteren kleinen Rastplatz am Ufer des **Stewensees** 6. Dann entfernt sich der Weg etwas vom Seeufer und wir gelangen zu einem Wegweiser, an dem wir mit Gelb scharf rechts abbiegen. Nun wandern wir entlang eines kleinen Sees (links) bis zu einem weiteren **Abzweig** 7. Leider ist hier die gelbe Markierung kaum auszumachen, doch wir gehen links auf dem deutlich ansteigenden Weg weiter; nach etwa 80 m ist Gelb an einem Baum wieder deutlich zu erkennen. Der Weg senkt sich etwas, und wir kommen zu einer kleinen Lichtung, an der sich der Weg nach rechts

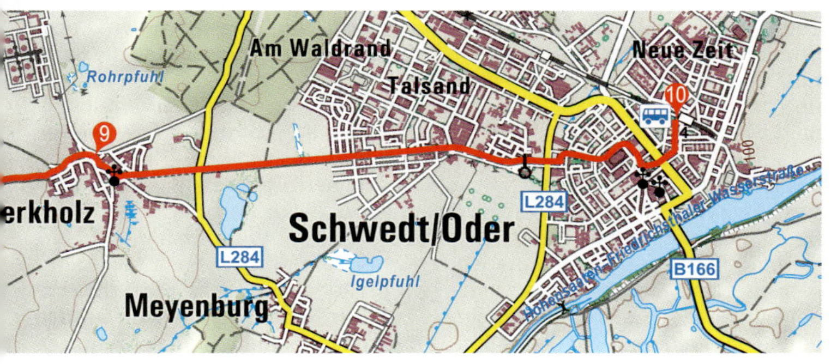

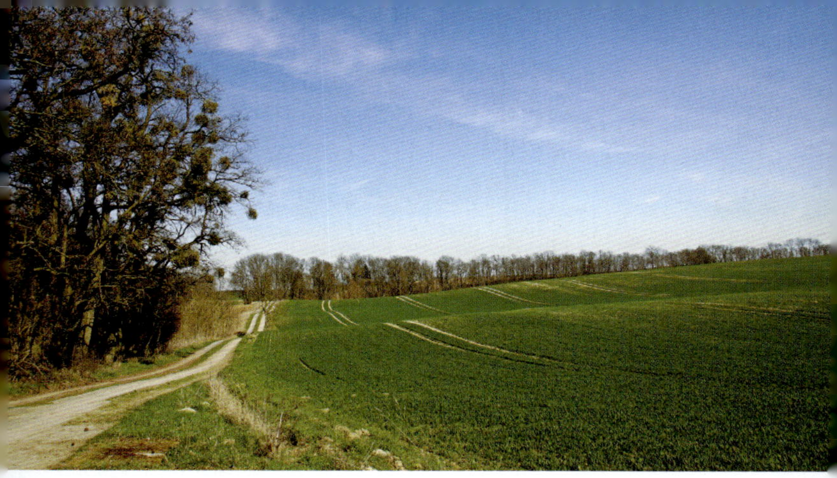

*Zwischen dem Stewensee und Berkholz.*

wendet. Er passiert einen Sumpf, steigt wieder an und erreicht den Waldrand. Es geht noch etwas bergauf und nach einer kurzen Linkswendung mündet unser Weg in einen **Plattenweg** 8 ein. Wir biegen links ab und wandern bergauf und bergab entlang von Äckern, Wiesen und Wäldern durch eine hübsche bewegte Landschaft.

Dann senkt sich der Weg wieder, wir überqueren einen Graben, es geht wieder hinauf. Der Plattenbelag wandelt sich zu historischer Pflasterung, dann geht es durch einen Hohlweg hinab nach **Berkholz** 9. Wir biegen nach rechts in die Hauptstraße ein und wenden uns dann nach links in die Kirchstraße. Gleich nach der Kirche schlagen wir nach links die Meyenburger Straße ein. In ihrer Verlängerung steigt sie am Ortsende als unbefestigte, recht sandige (seltsamerweise für Pkw freigegebene) Kastanienallee an. Leider sind die Bäume durch die Miniermotte arg mitgenommen. Nach dem höchsten Punkt überqueren wir die die Umgehungsstraße von Berkholz und wandern nach Schwedt hinein.

Ab der Umgehungsstraße ist der Baumbestand lückenhaft. Wir erreichen bald die Stadtrandsiedlungen von Schwedt, wandern aber immer weiter geradeaus, so weit die Allee erkennbar ist, bzw. bis wir einen Kreisverkehr erreichen. Ab diesem gehen wir über die Heinersdorfer Straße weiter bis zum Wasserturm. Danach treffen wir an der Ecke zur Karl-Teichmann-Straße auf das blaue Kreuz des Uckermärker Landwegs. Wir folgen dieser Markierung über diese Straße geradeaus hinweg und durch ein Plattenbaugebiet bis zum Stadtpark. Dann gehen wir bis zur Hauptachse von Schwedt, der Lindenallee, queren diese, gehen links am Berlischky-Pavillon vorbei und in der Verlängerung dieser Straße direkt zum Bahnhof von **Schwedt** 10.

↗ 40 m | ↘ 40 m | 13.7 km

TOP

3.30 h

# Durch die Oderauen von Stolpe

33

## Auf Dämmen der Ost- und Westoder zu einer Burgruine mit Fernblick

*Die Oder teilt sich unterhalb des Oderbruchs bei Hohensaaten in einen Ost- und einen Westarm und bildet zwischen beiden einen breiten Auen- bzw. Polderstreifen, der sich bis Stettin hinzieht, wo sich beide Arme wiedervereinigen. Diese Auenzone ist zentraler Bestandteil des Nationalparks Unteres Odertal. Die Staatsgrenze verläuft dabei in der Mitte der Ostoder bzw. an deren Westrand. Der Westarm der Oder trägt jedoch erst ab einigen Kilometern unterhalb von Schwedt die Bezeichnung »Westoder«. Wegen der Hochwasser wurde die Westoder in den Jahren nach 1920 zu einem Kanal umgebaut, der 42 km langen »Hohensaaten-Friedrichsthaler Wasserstraße«. Bei Friedrichsthal, südlich von Gartz, endet der Ausbau – ab hier existiert die Westoder in ihrer »alten« Form. Landschaftlich reizvoll ist die Gegend um diesen Kanal zwischen Hohensaaten und Criewen, da er (und damit das alte Oder-Urstromtal) an seiner Westseite von steil abfallenden Seitenmoränenzügen begrenzt ist. Bei Stolpe, etwa 10 km südöstlich von Angermünde, ist die Moräne von einer weithin sichtbaren Burgruine bekrönt, die im Volksmund »Grützpott« benannt ist, der letzte Rest einer mittelalterlichen pommerschen Grenzburg. Seit dem 15. Jh. ist sie eine Ruine. Stolpe ist Geburtsort des Naturforschers und Geologen Leopold von Buch (1774–1853), der im Park seines Gutshauses am Fuß des Burgbergs in einem Erbbegräbnis beigesetzt ist.*

**Ausgangspunkt:** Stolpe, 2 m, Parkplatz an der Brücke über die Hohensaaten-Friedrichsthaler Wasserstraße; Bus 456 ab Angermünde Bf.
**Anforderungen:** Mittellange Tour auf befestigten Damm- und breiten Feld- und Wiesenwegen; bis auf den Anstieg zur Ruine, den kurzen Anstieg zum Damm und einen kleinen Abschnitt auf dem Weg zum Gutshaus ebener Wegverlauf.
**Einkehrmöglichkeiten:** Stolpe: Fahrradcafé Fuchs und Hase, Am Kanal 2, Tel. +49 1525 2143687, geöffnet April–Oktober, Do.–Mo. jeweils 10–17 Uhr, www.fuchsundhase-fahrradcafe.de.
**Variante:** Die Tour lässt sich bei Bedarf um rund 4 km abkürzen, indem man ab dem Damm (Wegpunkt 2) die Oderauen direkt nordwärts durchquert. Auf dem Wiesenpfad durch die Polder gelangt man nach knapp 2,5 km zum Hauptweg. Dies ist allerdings im Frühjahr oder bei Nässe möglicherweise schwierig, da diejenigen Teile dieses Wegs, die unbefestigt sind, durchweicht sind oder wegen der Schneeschmelze gar unter Wasser stehen.

Von **Stolpe** ❶ gehen wir über die Brücke (schöner Blick oderaufwärts) über die Hohensaaten–Friedrichsthaler Wasserstraße und gleich danach auf dem befestigten Oder-Neiße-Radweg (und dem Märkischen Landweg) nach links. Nach etwa 350 m biegen wir nach rechts, weg von der Markierung, auf einen Feldweg ab, der uns direkt durch die Auen und Polder nach 2,3 km zum Damm der Ostoder bringt. Das weite, still atmende Odertal

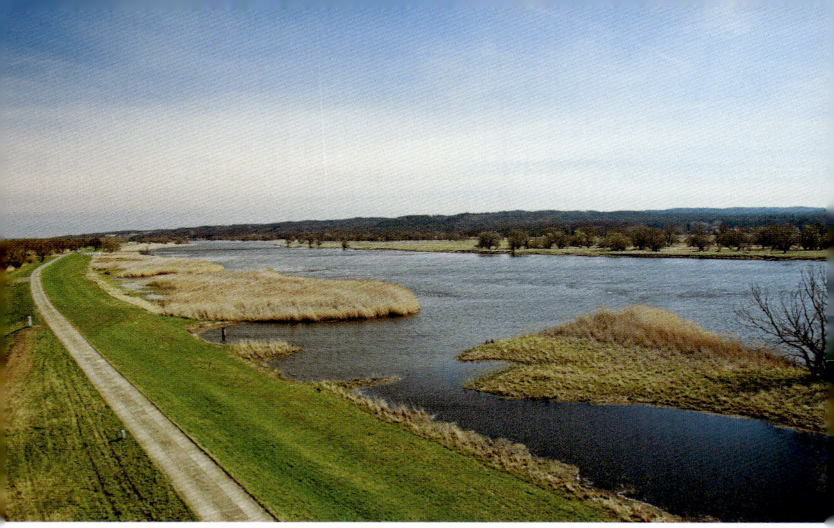

*Unberührte Auenlandschaft am Oderdamm bei Stolpe.*

beeindruckt uns mit seiner Unberührtheit. Auf dem Dammweg wenden wir uns nach links und gehen parallel zu den Auen und Sümpfen am Westsaum der Ostoder flussabwärts. Wer die Tour etwas kürzer gestalten will, verlässt den Damm nach knapp 500 m bei einem Wäldchen nach **links** ❷ (→ Variante).
Wir bleiben auf dem Damm und genießen die wunderbaren Flussauen. Nach rund 3,5 km kommen wir am Eiswachhaus Stützkow zu einem **Beobachtungsturm** ❸, von dem aus betrachtet das Odertal noch stärker seinen berückenden Zauber entfaltet. Kurz vor dem Turm biegen wir in weitem Linksbogen ab und erreichen am **Abzweig** ❹ nach Stützkow wieder den Märkischen Landweg (blaues Kreuz). Wir gehen jedoch geradeaus weiter, wieder an der Hohensaaten-Friedrichsthaler Wasserstraße entlang. Nach knapp 2 km kommen wir zu einer **Kreuzung** ❺: Von links läuft der Weg durch die Auen heran, geradeaus geht es direkt nach Stolpe. Wir gehen hier jedoch nach rechts in Richtung Alt Galow über die Wasserstraße und gleich nach der Brücke nach links, neben der Wasserstraße nun direkt am Fuß der Moränenzüge entlang. Wir passieren einige kleine Häuser, kommen an künstlich angelegten Fischteichen vorbei und wandern

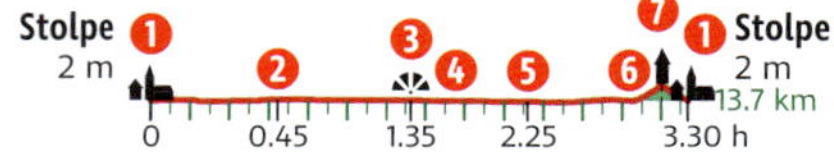

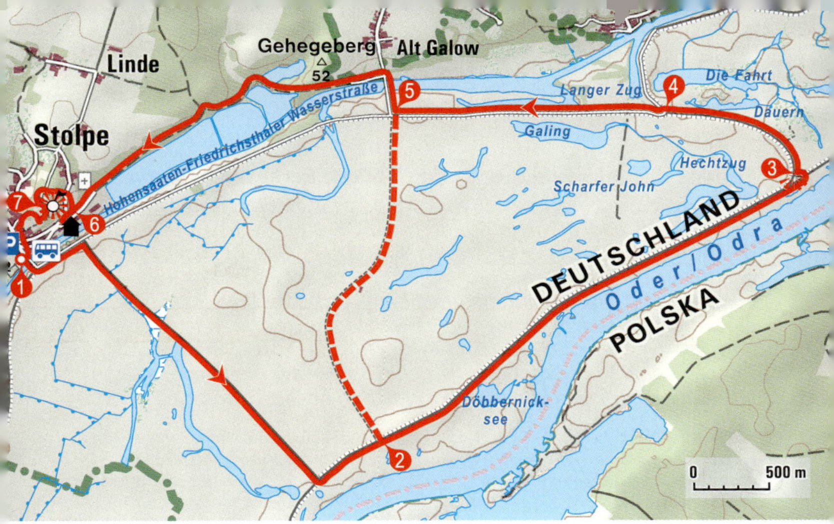

durch schöne Waldungen bis Stolpe. Am Ortseingang kommen wir rechts zum **Gutshaus** ❻ der Familie von Buch. Gleich danach ist die Leopold-von-Buch-Straße erreicht, wir gehen auf ihr kurz nach rechts wieder dorfauswärts und nach einem Holzhaus im alpinen Stil steigen wir nach links über eine Treppe hinauf zum Burgberg.

Oben gehen wir links zur **Turmruine** ❼. Links um diese herum ist die Aussicht hinreißend und wir genießen die überwältigende Schönheit der Landschaft. Von der Ruine gehen wir westwärts direkt hinab nach Stolpe (doch nicht, wie wir gekommen sind – der Fußpfad ist unübersehbar), erreichen die Leopold-von-Buch-Straße und über sie nach links den Ausgangspunkt in **Stolpe** ❶.

*Blick vom Grützpott auf die Oderaue.*

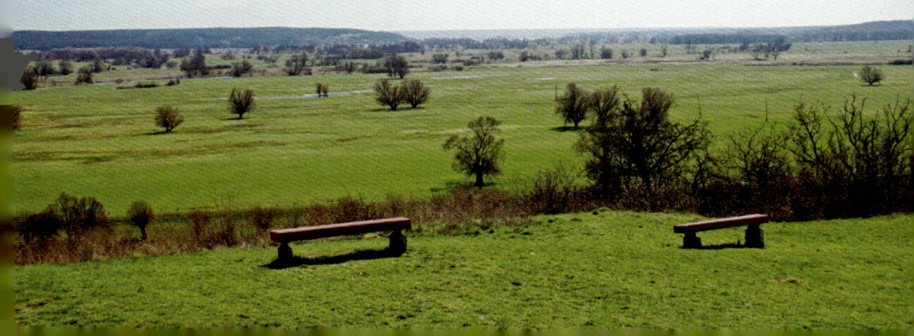

TOP

↗ 160 m | ↘ 160 m | 13.0 km

# 34 Zwischen Criewen und Stützkow

3.30 h

## Entlang der Oder und durch eine liebliche Bergwaldlandschaft

*Die Gegend zwischen Criewen und Stolpe zählt mit ihren steil aufragenden Oderhängen und den Laubwäldern der bis 30 m hohen Densenberge zu den zauberhaftesten der Uckermark. In Criewen selbst ist in den Wirtschaftsgebäuden des Arnimschen Schlosses das Besucherzentrum des Nationalparks Unteres Odertal untergebracht, im klassizistischen Schloss selbst hat die Brandenburgische Akademie Criewen ihren Sitz. Der zugehörige Schlosspark ist ein Werk des berühmten preußischen Gartenbaumeisters Peter Joseph Lenné. Nationalparkhaus, Schlosspark und die hinreißenden Landschaften um Criewen bilden eine touristisch höchst attraktive Einheit.*

**Ausgangspunkt:** Criewen, 4 m, Nationalparkhaus; Busse 468 und 479 ab Angermünde Bf. oder Schwedt Bhf.
**Anforderungen:** Nicht allzu lange Tour mit durchgehenden kleinen Auf- und Abstiegen, teils auf schmalen Waldpfaden und teils auf Feld- und Wiesenwegen, kleinere Abschnitte jeweils am Anfang und Ende der Tour auf breiten, unbefestigten Wegen. Bei Nässe wegen der Rutschgefahr in den Waldhängen und auf den Wegen der Wiesengründe im letzten Drittel der Tour weniger zu empfehlen.
**Einkehrmöglichkeiten:** Criewen: Gaststätte zur Linde, Bernd-von-Arnim-Str. 21, Tel. +49 3332 521498, www.linde-criewen.de; Anitas Eiscafé, Am Speicher 2, Tel. +49 3332 267117.

**Sehenswürdigkeiten:** Criewen: Nationalparkhaus, Am Speicher 3, Tel. +49 3332 2677244, www.unteres-odertal.de und www.naturwacht.de, geöffnet November–März Fr.–So. 10–17 Uhr, April–Oktober täglich 9–17 Uhr.
**Hinweis:** Die Wege um Criewen sind mit grünen und gelben Punkten oder Streifen bzw. mit einem blauen Kreuz nicht immer eindeutig markiert. Auch deckt sich der tatsächliche Wegverlauf nicht mit der Darstellung in der topografischen Freizeitkarte »Nationalpark Unteres Odertal«. Es ist des Weiteren ein eigenständiger »Wilder Waldweg« ausgewiesen – unsere Tour verläuft teilweise über dessen Wegverlauf, der zu besonders reizvollen, unberührten Waldecken führt.

*Vom Aussichtspunkt oberhalb von Stützkow schweift der Blick über das stille Odertal.*

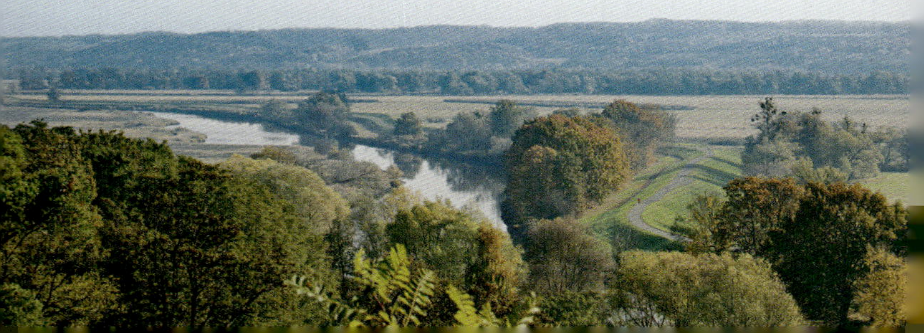

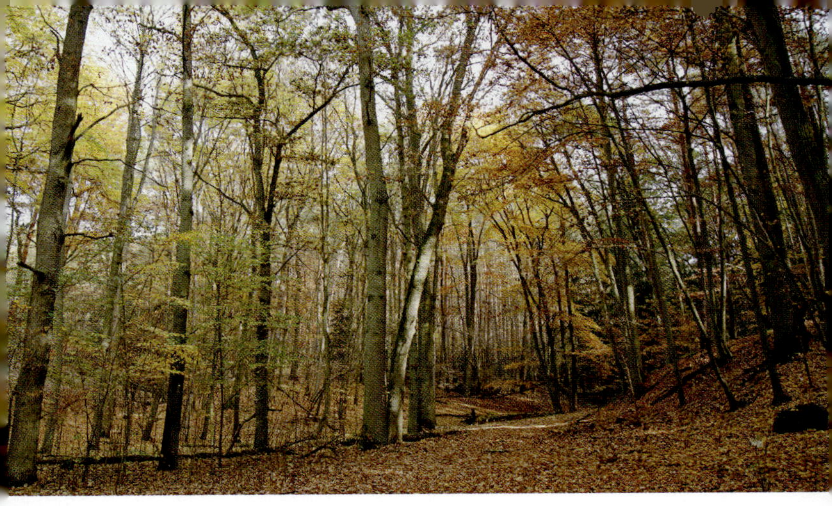

*Die Wälder um Criewen sind ungewöhnlich hügelig.*

Vom Nationalparkhaus in **Criewen** ❶ folgen wir der grünen Markierung des Wilden Waldwegs, gehen zunächst zur Schlosskirche, von dort weiter (mit einigen Schlenkern) Richtung Oder und wandern nahe dem Ufer im Wald flussaufwärts. Der reizvolle Weg durch das hügelige Waldgebiet bringt uns zu einem Querweg mit Wegweiser, wo wir uns nach links in Richtung Quell-Erlebnispfad wenden, den wir nach knapp 300 m erreichen. Der **Quell-Erlebnispfad** ❷ ist ein etwa 150 m langer Bohlenrundweg, der von unserem Hauptweg links abzweigt.

Von hier gehen wir auf- und absteigend weiter am Fluss entlang bis zu einer **Gabelung** ❸, an der der Wilde Waldweg halbrechts abbiegt, wir gehen aber halblinks leicht absteigend weiter und überqueren auf einer kleinen Brücke den Densengraben. Danach wendet sich der Pfad nach links und führt einen steilen Hang empor – von hier hat man großartige Blicke zur Oder hinab – und bald erreichen wir eine Lichtung mit einer Bank, die zu kontemplativer Rast einlädt. Wir kreuzen hier einen Waldweg, gehen geradeaus weiter am Berghang bzw. Waldrand hoch; rechts säumen weite Felder den Weg und es geht erneut hinauf und hinab. Nach knapp 1 km – wir halten uns immer mehr oder weniger am Waldrand bzw. den Wiesen rechter Hand – kommen wir zu einem Querweg. Rechts liegt eine kleine Sandgrube; wir gehen nach links zur Wochenendhaussiedlung Sonnental. Wir wandern geradeaus weiter, die Siedlung bleibt rechter Hand. Der Weg führt aus dem Wald hinaus und wir erreichen die Fischerstraße am Ortseingang von **Stützkow** ❹. Nach rechts steigen wir über 165 Stufen zu einem **Aussichtspunkt** ❺ auf, der einen großartigen Blick über das Odertal bietet. Wir gehen dann wieder hinab, auf der Fischerstraße nach Stützkow hinein und wandern über die Kreuzung in der Ortsmitte geradeaus hinweg. Der hier wieder grün markierte Weg wird bald unbefestigt, steigt etwas an, führt in langem Rechtsbogen in den Wald hinein und zieht entlang einer kleinen Bachschlucht empor bis nach **Neu Galow** ❻ – wo plötzlich im Wald überraschend ein Ortsschild aufgestellt ist. Wir gehen weiter bergan in das Dorf hinein. Der Weg macht eine scharfe Rechtsbiegung, verläuft weiter bergan und gelangt am Ortsende an der Straße nach Schöneberg zu einer Bushaltestelle. Hier biegen wir mit der roten Markierung rechts in einen Feldweg ein und erreichen nach 400 m die direkt von Stützkow heraufkommende Teerstraße.

Wir gehen mit Rot geradeaus über die weite Feldflur weiter und kommen nach knapp 1 km zu einer **Gabelung** ❼ an einem kleinen Gehölz, an dem wir links auf schmalem Wiesenpfad bergab wandern (nach rechts käme man auf den Hinweg, doch ist der Weg schlecht zu gehen). Wir gelangen erneut zum Densengraben, den wir auf dem Hinweg überquert haben. Hier wendet sich der Weg nach links, steigt wieder bergan und erreicht eine Wegkreuzung mit Jägerstand und einer **überdachten Sitzgelegenheit** ❽. Etwa 15 m danach wendet sich der Weg in ziemlich spitzem Winkel nach rechts (rote Markierung ist leicht zu übersehen), wohin wir dem hölzernen Wegweiser »Criewen« folgen. Wir wandern durch Gehölz, durch Wald und vorbei an sumpfigen Wiesen; plötzlich macht der Weg eine scharfe Rechtswendung und führt auf eine Schranke am Waldrand zu. Mit Rot gehen wir geradeaus in den Wald, rechts erscheint bald ein breites Sumpfgebiet, danach steigt der Weg wieder an, Laubwald wird zu Nadelwald, und am

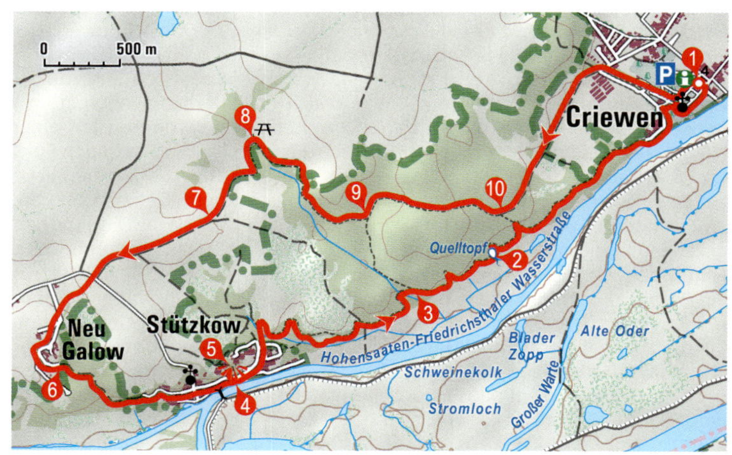

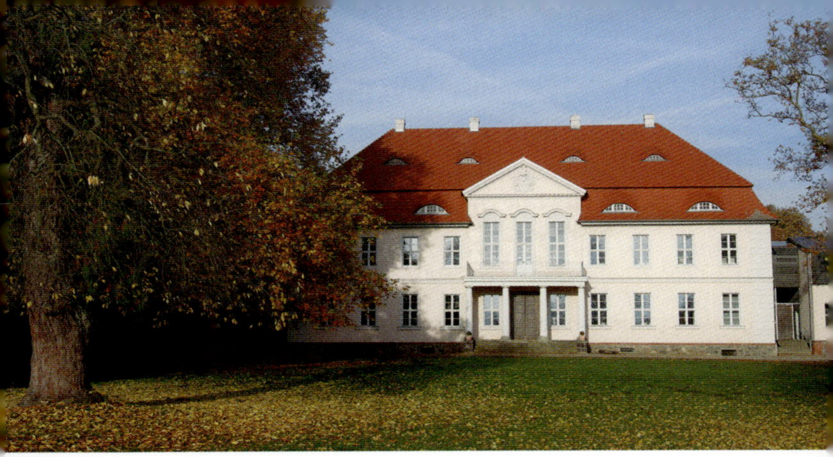

*Das ehemals Arnimsche Schloss in Criewen.*

höchsten Punkt sehen wir rechts eine der seltenen roten Markierungen. Der Weg verläuft wieder leicht bergab, der Laubwald nimmt wieder zu und wir erreichen einen unverhältnismäßig breiten **Waldweg** 9. Hier biegen wir mit Rot links (nach rechts Anschluss an den Hauptweg) ab und folgen wieder einmal dem »Wilden Waldweg« bzw. dem Wegweiser in Richtung Criewen. Bald steigt der Weg ein längeres Stück verhältnismäßig steil bergan, dann führt er in einem Hohlweg wieder abwärts. Unten wendet sich der Weg nach rechts, und wir erreichen gleich danach einen weiteren Wegweiser **»Criewen«** 10, dem wir hier wieder folgen und auf dem wir uns mit Rot nach links wenden. Bald verlassen wir den Wald, streifen durch ein Wiesengebiet und gehen durch eine kleine, hübsche Allee. Am Ortsrand von Criewen passieren wir einen teils aufgegebenen landwirtschaftlichen Großbetrieb. Gleich nach diesem beginnt die Teerstraße; hier biegen wir mit dem »Wilden Waldweg« halbrechts ab. Er führt uns direkt in den Schlosspark hinein. Wir gehen nun unabhängig von allen Markierungen immer geradeaus, rechts am See vorbei bis zur Schlosskirche, wenden uns vor ihr nach links, gehen direkt zum Schloss und gelangen danach in den Hof des Besucherzentrums des Nationalparks, womit wir wieder unseren Ausgangspunkt in **Criewen** 1 erreicht haben.

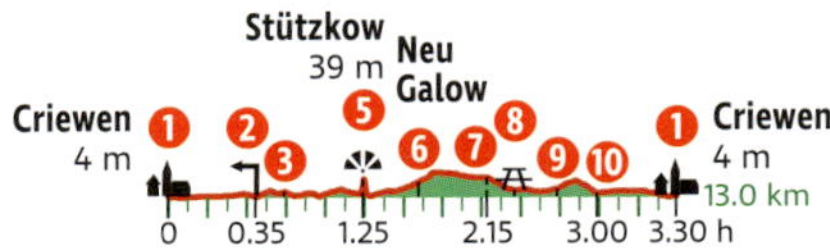

↗ 10 m | ↘ 10 m | 12.2 km

# 35 Von Schwedt in die Auen um die Alte Oder

2.45 h

## Durch die Oderauen nahe der alten Tabak- und Residenzstadt Schwedt

*Vielleicht mag manchem Bewohner der alten Bundesländer der Name Schwedt nicht vertraut sein – jedem DDR-Bürger war Schwedt jedoch ein wohlbekannter Ort. In erster Linie wegen des gigantischen, viele tausend Menschen beschäftigenden Chemiewerks, des »Petrolchemischen Kombinats Schwedt« (PCK). In zweiter Linie besonders den Jüngeren und ehemaligen Volksarmee-Angehörigen wegen des berüchtigten Militärgefängnisses. 1945 blieb jedoch von dem alten Residenzstädtchen, das nicht zuletzt durch den seit dem 17. Jh. hier existierenden und heute noch bestehenden Tabakanbau in der Umgebung bedeutend war, fast nichts übrig. Schwedt ist heute ein gepflegter Ort mit viel Grün, einem hübschen Rest der historischen Altstadt und zusammen mit den Wiesen, Auen und Sümpfen entlang der Oder im nahen Nationalpark Unteres Odertal ein noch nicht populäres, aber lohnendes Reiseziel. Seit 2008 trägt Schwedt offiziell den Titel »Nationalparkstadt«. Man kann die folgende Tour gut mit einem Stadtspaziergang verbinden.*

**Ausgangspunkt:** Schwedt, 6 m, Parkplatz Oderstraße im Zentrum; RE 3 aus Berlin, RB 61 aus Angermünde.
**Anforderungen:** Leichte, nicht allzu lange Wanderung auf Asphalt- bzw. Plattenwegen mit Grünstreifen und einigen Teilstrecken auf Feldwegen.
**Einkehrmöglichkeiten:** Schwedt: Restaurant Martin's, Polderblick 1, Tel. +49 3332 582922; China-Restaurant Bambus, Berliner Str. 53, Tel. +49 3332 836610, beide direkt am Ausgangspunkt; unweit davon Brauwerk Schwedt, Louis-Harlan-Str. 1, Tel. +49 3332 835790, www.brauwerk-schwedt.de.
**Sehenswürdigkeiten:** Lohnend ist ein kurzer Stadtrundgang (ein GPS-Track steht zum Download auf der Homepage des Bergverlags Rother bereit). Einen Besuch wert sind dabei: das Stadtmuseum, Jüdenstraße 17, Tel. +49 3332 23460; der »Europäische Hugenottenpark« im einstigen Schlosspark zwischen Theater und Hohensaaten-Friedrichsthaler Wasserstraße.

Vom Parkplatz Oderstraße in **Schwedt** 1 gehen wir hinunter zur Uferpromenade an der Hohensaaten-Friedrichsthaler Wasserstraße. Einst nannte man die Promenade »Bollwerk«; heute wie vor 1945 ist sie Anlegestelle der lokalen Kreuzfahrtschiffe auf der Oder. Hier wandern wir kanalaufwärts nach rechts und gelangen zum Juliusturm, 1909 als Klärwerksturm für die Abwasserkanalisation erbaut. Wir gehen weiter auf der grün markierten Trasse des Oder-Neiße-Radwegs an der Oder entlang. Der Weg wendet sich

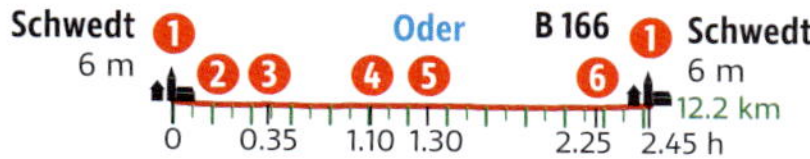

etwas landeinwärts, an der **Gabelung** ❷ halten wir uns links und gelangen zur Straße Am Holzhafen. Wir biegen in diese nach links ein und durchwandern im Folgenden im Zickzack ein hübsches Viertel mit geschmackvollen neuen Einfamilienhäusern. Nach wenigen Metern gehen wir nach rechts durch den Schilfweg zur Reusenstraße. Wir biegen links in sie ein, gehen an ihrem Ende nach rechts zur Baumeisterallee und folgen dieser nach rechts. Die Straße wendet sich bald wieder nach links und führt zur Straße Am Schöpfwerk. Auf dieser gehen wir nach links, auf einem Brückchen über die Hohensaaten-Friedrichsthaler Wasserstraße und kommen zum Schöpfwerk. Hier gehen wir auf dem Damm nach links, wandern durch das Gelände des Schöpfwerks hindurch und dann rechts (hier verlassen wir den Oder-Neiße-Radweg) spitzwinklig abwärts in die Niederung zu zwei aufeinandertreffenden **Plattenwegen** ❸. Wir wählen den, der südwärts direkt in die Niederung hineinführt, nicht den, der parallel zum Kanal bleibt. Nun wandern wir an der Alten Oder, einem toten Arm der Oder, entlang. Nach gut 2,5 km kommen wir zu einer **Weggabelung** ❹, wo es rechts nach Zützen geht. Wir bleiben geradeaus (halblinks) und erreichen nach 1,2 km eine kleine Brücke und gleich danach einen Querweg, der von rechts aus Criewen herkommt. Wir biegen nach links ab und gleich öffnet sich vor uns mit dem Blick auf das Tal der Liebe und den Ort Zatoń Dolna (Nieder Saathen) eines der schönsten Panoramen des Oderlands.

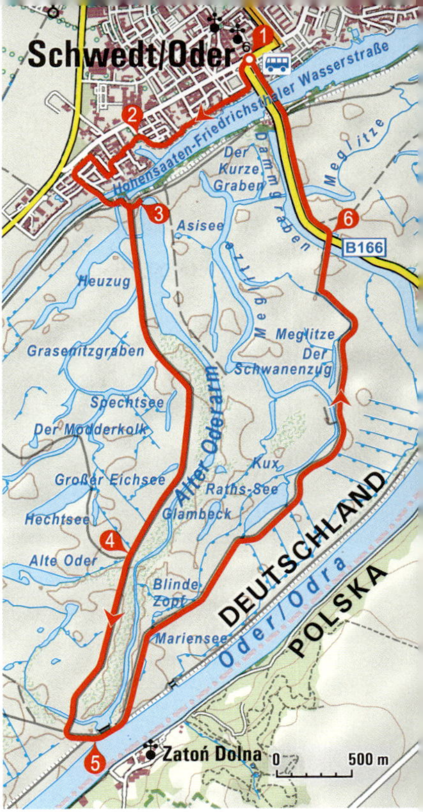

Direkt am Oderufer gibt es einen **Infopunkt** ❺, der über das System der Be- und Entwässerung der Niederung durch das System des »Zützener Einlassbauwerks« informiert. Wir gehen etwas oderabwärts am Niedersaatener Wehr vorbei und kommen danach zu einer weiteren Weggabel, an der wir uns nach links, weg von der Oder und wieder in Richtung Schwedt wenden. Erneut durchwandern wir die zauberhaften Oderauen und erreichen nach

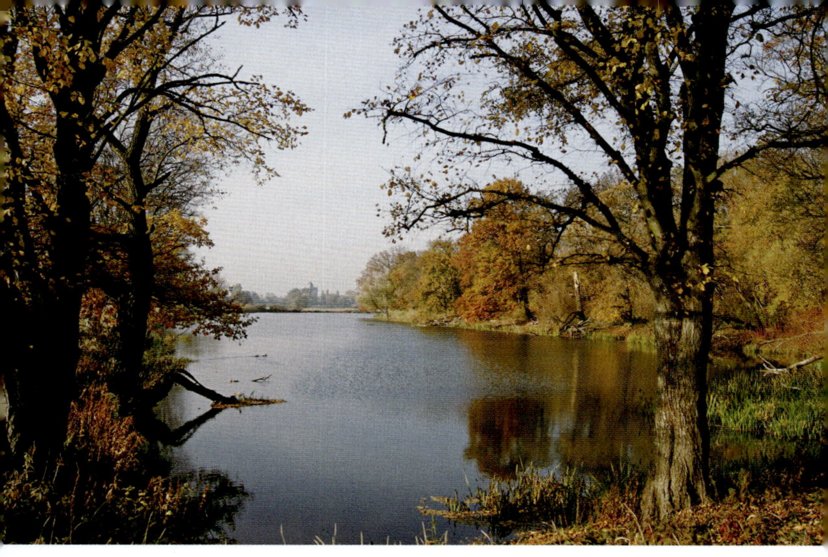

*Blick über einen toten Oderarm nach Schwedt.*

etwa 4 km die B 166 ❻ von Schwedt nach Krajnik Dolny, die uns links nach Schwedt zurückführt. Von der Brücke über die Hohensaaten-Friedrichsthaler Wasserstraße kurz vor der Stadt haben wir herrlichste Blicke in die Oderlande. Dann ist auch schon der Ausgangspunkt in **Schwedt** ❶ wieder erreicht.

## Schwedt

Die 30 000-Einwohner-Stadt galt oft als gesichtslose Plattenbautenansammlung, doch ist die Stadt dies schon lange nicht mehr. Schwedt präsentiert sich als gepflegter Ort mit viel Grün, trotz aller gegenteiliger Meinung existiert auch noch ein kleiner Rest der historischen Altstadt. Als besondere Sehenswürdigkeit findet man in der Gartenstraße noch das alte Ritualbad der einstigen Jüdischen Gemeinde. Diese »Mikwa« mit Rundkuppel und Tempeldienergebäude ist einzigartig in Brandenburg. Um die Fußgängerzone in der Vierradener Straße und um die Stadtkirche gibt es noch einige hübsche Ecken, auch ist die Oderpromenade zwischen Theater und Juliusturm eine reizvolle Promeniermeile. Nicht zu vergessen ist Schwedts Wahrzeichen, der Berlischky-Pavillon an der großen Hauptachse der Stadt, der Lindenallee. Die einstige Kirche barg bis 1990 die Gruft der Schwedter Markgrafen, die dann in den Berliner Dom umgebettet wurden.

↗ 20 m | ↘ 20 m | 16.5 km

3.45 h

# Durch die Oderauen nordöstlich von Schwedt

36

## Unterwegs im Nationalpark zwischen den Oderarmen

*Die in Mitteleuropa einzigartige Auenlandschaft beiderseits der unteren Oder bzw. deren Arme konnte sich nach 1945 wegen der Grenzlage zwischen der DDR und Polen ihre Unberührtheit weitgehend erhalten. Nach 1990 war es den deutschen wie den polnischen Umweltschutzstellen klar, dass das Biotop vor allem der seltenen Vogelarten wegen erhalten und geschützt werden muss. Nachdem von Polen 1993 der Landschaftsschutzpark Unteres Odertal (Krajobrazowy Dolina Dolnej Odry) gegründet wurde, zog Deutschland 1995 mit der Schaffung des Nationalparks Unteres Odertal nach. Er umfasst eine Fläche von 104 km², der polnische Landschaftsschutzpark misst 60 km². Zusammen mit dem südlich davon gelegenen Landschaftsschutzpark Zehden (Cedyński Park Krajobrazowy) bilden die drei Schutzgebiete eine naturräumliche Einheit. Je nach Jahreszeit lassen sich entlang des Wegs die seltensten Vögel beobachten – insgesamt sind über 280 Arten im Nationalpark heimisch. Die Oderauen sind Brutgebiet von See- und Schreiadler, Schwarzstorch und Kranich. In den Monaten des Vogelzugs ziehen allein 200 000 Wasservögel durch die Oderregion. Doch auch viele seltene Reptilien, Amphibien und Fische haben hier eine Heimat.*

**Ausgangspunkt:** Gatow, 1 m, östlich von Vierraden, Parkplatz am nördlichen Ortsrand; Bus 469 und 484 ab Schwedt ZOB direkt am Bhf.
**Anforderungen:** Längere Tour, die in zwei Varianten (s. u.) abgekürzt werden kann, wenn die Bodenverhältnisse und die Weidewirtschaft es zulassen. Überwiegend auf Plattenwegen mit unbefestigtem, meist grasbewachsenem Mittelstreifen, anfangs auf guten Waldwegen. Bei Nässe bzw. nach dem Frühjahrshochwasser ist es u. U. unmöglich, die Wanderung zu machen – der ganze Weg kann von der Oder und ihren Auenzuflüssen überflutet sein.
**Einkehrmöglichkeit:** Keine.
**Varianten:** Gleich nach der Teerofenbrücke kann man rechts auf einem 5 km langen Wiesenweg mitten durch die Auen bis zum Brönkewehr gehen. Diese Variante ist gut 5 km kürzer als der Hauptweg, sie ist allerdings im Frühjahr meist unpassierbar. Auch wer Angst vor freiwandernden Kühen (Bullen sind allerdings hinter Gattern) hat, sollte diesen Weg tunlichst meiden. Ein Stück weiter nördlich gibt es eine zweite Abkürzung, die rund 4 km kürzer als der Hauptweg ist.

Vom Parkplatz in **Gatow** ❶ gehen wir mit der grünen Markierung nordwärts auf der Straße »Zum Teerofen« aus dem Dorf hinaus und erreichen nach knapp 1 km ein kleines Waldstück; danach knickt der Weg an einer kleinen Kreuzung etwas nach links ab und führt durch eine Wiese. Etwa 750 m nach der ersten Kreuzung treffen wir auf eine zweite, gehen erneut halblinks weiter und kommen nach nur 150 m auf einen breiteren **Waldweg** ❷. Auf ihm gehen wir mit der gelben Markierung nach rechts bis

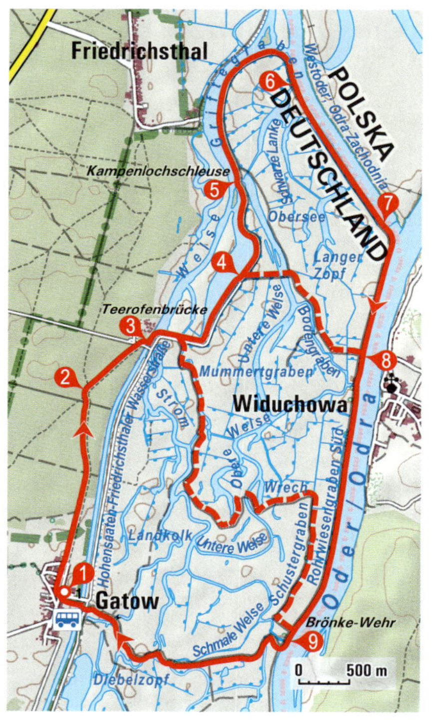


zur Fahrstraße Hohenfelde–Teerofenbrücke. In diese biegen wir – Gelb verlassend – rechts ein und überqueren auf der **Teerofenbrücke** ❸ die Hohensaaten-Friedrichsthaler Wasserstraße. Unmittelbar danach schlagen wir nach links die befestigte Straße hinunter in die Auen ein. Nach etwa 300 m, noch vor einer zweiten Brücke, zweigt nach rechts in die Wiesen die erste Variante nach rechts ab. Wir gehen jedoch geradeaus weiter; bald wird der befestigte Weg zu einem Plattenweg, der aber dank des Grünstreifens in der Mitte gut begehbar ist. Links von uns liegt der Welsensee, ein Rest eines alten Welsearms. Bald passieren wir den Wegweiser »Zollhaus« ❹, wo nach rechts die zweite Variante beginnt. Wir gehen geradeaus etwa 1,2 km weiter bis zur **Kampenlochschleuse** ❺. Unser Weg führt jetzt direkt entlang des letzten erhaltenen originalen Stückes Welse (die ja im Mündungsbereich in der Hohensaaten-Friedrichsthaler Wasserstraße aufgegangen ist). Von links grüßen die Häuser von Friedrichsthal über der Welse herüber, dann dreht der Weg nach und nach in Südostrichtung. Jetzt wandern wir am linken Ufer der Westoder zu einer **Furt** ❻, die man je nach Jahreszeit bei mehr oder weniger tiefem Wasserstand auf dem Plattenweg durchqueren kann. Nach der Furt geht es weiter an der Westoder entlang. Nach etwa 1,7 km gelangen wir zu einer **Pegelstation** ❼, gleich nach ihr befindet

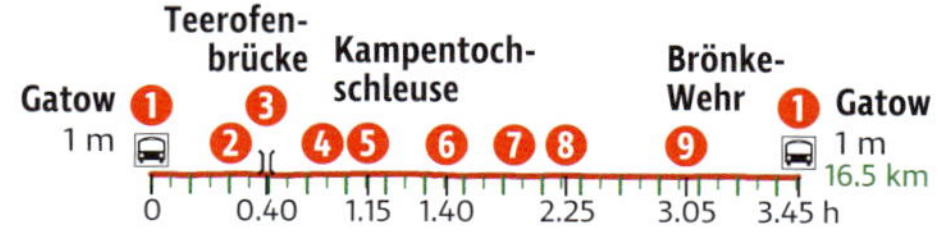

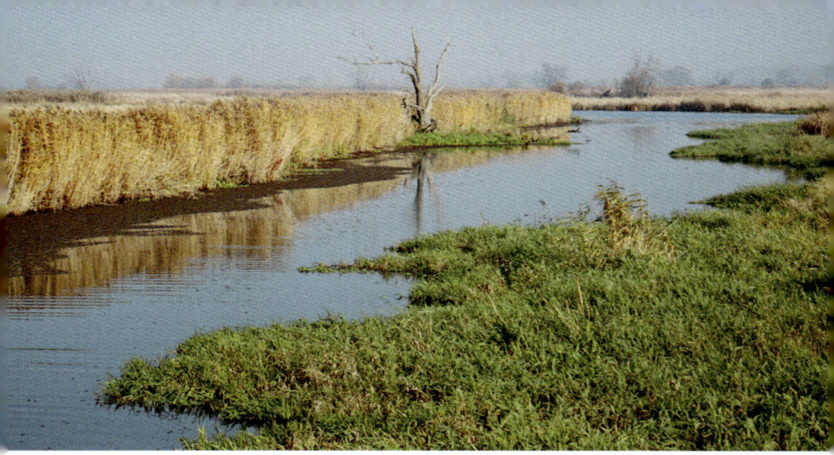

*Die Oderwiesen östlich von Gatow zählen zu den reizvollsten Regionen des Nationalparks.*

sich die Gabelung, an der sich die Oder in West- und Ostoder aufteilt (kurz vor Stettin fließen sie wieder zusammen). Links – am anderen Oderufer – kommt das hübsch auf einer Anhöhe gelegene Widuchowa in Sicht, und wir kommen zu einer **Gabelung** 8, wo von rechts die nördliche Variante herüberkommt. Nach etwa 300 m passieren wir wieder eine Schleusenanlage und etwa 2,5 km nach dieser kommt kurz vor dem Brönke-Wehr die südliche Abkürzungsvariante heran, die wegen der Viehzucht und eventueller Überschwemmung im Frühjahr nicht begangen werden kann.
Gleich nach dem **Brönke-Wehr** 9 treffen wir auf den Abzweig nach Gatow. Hier biegen wir rechts ab, lassen ein letztes Mal die wunderbare Aue auf uns wirken und gelangen nach etwa 2,5 km wieder zur Hohensaaten-Friedrichsthaler Wasserstraße. Nun gehen wir nach rechts, gleich wieder nach links über die Brücke und haben den Ausgangspunkt in **Gatow** 1 erreicht.

*Endlos erstrecken sich die Sumpflandschaften und Kanäle im Nationalpark.*

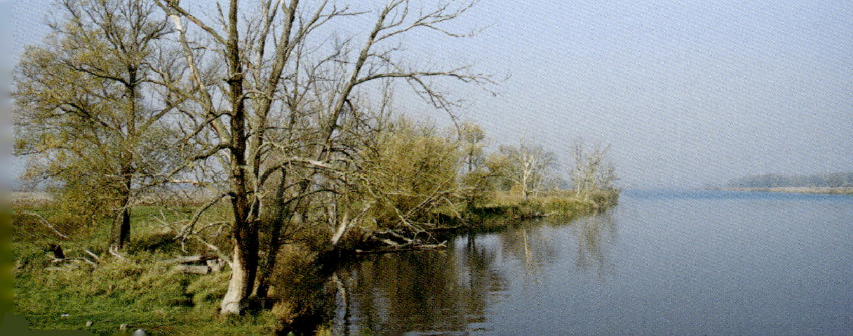

↗ 130 m | ↘ 130 m | 29.3 km

# 37 Von Gartz über Tantow nach Mescherin

**7.00 h**

## In Brandenburgs äußerstem Nordosten

*Das Odertal ist in der Gegend von Gartz besonders reizvoll. Teils ist es von Auenlandschaften gesäumt, aber auch von markanten, steil ansteigenden Moränenzügen. Doch ist das westliche Hinterland des Flusses keineswegs weniger anziehend. Alte Alleen, stille kleine Flusstäler und ruhig atmende Ackerbreiten, über die der Vogelzug streicht, geben dieser Region ein besonderes, individuelles Gepräge. Dazu kommen die Sehenswürdigkeiten von Gartz selbst. Zwar wurde das Städtchen 1945 sehr stark verwüstet – einiges sehr Sehenswertes gibt es aber immer noch: die großartige backsteingotische Pfarrkirche, das Stettiner Tor, die Reste der Stadtmauern und die höchst malerische Oderpromenade.*

**Ausgangspunkt:** Gartz, 8 m, Marktplatz; Bus 469 ab Schwedt ZOB, Bus 473 und 474 ab Tantow, Tantow von Berlin mit RE 66.
**Anforderungen:** Lange Tour auf guten Feld- und Waldwegen, teilweise auf asphaltierten Radwegen, ein gut 1 km langes Teilstück verläuft entlang der B 113.
**Einkehrmöglichkeiten:** Gartz: u. a. Pommernstube, Pommernstr. 20, Tel. +49 33332 86400, www.pommernstube-gartz.de. Mescherin: u. a. Restaurant Kutscherkneipe (Pension Dorotheenhof), Untere Dorfstr. 13, Tel. +49 33332 80726, www.dorotheenhof-mescherin.de (Mi. geschlossen; Übernachtung besonders in der Saison unbedingt frühzeitig reservieren); Park-Restaurant, Obere Dorfstr. 16, Tel. +49 33332 875980, www.park-restaurant.com.
**Sehenswürdigkeiten:** Gartz: Pfarrkirche St. Stephan, Stadtmauer, Stettiner Torturm, Ackerbürgermuseum (mit Touristeninformation), Stettiner Str. 14a (gleich neben dem Stettiner Torturm), Tel. +49 33332 86044 bzw. 872224, geöffnet ganzjährig Mo.–Fr. 10–15 Uhr, www.gartz.de.
**Variante:** Sollte der Pfad von Pargowo nach Staffelde durch Nässe unpassierbar sein, müssen wir umkehren und ab der Grenze (Wegpunkt 6) über die Asphaltstraße nach Staffelde gehen.
**Hinweis:** Von Tantow und Mescherin aus fahren Busse nach Gartz zurück (Informationen unter www.vbb.de).

Vom Marktplatz in **Gartz** ❶ gehen wir über die Brückenstraße hinunter zum Oderufer und bewundern die alten Steinpfeiler der nicht mehr vorhandenen Oderbrücke. Sodann wenden wir uns nach rechts und gehen entlang des Flusses und der Straßen »Am Wasser« und »Am Mühlengraben« westwärts bis zur Pommernstraße. Hier biegen wir nach links auf die B 2 in Richtung Schwedt ab und gehen um den Mühlenteich herum. Knapp 600 m nach Erreichen der B 2 halten wir uns beim Wegweiser »Salveytal« rechts (Schülerweg). Er verläuft entlang der aufgelassenen Bahntrasse Tantow–Gartz. Am Ende steigt die Straße an, wendet sich etwas nach links und von hier an gehen wir auf der alten Bahntrasse weiter. Rechts von uns liegt das Salveytal mit dem Salveybach, der aber ziemlich zugewachsen und von Sümpfen umgeben ist, sodass wir das eigentliche Tal nicht durch-

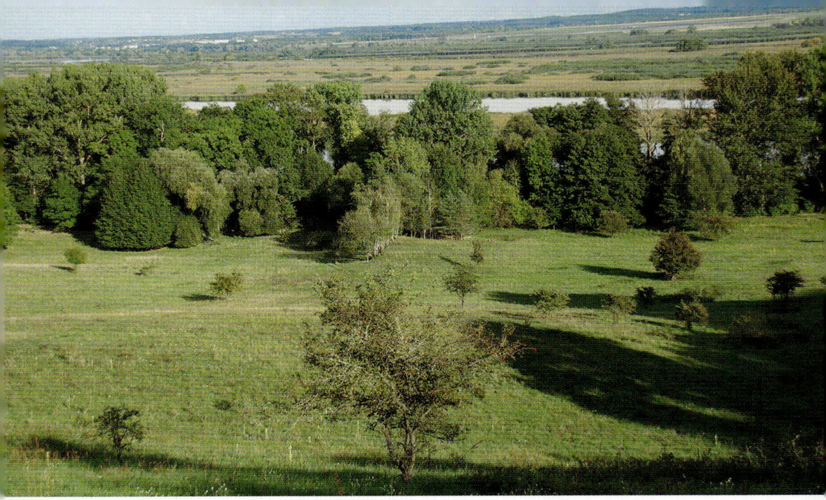

*Vor den Moränenzügen der Gartzer Schrey breitet sich behäbig das Odertal aus.*

wandern können. Unser Weg führt uns nun ein längeres Stück geradeaus. Nach knapp 3 km gelangen wir zu einer Wegkreuzung innerhalb einer **Wochenendhauskolonie** ❷. Wir gehen geradeaus und kommen nach etwa 500 m links an einem Rastplatz mit einer markanten Trinkwasserpumpe vorbei. Weiter geradeaus kommen bald halb rechts die Gebäude der **Salvey Mühle** ❸ in Sicht; an einer Kreuzung machen wir einen kurzen Abstecher (300 m) dorthin und sehen endlich den durch dichtes Unterholz fließenden Salveybach. Von der Kreuzung aus wandern wir dann weiter nordwestwärts und gelangen nach gut 1 km an den Ortsrand von Tantow. Wir gehen jedoch geradeaus, über die Straße hinweg (im Asphalt sind noch Gleisreste erkennbar) auf einen Feldweg und bleiben auf der alten Bahntrasse. Wo sich aber die Bahn auf einem Damm nach rechts wendet (Richtung Tantow), halten wir uns links und kommen nach abermals knapp 1 km zur Bahnstrecke Berlin–Stettin. Wir überqueren diese mit großer Vorsicht, wandern geradeaus auf einem Wiesenweg hinab zu einer kleinen, sehr maroden Brücke, überqueren diese und gehen auf einem breiteren Feldweg leicht bergan. Er bringt uns bald zum alten Friedhof von Keesow. Gleich danach

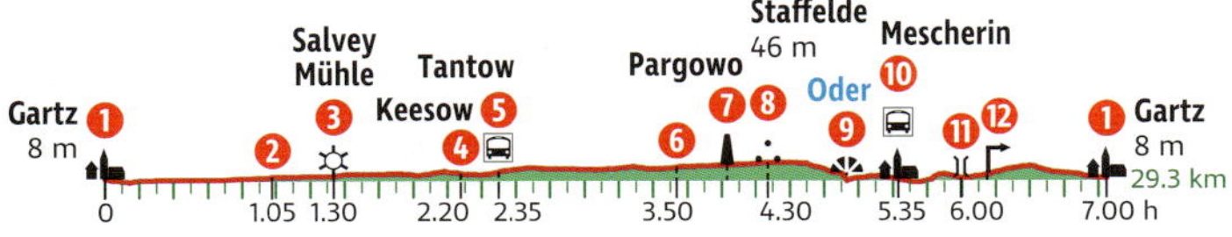

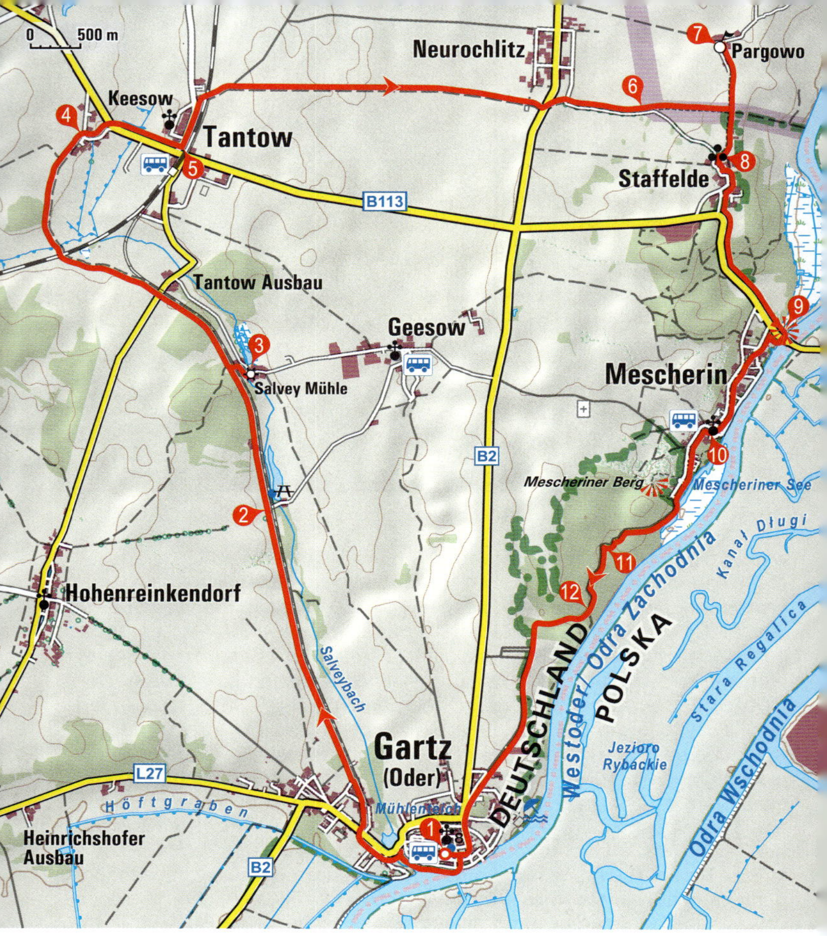


erreichen wir die Ortsmitte des etwas verfallenen Dorfes **Keesow** ❹. Hier biegen wir mit der Hauptstraße nach rechts ab, kommen zur B 113, wenden uns hier abermals nach rechts und wandern nach **Tantow** ❺ hinein. Unmittelbar hinter dem Bahnübergang biegen wir nach links in die Bahnhofstraße ab und verlassen Tantow leicht ansteigend; rechts kommt eine schier unendlich lange Alleestraße in Sicht. Auf einem rot markierten Feldweg biegen wir in diese Allee ein und durchwandern die zweifellos schönste (und unbekannteste) Allee Norddeutschlands. Die Baumreihe erscheint endlos – erst nach über 3 km erreichen wir die B 2 bei Neurochlitz; unmittelbar vor der Straße liegt rechts ein alter verwunschen wirkender Friedhof. Wir queren die B 2 und wandern halblinks mit der Baumreihe weiter zur Asphaltstraße nach Staffelde und erreichen bald die von links herankommende **polnische Grenze** 6. Hier bleiben wir nicht auf der Asphaltstraße, sondern gehen halblinks (geradeaus) auf einem Radweg direkt auf dem Grenzverlauf weiter. Nach etwa 750 m biegt der Radweg in rechtem Winkel nach links ab und führt in das Dörfchen **Pargowo** 7 hinein: Wir sollten den Abstecher dorthin durchaus machen – die Kirchenruine in Pargowo scheint einem Gemälde von Caspar David Friedrich zu entstammen.

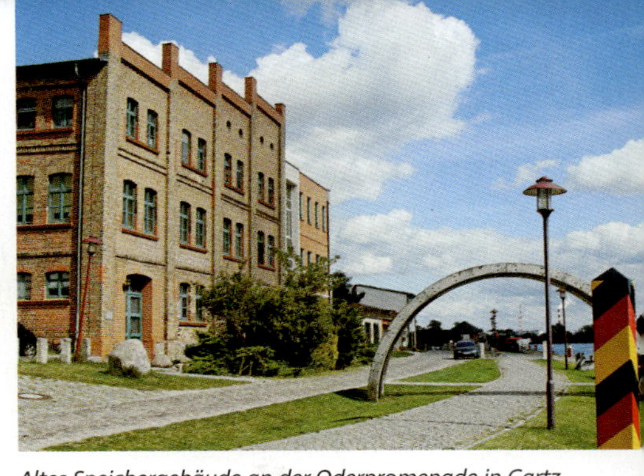

*Altes Speichergebäude an der Oderpromenade in Gartz.*

Dann kehren wir zurück zur Abzweigung des Radwegs (bei Nässe: → Variante) und wandern in südlicher Richtung über die Wiese entlang des Zauns eines landwirtschaftlichen Großbetriebs nach Staffelde. Am Ortseingang von Staffelde, das eigentlich nur aus ehemaligen Kolchosen besteht, liegt neben einem zugewachsenen Teilstück einer alten Allee der berühmte **Grabhügel von Staffelde** 8 – leider ist er eine Nachbildung des im 19. Jh. abgetragenen prähistorischen Hünengrabs.

Von hier gehen wir nach Staffelde hinein und passieren ein großes Speicherhaus. Danach biegen wir nach rechts und gleich wieder nach links ab und erreichen die B 113. Entlang dieser vielbefahrenen Straße müssen wir nun unseren Weg fortsetzen, da die Waldgebiete zwischen Staffelde und der Oder sehr zugewuchert und so gut wie nicht begehbar sind (für 2021 ist der Bau eines Rad- und Gehwegs entlang der B 113 in diesem Abschnitt vorgesehen). Nach knapp 1,5 km gelangen wir bergab zur Oderbrücke, biegen aber kurz davor nach links zu einem deutlich sichtbaren **Aussichtsturm an der Oder** 9 ab, der einen schönen Blick über die Odersümpfe ermöglicht.

Vom Aussichtsturm gehen wir nun wieder ein ganz kurzes Stück bergauf und biegen an der ersten Möglichkeit nach links über die Untere Dorfstraße nach Mescherin ab. Der lang gestreckte Ort ist sehr idyllisch am Hang gelegen und bietet eine Fülle touristischer Infrastruktur. Wir gehen nach etwa 300 m geradeaus über die Straße Fabrikberg zur Oberen Dorfstraße, alternativ links abwärts zum Oderufer und an diesem entlang; reizvoll sind beide Dorfstraßen. An der oberen liegt die Bushaltestelle Mescherin-

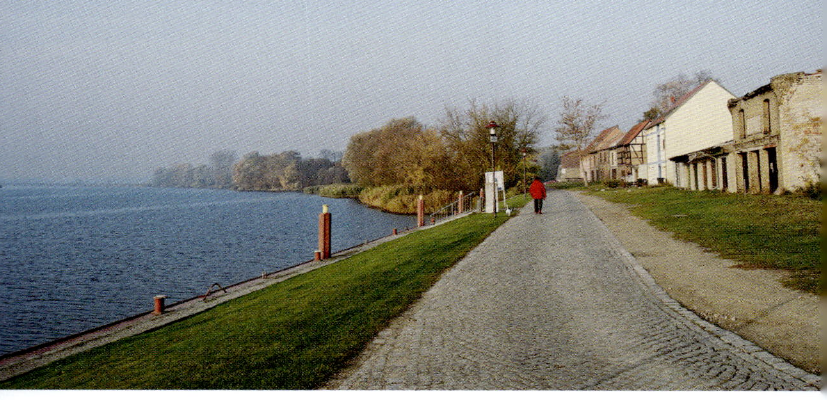

*Morgenstimmung an der Oder bei Gartz.*

Nord und ihr gegenüber lohnt der Aufstieg auf den Stettiner Berg, der eine großartige Sicht über das Odertal bietet. Vom südlichen Ende der Unteren Dorfstraße gehen wir hinauf zur Kirche von **Mescherin** ⑩ und zur Oberen Dorfstraße, über die wir nach links unseren Weg fortsetzen. Von hier senkt sich der Weg hinab zum Auenwald am Oderufer. Von jetzt an wandern wir auf der Trasse des Oder-Neiße-Radwegs. Hinter Mescherin zieht sich dieser Weg direkt am Oderufer entlang. Die Auenwälder sind sehr sumpfig; wo unser Weg eine kleine **Brücke** ⑪ überquert, lässt sich dies eindrucksvoll beobachten. Dann geht es ein längeres Stück mehr oder weniger nahe an der Oder entlang – zwischendurch grüßen immer wieder die Schornsteine des Kohlekraftwerks Dolny Odra bei Gryfino herüber. Der Weg verläuft in mehreren Kurven leicht bergan und bergab. Bevor der Weg wieder das Niveau der Oder erreicht, zweigen wir an einer schwarzen Bank nach rechts in einen **Waldweg in die Gartzer Schrey** ⑫ ab (er ist anfangs mit einem grünen Querbalken markiert). Dieser Weg steigt zunächst nur leicht an, dann passieren wir einen rechts liegenden idyllischen Wiesengrund, sodann wendet sich der Weg nach links. Er steigt kurz etwas steiler an und wir wandern auf eine Gartenkolonie zu und links an dieser vorbei. Von der ganzen Anhöhe zeigen sich wunderbare Blicke auf das Odertal. Am Ende der Kolonie gehen wir geradeaus weiter (also nicht um sie herum) und schon wird die Kirche von Gartz sichtbar. Nach etwa 300 m führt ein kleiner Pfad etwa 150 m nach links zu einem Panoramapunkt am Abbruch der Geländestufe. Wir gehen dann zurück zum Hauptweg und wandern weiter bergab, Richtung Gartz. Immer geradeaus geht es über den Oberen Schreyweg bzw. den Birkenweg zur B 2. Hier gehen wir nach links durch das Stettiner Tor in die Stadt hinein und kommen alsbald zum Ausgangspunkt unserer Wanderung zurück, dem Marktplatz von **Gartz** ❶.

↗ 50 m | ↘ 50 m | 12.8 km

**3.00 h**

# Von Gartz nach Geesow

38

## Durch die zauberhaften und stillen nördlichen Umlande von Gartz

*Entlang der Oder befindet sich in der hügeligen Umgebung von Geesow mit den zwei Landschaftsschutzgebieten ein ganz besonders reizvolles landschaftliches Kleinod.*

**Ausgangspunkt:** Gartz, 8 m, Marktplatz; Bus 469 ab Schwedt ZOB, Bus 473 und 474 ab Tantow, Tantow von Berlin mit RE 66.
**Anforderungen:** Leichte Tour, außerhalb von Gartz überwiegend auf Feldwegen, zwischen Salvey Mühle und Geesow auf einem gepflasterten Weg, teilweise Betonplatten.
**Einkehrmöglichkeiten:** Gartz: u. a. Pommernstube, Pommernstr. 20, Tel. +49 33332 86400, www.pommernstube-gartz.de.
**Sehenswürdigkeiten:** Gartz: Pfarrkirche St. Stephan, Stadtmauer, Stettiner Torturm, Ackerbürgermuseum (mit Touristeninformation), Stettiner Str. 14a (gleich neben dem Stettiner Torturm), Tel. +49 33332 86044 bzw. 872224, geöffnet ganzjährig Mo.–Fr. 10–15 Uhr, www.gartz.de.

Wir gehen vom Marktplatz in **Gartz** ❶ über die Pommernstraße und Stettiner Straße durch das Stettiner Tor nordwärts. Etwa 100 m hinter dem Tor biegen wir nach links in den **Tantower Weg** ❷ ein. Er ist ab dem Ortsrand unbefestigt und führt leicht ansteigend über weite Felder. Knapp 600 m nach den letzten Gebäuden gelangen wir zu einer spitzwinkligen **Weggabelung** ❸. Hier gehen wir links und durchwandern eine wunderbare Obstbaumallee, die uns im Herbst mit Birnen und Äpfeln erfreut. Links

*Ländliches Idyll bei Geesow.*

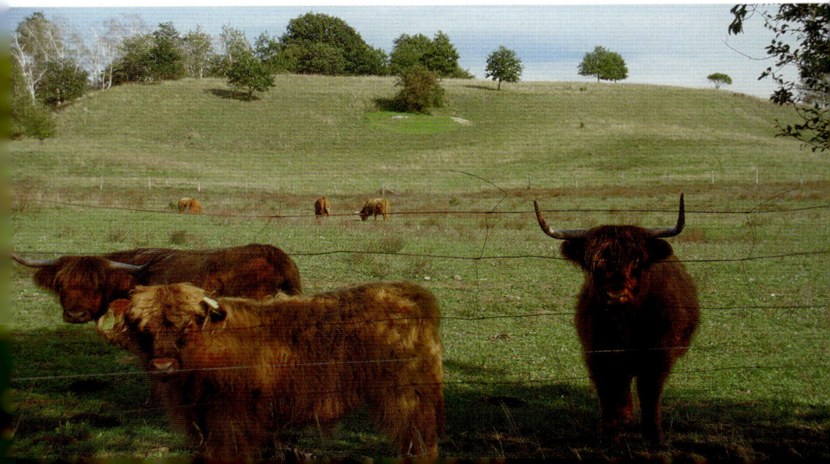

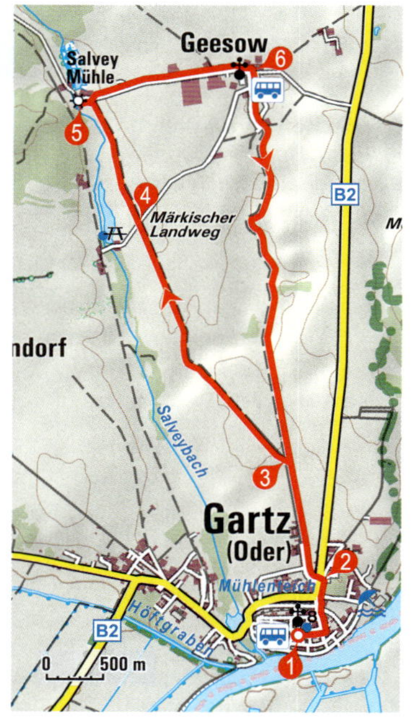


grüßt in der Ferne der Kirchturm von Hohenreinkendorf herüber. Dann führt der Weg zur Niederung eines kleinen Bachs hinab, der nach links in den Salveybach hineinfließt. Unser Weg steigt dann wieder etwas an; immer noch begleiten uns die Obstbäume. Etwa 1,2 km nach dem Bach kreuzen wir den **Märkischen Landweg** 4; nach rechts könnte man direkt nach Geesow gehen und abkürzen. Wir aber gehen noch weiter geradeaus. Nach und nach senkt sich der Weg wieder und links wird die Salvey Mühle sichtbar. Dann erreichen wir die Straße Salvey Mühle – Geesow. Wir gehen kurz nach links, bis zu der idyllisch gelegenen **Salvey Mühle** 5 (ehemalige Sägemühle) und machen uns dann über die Fahrstraße auf den Weg nach Geesow. Bis zur Ortsmitte sind es nur etwa 1,5 km, wobei wir eine weite, stille Landschaft durchwandern, die nur sehr dünn besiedelt ist.

In Geesow biegen wir gleich an der etwas rechts oberhalb versteckt liegenden Kirche rechts in die **Breite Straße** 6 ab, gehen in die eigentliche Ortsmitte, dabei links um einen Spielplatz, dann über die Ziegenstraße und bald auf unbefestigtem Weg aus Geesow Richtung Süden hinaus. Die Landschaft ist unerwartet und auffällig hügelig. Knapp 50 Höhenmeter erreichen diese sanftgewellten Erhebungen. Buschbesäumte Wiesenraine verleihen dem Landschaftsschutzgebiet »Geesower Hügel« einen besonderen Zauber. Auf Viehweiden grasen langhaarige schottische Rinder. Der unbefestigte Weg wird zu einem Wiesenweg, bleibt aber deutlich erkennbar. Dann kommen wir zu jener **Weggabelung** 2, wo wir zu Beginn unserer Wanderung, von Gartz kommend, links abgebogen sind. Wir gehen jetzt geradeaus Richtung Gartz, das wir alsbald erreichen und damit wieder an unserem Ausgangspunkt am Marktplatz in **Gartz** 1 ankommen.

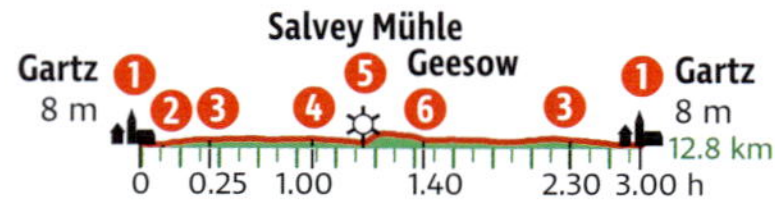

↗ 60 m | ↘ 60 m | 10.8 km

**2.30 h**

# Von Schönow nach Jamikow und zurück

39

## Wanderung durch die einsamen Lande am Welsebruch

*Geografisch endet das Randowbruch bei Passow, an der Mündung der Randow in die Welse. Oft wird aber das im Gelände äußerlich ähnliche Welsebruch zum Randowbruch gerechnet, da die beiden Flüsse recht schmal sind und der eigentliche Mündungsbereich nicht zugänglich ist. Auch ist die Fließrichtung der Welse die der Randow. Die 52 km lange Welse entspringt nördlich des Grimnitzsees nahe Joachimsthal und mündet bei Schwedt zunächst in die Hohensaaten-Friedrichsthaler Wasserstraße, da der Unterlauf des Flusses größtenteils bei deren Bau in diese einbezogen wurde. Bei Friedrichsthal südlich von Gartz existiert jedoch noch immer die nicht begradigte Mündung der Welse in die Westoder.*

**Ausgangspunkt:** Schönow, 20 m, Kirche; Bus 459 ab Bhf. Casekow; nach Casekow ab Berlin über RE 66 oder von Angermünde über RB 66.

**Anforderungen:** Leichte, nicht allzu lange Tour auf Platten- und Feldwegen sowie auf Wiesenpfaden. Bei Starkregen kann der Teilabschnitt entlang der Welse überschwemmt sein. Entlang des Plattenwegs an der Welse können je nach Saison auch unterschiedlich große, eventuell abgesperrte Vieh-Weideareale bestehen. Der Feldweg auf dem letzten Abschnitt zurück nach Schönow ist durch landwirtschaftliche Fahrzeuge ziemlich zerfurcht.

**Einkehrmöglichkeiten:** Keine.

**Sehenswürdigkeiten:** Schloss Schönow: Die klassizistische Anlage befindet sich in Privatbesitz, zurzeit wird sie saniert und soll u. a. als Filmkulisse, für kulturelle Veranstaltungen oder auch für Privatfeiern zur Verfügung stehen.

*Weit atmende Landschaft südlich von Jamikow.*

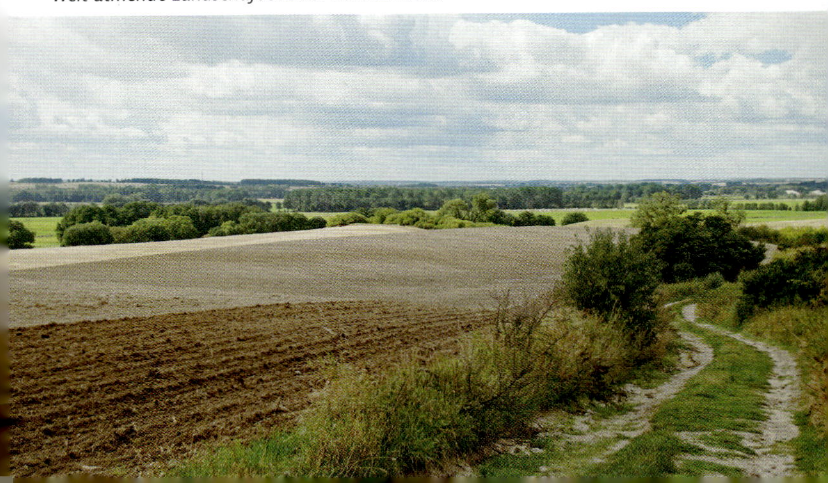

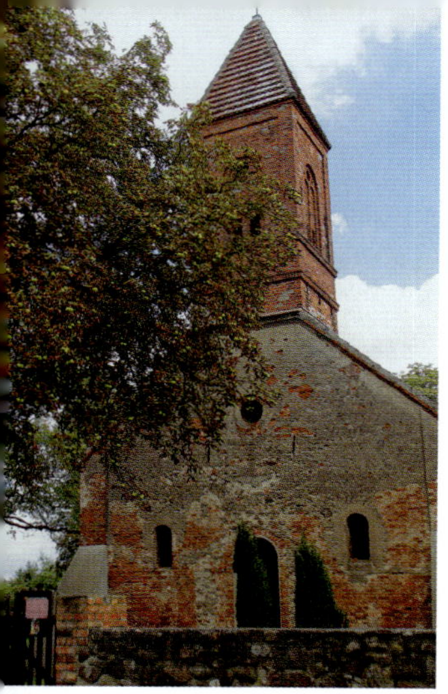

*Die Kirche in Schönow.*

Wir gehen in der Ortsmitte von **Schönow** ❶ rechts an der Kirche vorbei über die Kirchstraße (Vorsicht – sie führt auch links an der Kirche vorbei) bis zum westlichen Ortsende, wo der Weg nach links abknickt. Danach geht es an einem landwirtschaftlichen Großbetrieb vorbei und etwa 450 m nach diesem biegen wir gemäß dem Rundwegweiser **»Rund um die Eichberge«** ❷ nach links in einen Waldpfad ein. Mehr oder weniger parallel zum ursprünglichen Weg wandern wir durch den Wald. Nach etwa 800 m erreichen wir eine Gabelung: Links geht es leicht bergauf, wir wenden uns aber nach rechts und gelangen nach knapp 400 m zu einem ziemlich ramponierten Bänkchen, an dem wir nach rechts gehen und nach etwa 150 m wieder auf den **Weg aus Schönow** ❸ stoßen, von dem wir bei dem erwähnten Wegweiser abgebogen sind. Auf diesem Weg gehen wir nach links und aus dem

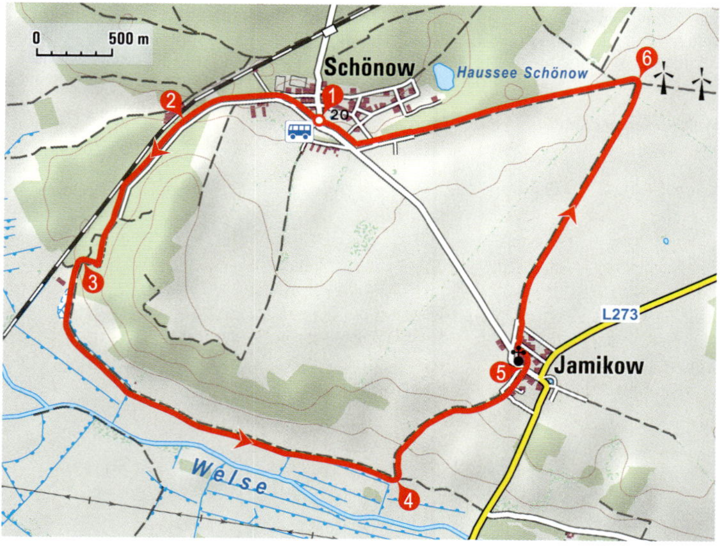

0 500 m
Schönow
Haussee Schönow
1
2
3
4
5
6
20
L273
Jamikow
Welse

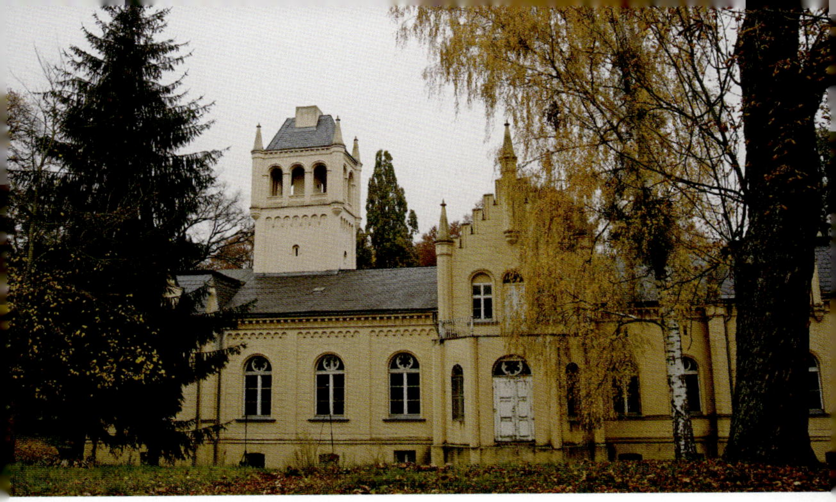

*Das klassizistische Schloss in Schönow.*

Wald hinaus. Der Weg wird zur Plattenstraße – irgendwo hier befindet sich vor uns die Randowmündung. Unser Weg wendet sich in großem Bogen nach links um die Eichberge herum, rechts vom Weg fließt die Welse. Bei Starkregen kann dieser Abschnitt unter Wasser stehen, je nach Jahreszeit können auch Weidegebiete abgesperrt sein. Nach etwa 3 km gelangen wir zu einem **Abzweig** ❹, an dem wir nach links gehen. Der Weg ist teilweise ein Hohlweg und steigt an, nach etwa 1,2 km erreichen wir die Dorfstraße von **Jamikow** ❺. Hier gehen wir nach links bis zum Ortsende und biegen dort nach rechts in den Casekower Weg ein. Er wird bald zu einem guten Feldweg, der uns über eine recht einsame Feldflur führt. Nach 2 km kommen wir zu einer idyllisch gelegenen **Feldwegkreuzung** ❻. Geradeaus und rechts geht es auf teilweise zugewachsenen Alleepfaden weiter, wir biegen jedoch nach links in den ebenfalls baumgesäumten Weg ein. Bei dem Abzweig nach 100 m halten wir uns geradeaus und gehen auf einen Waldrand zu. Ab hier halten wir uns immer direkt am Waldrand – allerdings ist der Weg sehr schadhaft. Nach etwa 1,2 km erreichen wir die Ortsstraße von Schönow. Wir gehen nach rechts, am Schloss vorbei und stehen alsbald wieder am Ausgangspunkt in **Schönow** ❶.

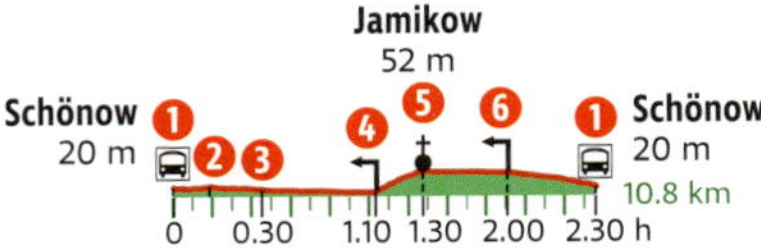

TOP

# 40 Am und im Randowbruch

↗ 120 m | ↘ 120 m | 15.6 km

3.45 h

## Ein breites Urstromtal und ein höchst seltsames Gewässer

*Jeder Reisende auf der A 11 von Berlin nach Stettin bemerkt bei der Anschlussstelle Schmölln einen steilen Abfall der Straße: Sie durchquert einen 600 m breiten Talboden, danach geht es wieder steil empor. Auf der Karte erkennt man ein s-förmiges Tal, das sich im Süden von Schwedt bis in die Gegend von Löcknitz gut 60 km durch die Lande zieht. Gebildet wird es (bis auf den Abschnitt zwischen Passow und Schwedt, den die Welse durchströmt) von der Randow. Die Besonderheit: Das von mehreren Zuflüssen gespeiste Flüsschen hat zwei Fließrichtungen. An der schmalsten Stelle des Randowbruchs zwischen Schmölln und Grünz befindet sich auf 12,5 m Höhe der Scheitelpunkt. Von hier fließt die Randow nach Norden, um bei Eggesin in die Uecker zu münden, und nach Süden, wo sie sich bei Passow in die Welse ergießt. Das Tal der Randow ist zusammen mit dem Welsebruch ein eiszeitliches Urstromtal. Die Schmelzwässer der skandinavischen Gletscher suchten sich durch dieses Ur-Tal der Oder ihren Weg zur Ostsee – die Odermündung lag damals bei Wolgast, wo heute die Peene (ein Relikt jener Ur-Oder) in die Ostsee strömt. Die Randow war übrigens jahrhundertelang die Grenze zwischen Brandenburg und Pommern und ist es heute noch zwischen den Bundesländern Mecklenburg-Vorpommern und Brandenburg.*

**Ausgangspunkt:** Wartin, 53 m, Kirche; Bus 459 ab Casekow Bhf. oder Schwedt.
**Anforderungen:** Längere Tour auf Feld- und Wiesenwegen (teilweise feucht), einige Abschnitte auf Platten- und Asphaltwegen.
**Einkehrmöglichkeiten:** Grünz: Gasthof Deutsches Haus, Dorfstr. 15, Tel. +49 39751 60708.
**Varianten:** Sollte wegen Nässe in der Niederung der Weg nicht passierbar sein oder man will abkürzen, empfiehlt sich Folgendes: Am Wegpunkt 2 rechts zum Gehöft Eschenweg abbiegen, nach gut 500 m links in die von Wartin herunterführende Straße und gleich direkt am Waldrand nach rechts in die allerdings ziemlich zugewachsene Plattenstraße. Nach etwa 650 m kommt bei einem Jägerstand von links spitzwinklig ein Wiesenweg heran. Hinter dem Jägerstand führt ein zweiter spitzwinklig abbiegender Weg nach links durch den Wald direkt zu Wegpunkt 3. Ab Wegpunkt 4 direkt nach Grünz. Auch lohnend: nach Wegpunkt 5 rund 2,5 km geradeaus entlang der Grünzer Berge bis zur Straße nach Schmölln und auf dieser nach rechts nach Grünz.
**Sehenswürdigkeiten:** Wartin: Feldsteinkirche und Schloss Wartin (ursprünglich barock, im 19. Jh. verändert, Stiftung »Collegium wartinum«, Begegnungszentrum für Kunst, Kultur und Wissenschaft.

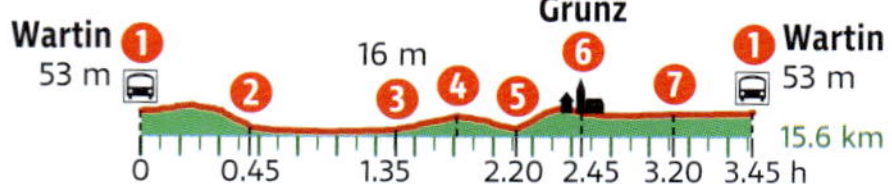

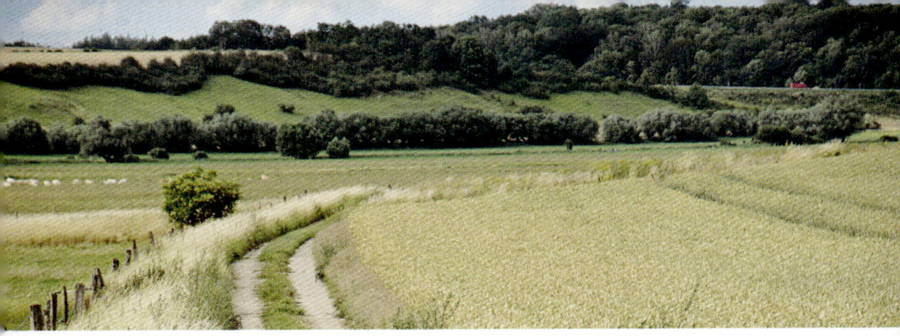

*Plattenweg im Randowbruch.*

Von der Kirche in **Wartin** ❶ gehen wir auf der Kleinen Dorfstraße südwärts, bis wir wieder auf die Hauptstraße kommen, und verlassen auf ihr nach Süden den Ort. An der zweiten Einmündung von rechts (an einem einsamen Haus hinter einer Bushaltestelle) biegen wir rechts auf einen breiten Feldweg ab. Zunächst führt er über die einsame Feldflur, dann senkt er sich hinab zum Randowbruch. Geradeaus an einem Abzweig vorbei kommen wir abwärts zur **Kreuzung** ❷ mit dem Weg zum Gehöft Eschenweg. Wir gehen geradeaus (nach rechts: → Variante) am Waldrand weiter, an einem Querweg nach rechts und gleich wieder nach links. Nach gut 1 km treffen wir erneut auf eine Querstraße. Auf dieser nach rechts parallel zur Randow, an die wir wegen der Viehweiden, Meliorationen und Sümpfe nicht direkt herankommen. Nach gut 500 m passieren wir den Abzweig rechts zum Gehöft Eschenweg und erreichen nach nochmals 500 m eine Querstraße tief unten im Bruch. Hier gehen wir nach rechts, der Plattenweg wird zum Wiesenpfad, gelangen an die Zäune und Mauern eines ehemaligen militärischen Objekts. Der Weg führt nach links am Waldrand entlang und dann im scharfen Winkel nach rechts zu einer **Asphaltstraße** ❸, die nach links in einen Plattenweg übergeht (von rechts: → Variante). Hier informiert an einem eingezäunten Areal eine Tafel über das Naturprojekt »Halboffene Weidelandschaft«. Nun gehen wir direkt an diesem Zaun entlang auf einem Wiesenweg am Rand des Naturschutzgebiets »Schwarze Berge« leicht bergan – er entfernt sich nach und nach von dem Plattenweg durch das Bruch. Nach etwa 250 m gabelt sich der Weg, beide Teilwege kommen aber nach etwa 150 m wieder zusammen. Jetzt steigt unser Weg in einem Hohlweg deutlich an – links und rechts gesäumt von überraschend stark abfallenden Feldern. Ziemlich weit oben angekommen, gehen wir an einer Gabelung halblinks bzw. geradeaus. Der Wiesenweg wird jetzt zum Plattenweg und erreicht die **Straße aus Grünz** ❹. Rechts geht es direkt nach Grünz, wir aber nehmen den Weg nach links und kommen erneut zum Talboden des Randowbruchs. Hier folgen wir dem Plattenweg nach rechts und gehen nach etwa 650 m bei der ersten **Kreuzung** ❺ (→ Variante) nach rechts hinauf nach **Grünz** ❻. In der Ortsmitte von Grünz biegen wir rechts

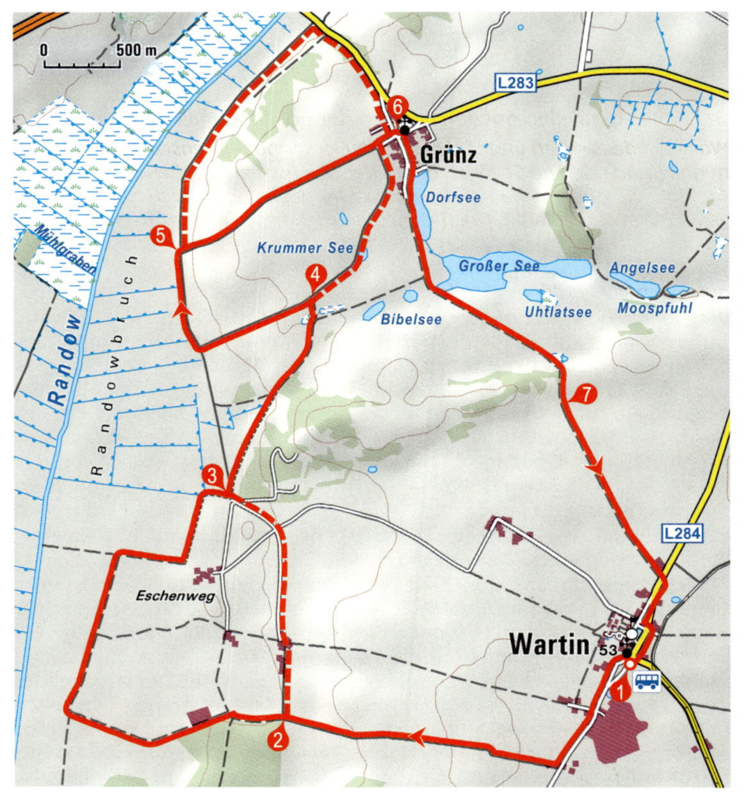


in die Dorfstraße ein und verlassen den Ort südwärts. Am Dorfsee halten wir uns rechts und gehen an diesem und weiteren Seen vorbei. Der Weg senkt sich, steigt in einem Hohlweg wieder an und erreicht eine alte **Säule** ⑦, die die pommersch-brandenburgische Grenze markiert. Grünz ist noch pommersch. Hier geht es auf einem verhältnismäßig zugewachsenen und für Fahrzeuge überhaupt nicht benutzbaren Weg weiter geradeaus. Daher überrascht es umso mehr, dass nach gut 1 km am Ortseingang von Wartin ein richtiges Ortsschild steht, wie es sonst nur an Asphaltstraßen üblich ist. Wir gehen bis zur Hauptstraße, biegen rechts ab, gehen nach Wartin hinein (Abstecher zum Wartiner Schloss über die Sommersdorfer Straße) und kommen zum Ausgangspunkt in **Wartin** ① zurück.

↗ 70 m | ↘ 70 m | 22.2 km

TOP

5.15 h

# Nach Carmzow, Cremzow und Wallmow

41

**Begegnung mit den ebenen Landen der nordöstlichen Uckermark**

*Während der Westen und Südwesten der Uckermark intensiv bewaldet bzw. hügelig und reich an Seen ist, bietet der Nordosten zwischen Prenzlau und Brüssow ein anderes Aussehen: eine wenig gegliederte Hochebene mit nur kleineren Waldgebieten. Doch keineswegs ist diese Ecke der Region minder reizvoll: verträumte Dörfer, kleine Sumpfgebiete und von vergangenen Zeiten kündende holperige Pflasterwege lassen nostalgische Empfindungen aufkommen – gedämpft vielleicht durch die vielen Windräder. Trotzdem ist diese Tour von großem Zauber.*

**Ausgangspunkt:** Carmzow, 56 m, Kirche; Bus 425 ab Prenzlau ZOB.
**Anforderungen:** Lange Tour auf alten Pflaster- sowie guten Feldwegen, ein kleinerer Abschnitt verläuft auf Waldwegen bzw. einem ehemaligen Bahndamm. Dieser ist nicht einfach zu begehen, doch besteht ansonsten – will man von Wallmow nach Trampe nicht auf der Teerstraße wandern – keine Möglichkeit, die Rundwanderung zu schließen.
**Einkehrmöglichkeiten:** Wallmow: Dorfkrug (Haus Nr. 45), Tel. +49 39862 2097, www.dorfkrug-wallmow.de, jeweils donnerstags ab 17 Uhr Schnitzelabend bzw. Happy Hour.

Von der Kirche in der Ortsmitte von **Carmzow** ❶ gehen wir südwestwärts bis zum Ortsende und biegen dort links in den Pflasterweg nach Cremzow ein. Der Weg führt auf ein Wäldchen zu, knickt leicht nach rechts und zieht sich dann, teils durch eine alte Allee, südwestwärts durch die weite Landschaft. Nach etwa 3 km kommen wir am Großen See vorbei bis zur Cremzower Dorfstraße. Hier gehen wir etwa 150 m nach links bis zur alten Brennerei und biegen vor ihr nach rechts zum eigentlichen Dorfkern von **Cremzow** ❷ ab. Der alte Pflasterweg führt nach links abknickend entlang hübscher alter Bauernhäuser am Kirchhof vorbei und verlässt den Ort nach Süden in Richtung Grenz. Am Ortsende biegen wir nach links auf einen teilweise befestigten Alleeweg ab und wandern teils auf historischem Pflaster. Nach rund 2,5 km kommt von rechts der Feldweg aus Grenz heran, wir wenden uns nach links und treffen nach etwa 1 km auf die Asphaltstraße Wallmow–Wendtshof. Auf ihr gehen wir nach rechts nach **Wallmow** ❸ hinein. Wir passieren die Kirche und gehen bis kurz vor das Ortsende, wo die Hauptstraße nach links abknickt. Hier halten wir uns halbrechts und

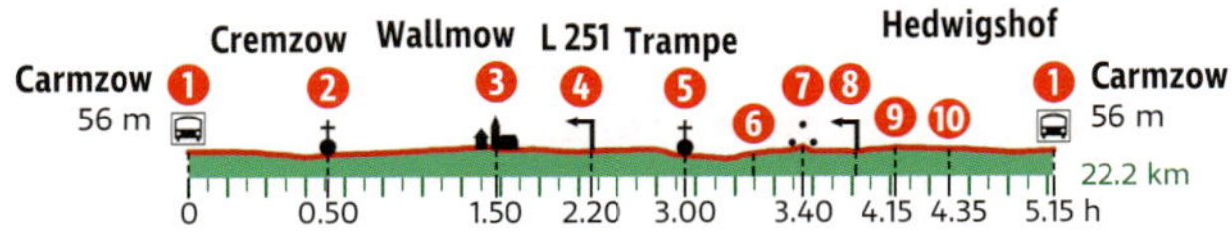

wandern auf gepflastertem, kastaniengesäumten Weg am Ufer des kleinen Stawesees entlang. Am Seeende treffen wir auf den Bahndamm der aufgelassenen Strecke Schwaneberg–Brüssow. Wir folgen dem Damm nach links. Er ist teilweise zugewachsen und sicherlich ist das Gehen auf den alten Schwellen nicht ganz einfach. Aber man kann auch neben dem Bahnkörper auf einem Wiesenpfad wandern – insbesondere gegen Ende. Nach 1,7 km erreichen wir nahe dem Weiler Klausthal die **Verbindungsstraße Schwaneberg–Grünberg** ❹ und biegen nach links ab. Der Bahndamm verläuft weiter geradeaus. Nach knapp 1 km macht die Straße eine scharfe Rechtskurve, wir gehen geradeaus auf einem Sandweg leicht ansteigend in ein Waldstück. Nach 250 m erreichen wir eine Waldkreuzung und gehen geradeaus weiter. Der Sandweg wandelt sich zu einem Wald- und Wiesenweg. Auf ihm gelangen wir schließlich zur Straße Wallmow–Brüssow. Wir gehen nach rechts auf einer herrlichen, uralten Pflasterstraße zur hübschen Fachwerk-Feldsteinkirche im Zentrum von **Trampe** ❺.

Ein Stückchen weiter passieren wir das Gutshaus und gleich danach, wo sich die Hauptstraße nach rechts wendet, biegen wir halb links in einen Feldweg ein. Er wird teilweise zum Hohlweg und bringt uns nach etwa 1,5 km zum östlichen Dorfrand von **Hammelstall** ❻. Hier gehen wir nach links und an der Gabelung bei der Bushaltestelle wieder links. Der Weg schwenkt nach rechts und an einem breiten Wegedreieck gehen wir wie-

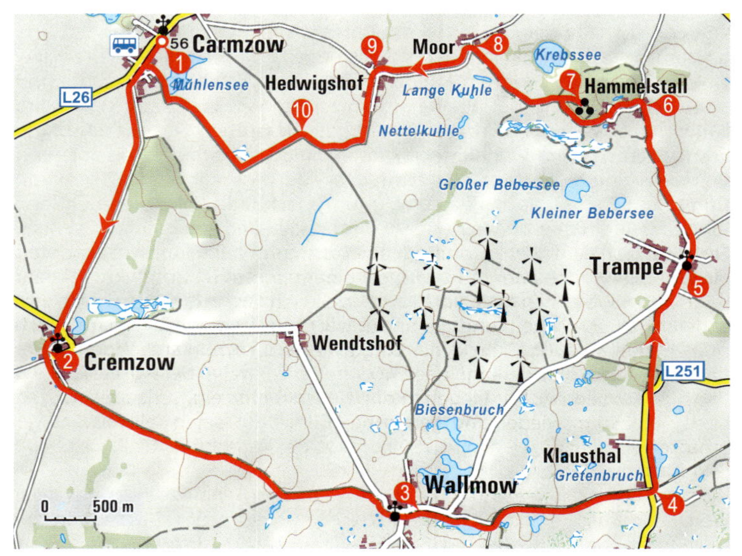

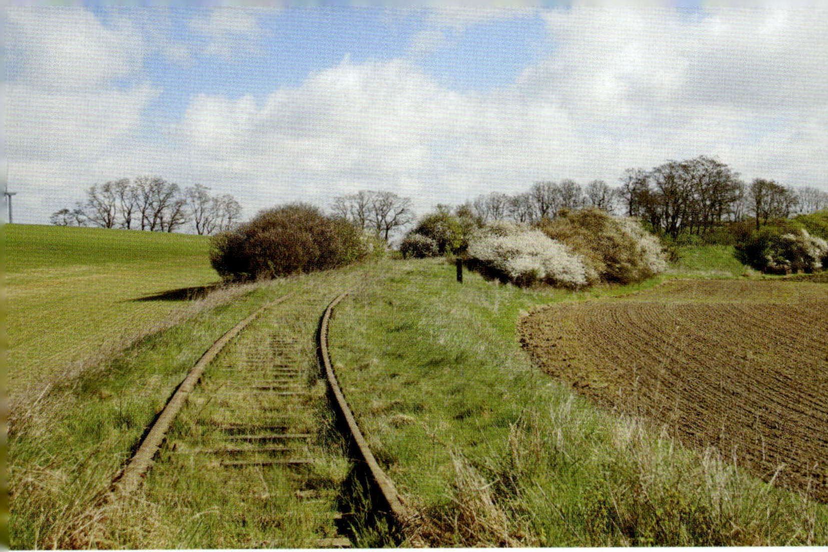

*Aufgelassener Bahndamm zwischen Wallmow und Klausthal.*

der links zum Waldrand und an diesem entlang. Jetzt beginnt einer der schönsten Abschnitte dieser Tour. Es wird leicht hügelig, rechts steigt das Waldgebiet des Tangers an, links überschauen wir eine idyllische Acker- und Wiesenlandschaft. Dann senkt sich der Weg ab und unten, noch am Waldrand, zweigt nach rechts ein Pfad zu einem prähistorischen Hügelgrab ab. Wir steigen im Wald etwas an, nach etwa 200 m biegen wir nach rechts ab, steigen nochmals gering an und kommen nach etwa 100 m zum **Hügelgrab** 7.

Wir kehren zurück zum Abzweig und wandern nun nach rechts auf dem Feldweg, auf dem wir gekommen sind, bis zum südlichen Ortsrand von **Moor** 8. Wir gehen aber nicht ins Dorf hinein, sondern nach links, auf dem befestigten Weg nach **Hedwigshof** 9. In dessen Ortsmitte biegen wir links ab (nicht zu übersehen) und gehen südwärts aus dem Weiler hinaus. Nach ziemlich genau 700 m knickt der Weg an einem einzeln stehenden Baum nach rechts ab und gelangt nach 400 m zur teilweise befestigten Straße Carmzow–Wallmow. Wir biegen in diese nach rechts ein, verlassen sie aber nach gut 250 m wieder und gehen nach links auf einen teilweise aufgeschotterten **Weg** 10. Nach gut 750 m biegt der Weg scharf nach rechts ab und führt auf Carmzow zu.

Kurz vor Carmzow passieren wir den Mühlensee, gehen aber hier, wo der Weg nach links abknickt, geradeaus auf dem schmalen Pfad direkt zur Dorfstraße von **Carmzow** 1, womit wieder der Ausgangspunkt erreicht ist.

↗ 40 m | ↘ 40 m | 1.5 km

# 42 Der Räuberberg bei Schmölln

**0.30 h**

## Reste einer mittelalterlichen Burg und ein sehr schöner Aussichtspunkt

*An einigen Stellen kann man von der Abbruchkante des uckermärkischen Hügellands zum Randowbruch hin grandiose Blicke über dieses eindrucksvolle, breit eingekerbte Tal genießen. Am einfachsten zugänglich mag hierbei der sich bis auf 53 m erhebende Räuberberg bei Schmölln sein, fast unmittelbar an der A 11 gelegen. Auf der Anhöhe finden sich die Reste einer Burganlage aus dem 13./14. Jh., über deren Geschichte und einstige Bewohner jedoch kaum etwas bekannt ist. Der Burgberg ist von seiner Umgebung durch deutlich erkennbare Gräben abgegrenzt. Die Burg selbst entstand auf einem älteren, slawischen Burgwall. Der Sage nach hausten im Mittelalter hier Raubritter, die auf der Randow vorbeifahrende Schiffe geplündert haben sollen – die Randow muss dazu im Mittelalter bedeutend mehr Wasser geführt haben als heute. Es heißt, durch die Randow sei ein Seil gezogen gewesen, das in der Burg eine Glocke erklingen ließ, sobald es von einem darüberfahrenden Schiff berührt wurde. Vom nahen Aussichtspunkt lässt sich ein beglückender Blick über das Randowtal erleben.*

**Ausgangspunkt:** Waldwegabzweigung mit Wegweiserstein an der Straße Schmölln–Grünz (Penkun), 22 m, unmittelbar an der Ausfahrt Schmölln (A 11 Nordseite); Bus 435 ab Prenzlau ZOB, ab der Bushaltestelle in Schmölln 1,1 km zum Ausgangspunkt unserer Wanderung am Wegweiserstein, zu Fuß ca. 20 Min.
**Anforderungen:** Kurzer Spaziergang durch ein ansteigendes Waldgelände, teils auf schmalen Pfaden, teils über hölzerne Stiegen. Bei Nässe wegen Rutschgefahr weniger zu empfehlen.
**Einkehrmöglichkeiten:** Keine. Empfehlenswert ist aber im 4 km südlich gelegenen Grünz der Gasthof Deutsches Haus, Dorfstr. 15, Tel. +49 39751 60708.
**Hinweis:** Der in fast allen Karten eingezeichnete Feldweg am Westrand des Randowbruchs kann von der erwähnten Anschlussstelle Schmölln bis auf die Höhe von Bagemühl nicht begangen werden – er führt über abgesperrte Viehweiden durch Privatgelände.

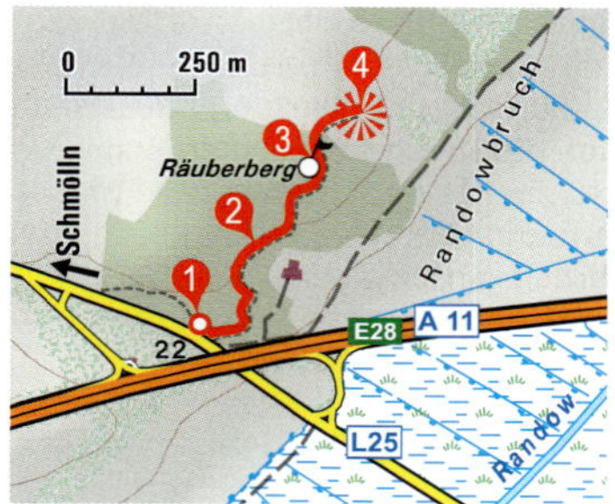


Wo die Straße L 25 von Schmölln nach Grünz (Penkun) an der Anschlussstelle Schmölln die A 11 unterquert, führt unmittelbar vor der Autobahnbrücke ein kleiner Weg am Fuß des Räuberbergs nach links zu einem einzeln stehenden Haus. Von der gleichen Stelle kann man über einen ausgeschilderten Fußweg mit **Wegweiserstein** ❶ hoch zum Räuberberg steigen. Der Weg

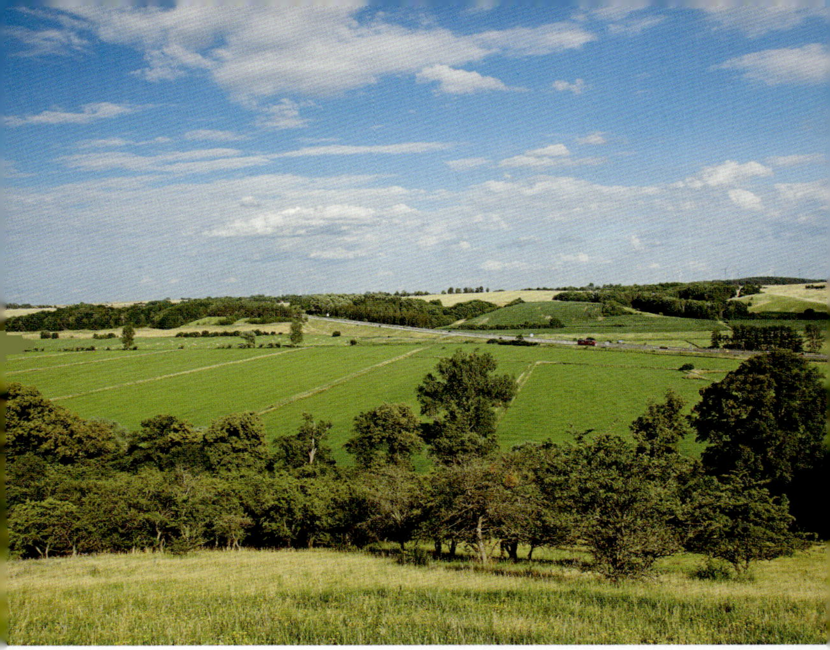

*Den schönsten Blick über das Randowbruch hat man vom Räuberberg bei Schmölln.*

führt in den Wald hinein und kommt zu einem Querweg, an dem wir nach links aufwärtswandern. Wir gelangen zu einem **Bänkchen** ❷. Danach senkt sich der Weg ab, überquert auf einem Holzbrückchen ein schmales Rinnsal und steigt wieder an. Oben angekommen, gehen wir nach rechts durch einen Hohlweg im ehemaligen Burggraben abwärts um den Burgberg herum, dann wieder etwas ansteigend bis zu einem Abzweig mit einem Wegweiser am Nordfuß des Burgbergs. Hier steigen wir nach links hinauf bis zur mittelalterlichen **Ruine auf dem Räuberberg** ❸, deren verfallene Mauern uns nachdenklich stimmen. Dann geht es zurück zum Wegweiser und nach links einige Meter bis auf die freien Weiden direkt am Abbruch der Randowniederung empor, wo wir bis zu einem schönen **Aussichtspunkt** ❹ gehen können. Von hier können wir gut die Autobahn und das weite, uralte Odertal, das das Randowbruch einst war, gut überschauen. Leider ist das Weiterwandern entlang der Kante nordwärts, wie auch entlang des Waldrands in Richtung Schmölln durch einen Zaun unterbunden, sodass wir für den Rückweg zum **Wegweiserstein** ❶ die gleiche Route wie für den Hinweg nehmen müssen.

**Räuberberg**
53 m
❸
**L 25** ❶ ❶ **L 25**
22 m 1.5 km
0 0.30 h

↗ 40 m | ↘ 40 m | 17.5 km

# 43 Brüssow und seine nördliche Umgebung

4.00 h

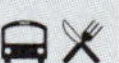

## Geruhsame Wanderung durch stille Landstriche

*Brüssow ist die nordöstlichste Stadt der Uckermark und eine der kleinsten Städte Brandenburgs. 1945 wurde es im Vergleich zu Prenzlau und Pasewalk weitaus weniger zerstört, sodass es auch heute noch den Charakter eines typischen brandenburgisch-pommerschen Ackerbürgerstädtchens besitzt. Das verträumte Brüssow liegt in eine ruhige, kaum gewellte Hügellandschaft eingebettet, die zu beschaulichen Spaziergängen und/oder melancholischen Betrachtungen einlädt.*

**Ausgangspunkt:** Brüssow, 58 m, Marktplatz; Bus 425 ab Prenzlau ZOB.
**Anforderungen:** Leichte, jedoch längere Tour auf Feld-, Wald-, und Wiesenwegen, einige kürzere Abschnitte auf Asphaltstraßen.
**Einkehrmöglichkeiten:** Brüssow: Gaststätte Restaurant am See (Schützenhaus), Prenzlauer Str. 12, Tel. +49 39742 81081. Heidemühle: Gasthaus Heidemühle, Tel. +49 39754 20566, www.gasthaus-heidemuehle.de, geöffnet meist 10–19 Uhr (kurz vorher anfragen).
**Varianten:** Als Kurzvariante bietet es sich an, von Grimme westwärts direkt zum Hauptweg zu gehen (10,7 km). Bei Regen vor Caselow Ausweichmöglichkeit über die Straße.
**Sehenswürdigkeiten:** Brüssow: Pfarrkirche, Reste der Stadtmauer östlich der Rudolf-Breitscheid-Str.; Stadtmuseum, Karl-Marx-Str. 16a, Tel. +49 39742 80034.

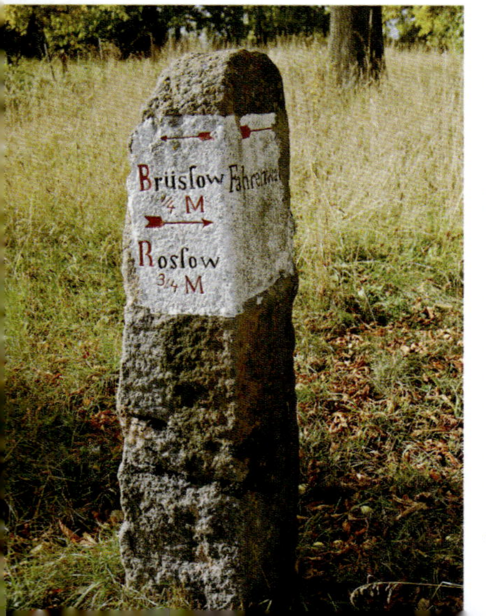


Vom Marktplatz in **Brüssow** ❶ gehen wir die Puschkinstraße leicht bergab, vorbei an der alten Molkerei, und biegen dann nach links in den Plattenweg in Richtung Grimme ein. Wir passieren an einer **Wegkreuzung** ❷ die Einmündung des Wegs aus Petersruh (unser Rückweg) und biegen etwa 200 m danach rechts auf einen Wiesenpfad ab, der entlang einer Umzäunung verläuft. Nach etwa 200 m kreuzen wir die aufgelassene Bahnlinie Löcknitz–Prenzlau (bzw. Schönermark) und gehen auf einem Wiesenweg rechts von einer langen Buschreihe geradeaus weiter. Nach etwa 800 m kommt von links der Fahrweg aus

*Alter Wegweiserstein bei Grimme.*

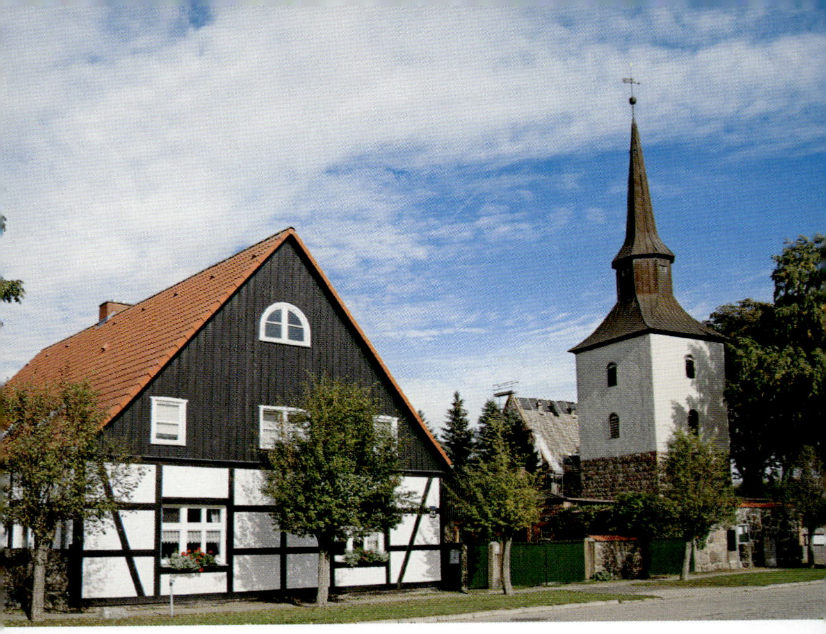

*Das stille Grimme liegt abseits aller Durchgangsstraßen.*

Butterholz heran, wir wandern geradeaus auf dem nun deutlich verbreiterten Weg weiter. Nach etwas mehr als 1 km durch schönste Hügel- und Waldlandschaft gelangen wir an eine **Wegekreuzung** 3. Hier biegen wir links ab, erreichen nach knapp 1 km die Dorfstraße und gehen auf ihr nach rechts (nach links: → Variante) zur Dorfkirche von **Grimme** 4.

Unmittelbar davor schlagen wir nach links einen Feldweg ein, der uns nordwärts aus Grimme hinausführt. Nach knapp 1,5 km ist eine breite Gabelung erreicht; sie dient als landwirtschaftlicher Lagerplatz. Wir nehmen hier den linken Weg und ziemlich genau 200 m danach biegen wir halblinks auf einen weiteren **Feldweg** 5 ab, der direkt nach Caselow führt. Er kann bei starkem Regen sehr morastig sein – in diesem Fall gehen wir geradeaus, bis zur Pflasterstraße und auf dieser von Osten her nach Caselow hinein.

Auf dem erwähnten Feldweg erreichen wir nach gut 2 km die Ortsmitte von **Caselow** 6. Hier gehen wir nach links aus dem Ort hinaus und kommen nach etwa 1,2 km am Waldrand zum Abzweig der Straße zum Gasthaus Heidemühle.

Wir gehen jedoch geradeaus weiter und machen zur Heidemühle einen lohnenden Umweg. Die Straße macht jetzt einen weiten Linksbogen in einen wunderbaren Mischwald hinein und nach gut 1 km erreichen wir den

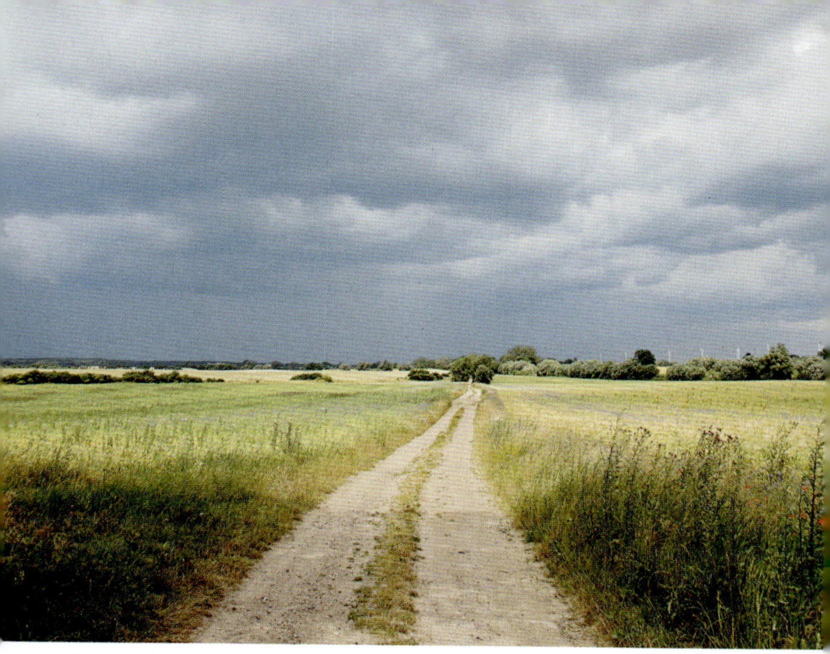

Gewitterstimmung über den Feldern von Caselow.

Waldrand, wo wir nach links auf einem ausgeschilderten Weg zur Heidemühle gelangen. Von der sehr malerisch an einem Teich gelegenen **Heidemühle** ❼ gehen wir nun süd südwestwärts direkt am Teich vorbei und erst am Waldrand, dann im Wald etwas mehr als 2 km leicht bergan und bergab, bis wir im Wald auf eine breite **Querstraße** ❽ stoßen. Hier biegen wir nach links ab und gehen nach etwa 350 m geradeaus über die Waldstraße Heidemühle–Brüssow. Kurz danach verlassen wir den Wald, passieren ein einzeln stehendes Wohnhaus und erreichen etwa 250 m nach diesem Haus eine **Abzweigung** ❾. Geradeaus geht es nach Grimme (→ Variante), wir biegen aber nach rechts ab, gelangen an einen Waldrand, danach wieder zu einer **Abzweigung** ❿, die durch ein seltsames Blechkunstwerk auffällt. An dieser Stelle geht es rechts zum Brüssower See, wir jedoch halten

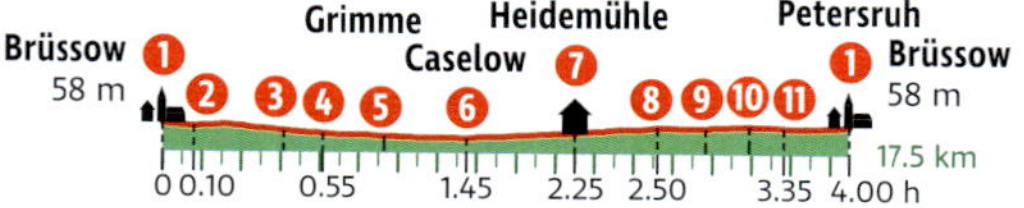

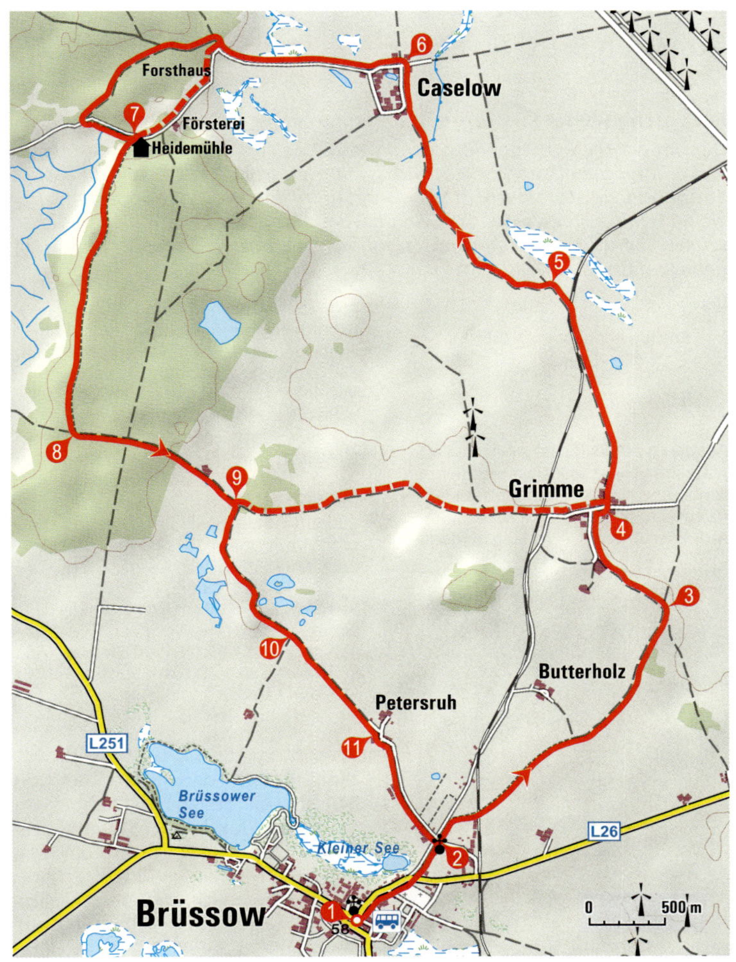


uns geradeaus und kommen nach knapp 1 km in den Brüssower Ortsteil **Petersruh** ⓫. Wir gehen durch diesen hindurch und treffen an der Grimmer Straße wieder an der bekannten **Wegkreuzung** ❷ auf den Hinweg. Auf diesem gehen wir nach rechts zurück zum Marktplatz von **Brüssow** ❶.

↗ 10 m | ↘ 10 m | 4.0 km

# 44 Um den Brüssower See

1.00 h

## Ein beschaulicher Spaziergang um einen ruhigen und idyllischen See

*Der am westlichen Stadtrand von Brüssow gelegene Brüssower See ist als Naherholungsziel sehr beliebt. An seinem Südrand gibt es ein hübsches Strandbad, an seinem Nordsaum findet man eine idyllische Badestelle. Der kleine Schilfgürtel um den See wirkt besonders malerisch und die Kanäle an seinem Ostrand lassen den Spaziergänger ein bisschen an exotische Sumpfgebiete denken.*

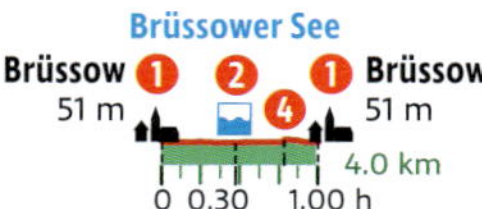


**Ausgangspunkt:** Brüssow, 51 m, Parkplatz am Strandbad (Gasthaus Schützenhaus) am westlichen Ortsrand; Bus 425 ab Prenzlau, am See aussteigen.
**Anforderungen:** Kurzer Spaziergang auf

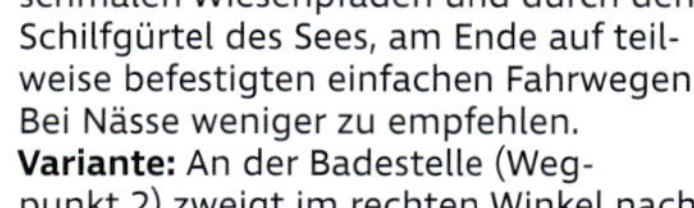

schmalen Wiesenpfaden und durch den Schilfgürtel des Sees, am Ende auf teilweise befestigten einfachen Fahrwegen. Bei Nässe weniger zu empfehlen.
**Variante:** An der Badestelle (Wegpunkt 2) zweigt im rechten Winkel nach links ein schmaler Feldweg ab und verläuft über den Acker bergan. Oben angekommen Kombinationsmöglichkeit mit Tour 43.
**Einkehrmöglichkeit:** Brüssow: Gaststätte Restaurant am See (Schützenhaus), Prenzlauer Str. 12 (am Ausgangspunkt), Tel.+49 39742 81081.
**Sehenswürdigkeiten:** Brüssow: Pfarrkirche, Reste der Stadtmauer östlich der Rudolf-Breitscheid-Straße; Stadtmuseum, Karl-Marx-Str. 16a, Tel. +49 39742 80034.

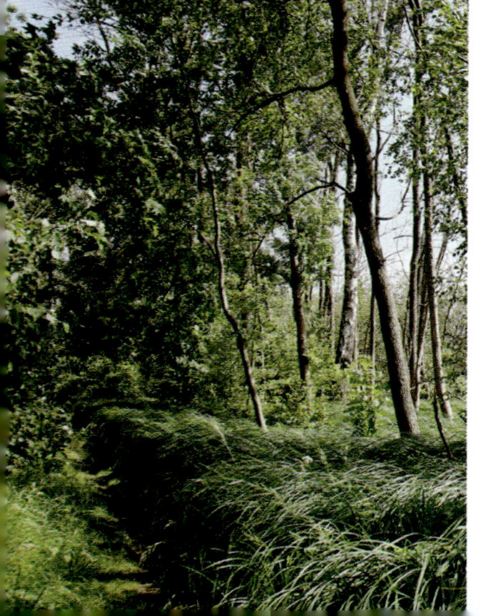

Vom Parkplatz am Gasthaus Schützenhaus bzw. dem Strandbad von **Brüssow** 1 gehen wir auf einem schmalen Pfad zunächst westwärts, d. h. im Uhrzeigersinn um den See herum. Der Pfad verläuft im Allgemeinen in unmittelbarer Ufernähe und zunächst auch ein Stück entlang der Straße nach Fahrenwalde, wendet sich jedoch bald gemäß dem Uferverlauf von dieser weg.

*Ein reizvoller Pfad durchzieht den dichten Vegetationsgürtel um den Brüssower See.*

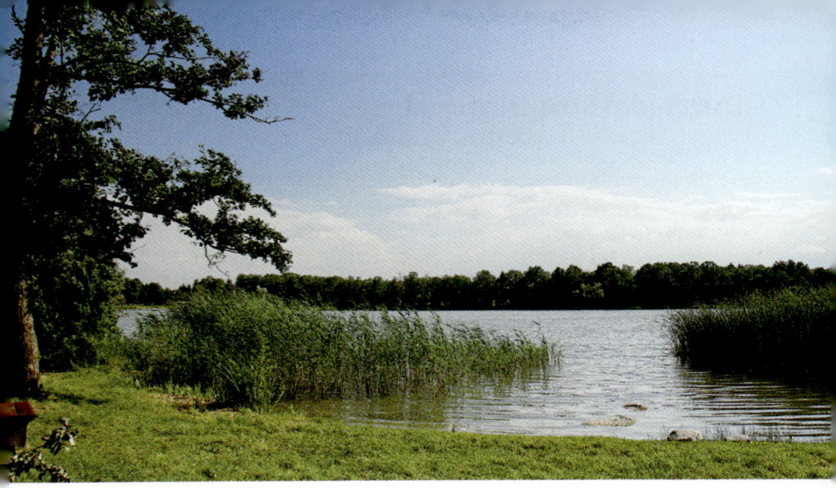

*Eine hübsche Badestelle lädt am Nordufer des Brüssower Sees zum Schwimmen ein.*

Von fast überall können wir den See überschauen und einen schönen Blick auf die Silhouette von Brüssow erhaschen. Ganz reizvoll sind dabei die bis zu 2,50 m hohen Pflanzen des Schilfgürtels, durch den unser Pfad teilweise verläuft. Wir halten uns bei allen möglichen Abbiegungen immer am Seeufer und kommen nach insgesamt knapp 2 km an eine sehr hübsche **Badestelle ❷**.

Wir gehen jedoch an der Badestelle weiter am Seeufer entlang und kommen zu einer **Gabelung ❸**. Der rechte Weg führt über eine kleine Brücke weiter, wir halten uns aber links. Allmählich wendet sich der Weg nach rechts, auf einem zweiten Brückchen überqueren wir einen der romantischen Kanäle am Ostufer des Sees, passieren sodann ein drittes Brückchen und kommen zu einem vierten: Vor diesem biegen wir rechts auf einen breiten Weg ab und erreichen bald eine fünfte kleine Brücke. Etwa 100 m danach gelangen wir an einen breiten **Querweg ❹**, der entlang eines Metallzauns verläuft. Ihm folgen wir nach rechts, unterhalb der Häuser von Brüssow vorbei, und gelangen zum Sportplatz. Nach diesem macht der Weg einen weiten Linksbogen und bringt uns nach etwa 300 m zum Parkplatz am Strandbad von **Brüssow ❶**.

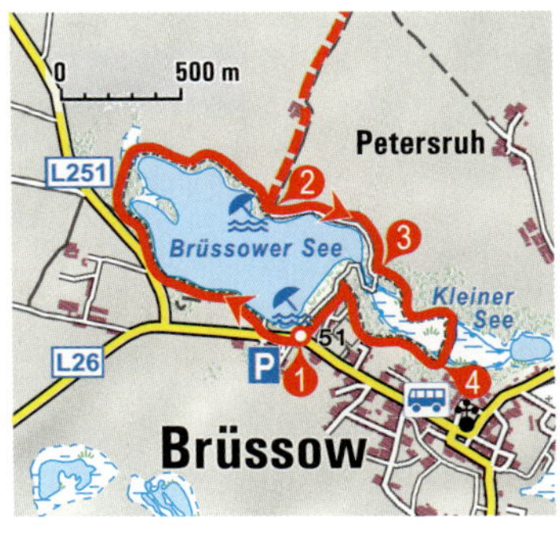

↗ 30 m | ↘ 30 m | 5.8 km

# 45 Durch die Streithofer Alpen

**1.30 h**

## Eine Begegnung mit einem »Gebirge« ortsüblicher Art

*Zu den touristisch am wenigsten besuchten Gebieten Deutschlands zählt die Gegend zwischen dem Randowbruch und der polnischen Grenze. Allenthalben trifft man auf verträumte Hügellandschaften, Gegenden für Individualreisende, die mit der Seele zu schauen und diese baumeln zu lassen vermögen. Das sich bis 42 m über dem Meeresspiegel erhebende Hügelland östlich von Glasow, unweit des Geländeabbruchs zum nur auf 10 m gelegenen Randowbruch, mag vielleicht von einem eifrigen, schon vor über hundert Jahren touristisch denkenden Dorfschulzen den Namen Streithofer Alpen bekommen haben (namensgebend ist das nahe Vorwerk Streithof) – wenngleich der Begriff »Alpen« in Zusammenhang mit jenen sanft gewellten Erhebungen doch ein ziemlicher Etikettenschwindel ist. Die bequeme Wanderung durch stille Lande ist jedoch sehr reizvoll.*

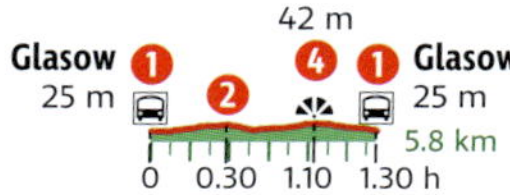


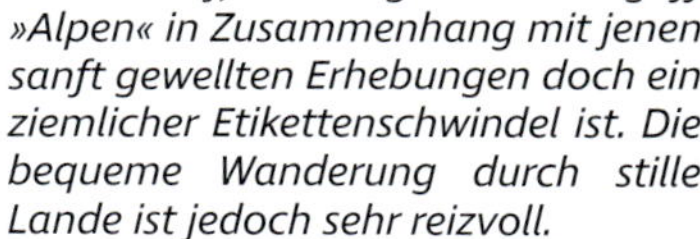

**Ausgangspunkt:** Glasow, 25 m, Bushaltestelle in der Dorfmitte.
**Anforderungen:** Kurze Wanderung überwiegend auf guten Feld- und Waldwegen, ein kleineres Stück auf schmalem Waldpfad, der letzte Abschnitt über eine befestigte Pflasterstraße.
**Einkehrmöglichkeiten:** Keine.
**Sehenswert:** Mittelalterliche Feldsteinkirche in Glasow mit alter Sonnenuhr.

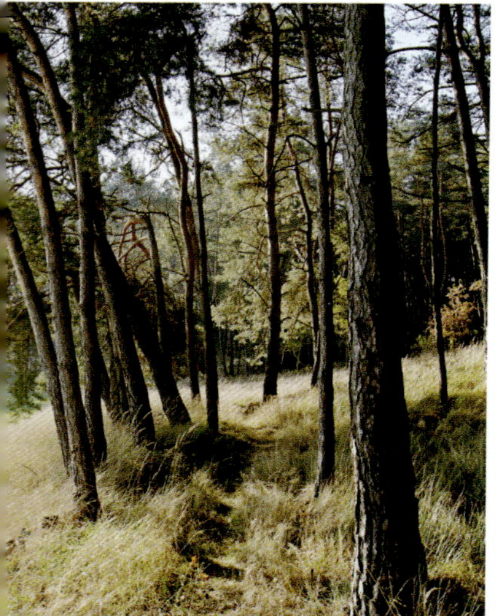

Von der Bushaltestelle in der Dorfmitte von **Glasow** ❶ gehen wir entlang der Ortsstraße südwestwärts aus dem Dorf hinaus. Sie wendet sich zunächst scharf nach links, nach 180 m wieder ebenso scharf nach rechts. Am äußersten Ortsende (Scheune rechts) biegen wir beim Wegweiser »Rundweg Streithofer Alpen« (grüne Markierung) links ab und gehen leicht bergan. Rechts kommt bald eine Deponie in Sicht. Nach etwa 1,3 km biegen wir gegenüber der Deponiezufahrt **links** ❷ ab und gehen direkt in die Hügel der »Alpen« hinein. Wir wandern am Waldrand entlang und etwas berg-

*Waldeinsamkeit in den Streithofer Alpen.*

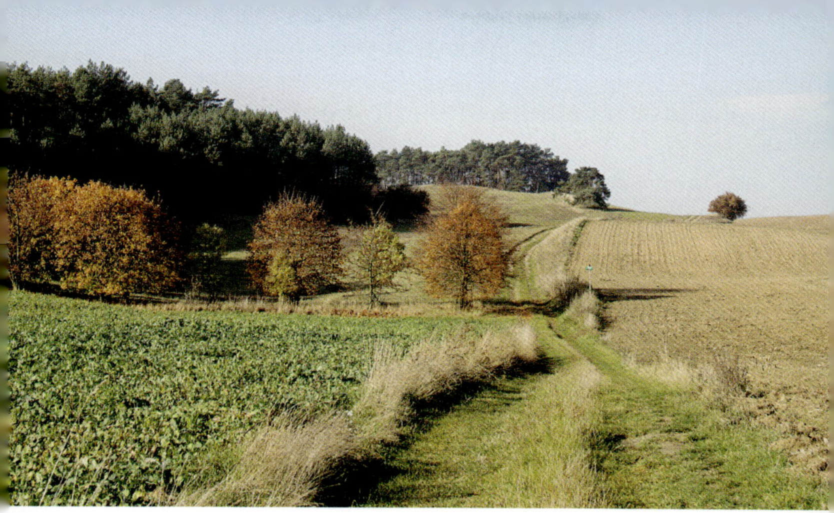

*Herbststimmung in der sanft gewellten Landschaft.*

ab über eine Wiese wieder zum Waldrand, wo eine Bank zur Pause einlädt. Dann gehen wir geradeaus durch den Wald weiter und gelangen am Waldrand zum Feldweg Lebehn–Glasow. Hier wenden wir uns nach links und biegen nach etwa 500 m am Rundwegweiser erneut **links** ❸ ab. Entlang einer kleinen Obstbaumallee geht es leicht ansteigend zum Waldrand und nach etwa 150 m ist erneut eine Bank erreicht. Hier wendet sich der Weg nach rechts in den sehr hügeligen Wald hinein. Wir passen auf, dass wir den schmalen Waldpfad nicht verlieren und kommen zu einem kleinen **Aussichtspavillon** ❹.

Einige Meter vor dem Aussichtspavillon führt ein etwas breiterer Waldweg nach rechts leicht bergab, auf dem wir nach erneuter Pause unsere Wanderung fortsetzen. Auf diesem Weg kommen wir zum Waldrand und gehen von dort hinüber zum nahen Feldweg aus Lebehn. Wir gehen nach links in Richtung Glasow, gelangen nach 400 m zur Pflasterstraße aus Sonnenberg und biegen links in diese ein. Nach 600 m haben wir die Straße aus Löcknitz und den Ortseingang von Glasow erreicht; wir gehen erneut nach links und erreichen in Kürze wieder unseren Ausgangspunkt in **Glasow** ❶.

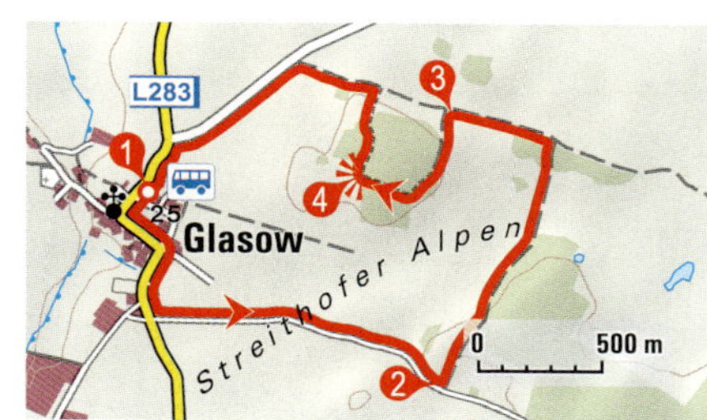

↗ 100 m | ↘ 100 m | 17.9 km

# 46 Zwischen Lebehn und Pomellen

4.30 h

## Eine beschauliche Wanderung in Vorpommerns äußerstem Osten

*Die vorpommerschen Lande kurz vor der polnischen Grenze sind bei Nichteinheimischen bis jetzt nur wenig bekannt – dünn besiedelt, jedoch von großem landschaftlichen Reiz. Verträumte Seen, weite Felder, sanft eingesenkte Täler und dichte Forste geben dem Wandergebiet zwischen Lebehn und Pomellen sein Gepräge. Pomellen ist bestenfalls Polenreisenden als Name des Grenzübergangs an der A 11 Berlin–Stettin geläufig – das Dörfchen betreten hat wahrscheinlich bisher niemand, der nicht dort wohnt. Der Zauber des Abgeschiedenen macht diese Tour einzigartig.*

**Ausgangspunkt:** Lebehn, 34 m, Einmündung der Lindenstraße in die B 113 (nahe Gutspark), Parkmöglichkeiten. Busverbindung mit Penkun oder Löcknitz, aber von Berlin umständlich und zeitaufwendig.
**Anforderungen:** Längere Wanderung auf Feld- und Waldwegen, alten Pflasterstraßen, ein Teilabschnitt auf Plattenweg.
**Einkehrmöglichkeiten:** Keine.
**Variante:** Gegen Ende der Tour gut 1 km kürzere Variante über Kyritz nach Lebehn.
**Sehenswürdigkeiten:** Gutshaus Lebehn (1910), Park; Feldsteinkirche in Ladenthin.

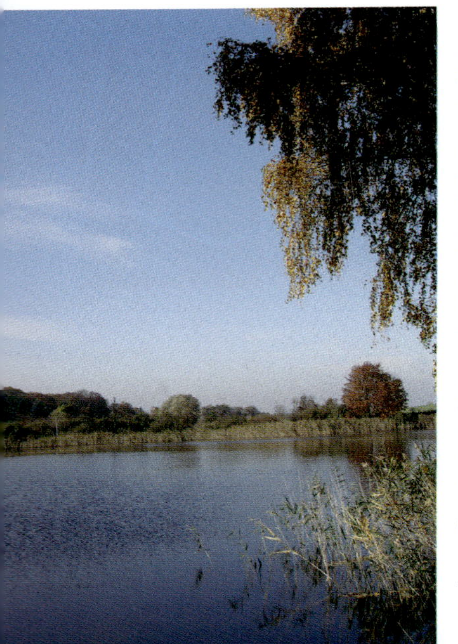

Wir beginnen in **Lebehn** ❶ unsere Wanderung an der Ecke der B 113 zur Lindenstraße. Etwa 20 m nördlich dieser Ecke, aber noch vor dem Gutspark, biegen wir nach rechts in Richtung Lebehnscher See auf eine schmale Dorfstraße ab. Diese macht nach 100 m eine scharfe Rechtsbiegung und führt am Hang allmählich zum See hinab. Entlang des Ufers gehen wir südwestwärts in Richtung Kyritzer Weg, biegen noch davor nach links ab und wandern unterhalb des kleinen Friedhofs weiter. Der Weg bringt uns dann zum asphaltierten Kyritzer Weg; auf diesem wandern wir etwa 150 m nach links und biegen dann nach links in einen grün markierten Weg ein, der weiter entlang des Seeufers verläuft. Am Ufer gibt es auf diesem

*Am Lebehnschen See.*

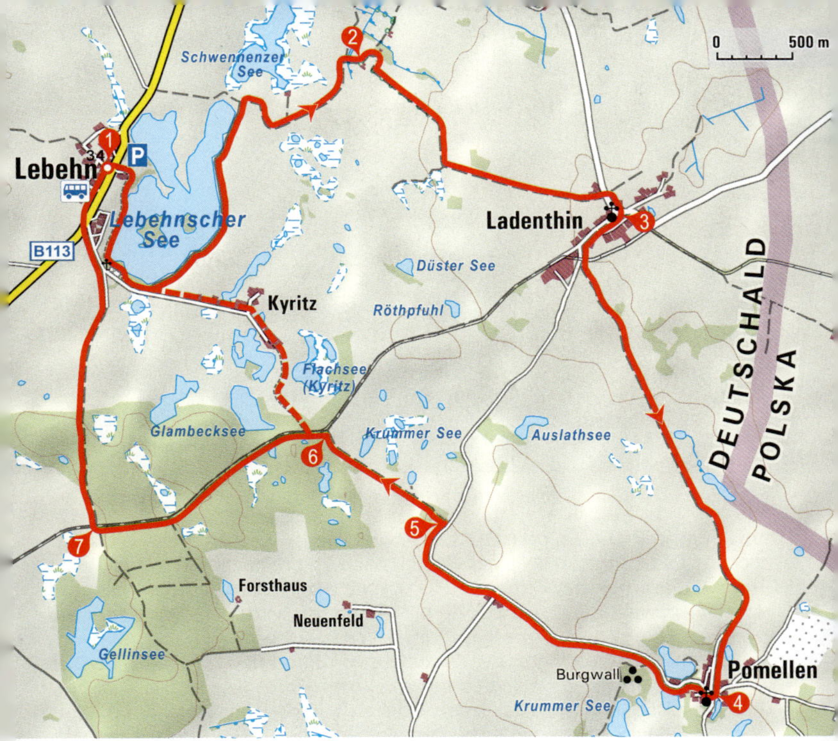

Stück zwei kleinere Badestellen, von denen wir auch einen hübschen Blick über See und Lebehn erhaschen können. Nach knapp 2 km kommen wir zu einem Plattenweg, auf dem wir nach rechts bis zu einem **Gehöft** ❷ weiterwandern. Unmittelbar nach dem Gehöft biegen wir rechts ab, wandern um das Anwesen herum und befinden uns jetzt auf einem Plattenweg in Richtung Ladenthin, das wir nach gut 2 km erreichen.
An der Kirche von **Ladenthin** ❸ gehen wir nach rechts, in südwestlicher Richtung, biegen nach etwa 150 m bei Haus 3 nach links ab und halten

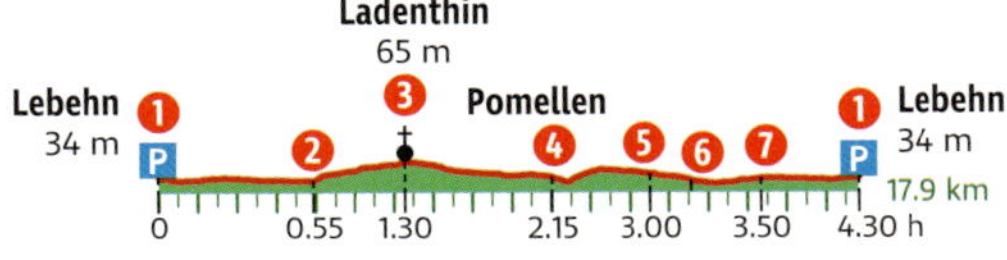

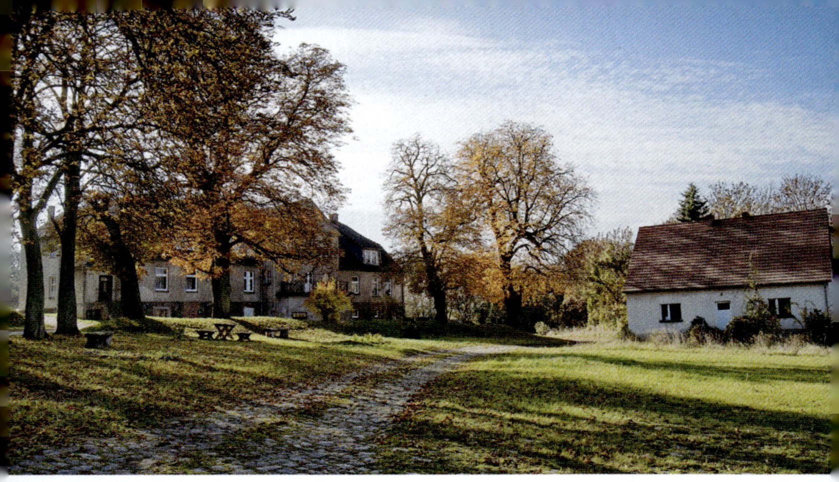

*Weltfern und doch nur wenige hundert Meter von der Autobahn entfernt: Pomellen.*

uns unmittelbar nach dem Ortsendeschild wieder links. Der Feldweg senkt sich ins Tal hinab, von links nähert sich nach und nach die Grenze zu Polen. Wir wandern oberhalb eines Teichs vorbei, dann hin zu einem Waldrand. An der Abzweigung direkt vor dem Wald halten wir uns rechts weiter am Waldrand (links geht es bergan). Unser Weg wird befestigt und führt uns zu einer Wegekreuzung in der Ortsmitte von **Pomellen** ❹. Hier gehen wir nach rechts über den Dorfplatz und von dort halbrechts abwärts über eine Pflasterstraße und westwärts am Dorfteich vorbei aus dem Ort hinaus. Nach knapp 1,5 km gehen wir geradeaus an einer Häusergruppe und der von links einmündenden Straße aus Nadrensee vorbei. Wenig später folgen wir der Rechtskurve und biegen etwa 300 m danach links in einen unbefestigten **Alleeweg** ❺ ein. Er führt zu einem nicht mehr vorhandenen Gutshaus, rechts um dieses Areal herum und bringt uns nach 1 km am Waldrand zu einem breiteren **Waldweg** ❻. Dieser führt rechts nach Ladenthin, wir jedoch biegen nach links in den Wald ein. Nach 250 m zweigt ein Reitweg (Schild) nach rechts ab (→ Variante über Kyritz nach Lebehn).

Wir gehen jedoch durch zauberischen Buchenwald weiter geradeaus, kommen an einer kleinen Kreuzung mit einer Futterkrippe vorbei und erreichen etwa 700 m danach den **Waldrand** ❼. Hier biegen wir nach rechts ab. Bei der Gabelung nach 150 m halten wir uns halbrechts und dringen wieder tiefer in den Wald ein. Nach Verlassen des Waldes wandern wir in einer prachtvollen alten Ahornallee weiter. Nach gut 1 km sind wir wieder in Lebehn am Kyritzer Weg angekommen. Wir gehen nach links bis zur B 113 und auf ihr nach rechts, vorbei am Kriegerdenkmal, in die Dorfmitte von **Lebehn** ❶.

↗ 110 m | ↘ 110 m | 9.3 km

2.30 h

# In den Wäldern der Puszcza Piaskowa



## Durch einen ausgedehnten Wald zu gewaltigen Findlingen

*Nördlich des Städtchen Cedynia (Zehden) befindet sich das riesige Waldgebiet Puszcza Piaskowa (einst Forst Peetzig). Zusammen mit Teilen seines Umlands steht das Waldgebiet als »Cedyński Park Krajobrazowy« (Landschaftsschutzpark Zehden) mit insgesamt 308 km² Fläche unter besonderem Schutz. Die höchste Erhebung der recht hügeligen Region ist der 166 m hohe Góry Czarny Bocian (übersetzt Schwarzstorchberg, vor 1945 Wildheideberg). Die sich schier unendlich hinziehenden Waldungen sind in ihrer Düsternis von ganz besonderem Reiz. Zusammen mit zwei tief im Wald liegenden Findlingen sind sie ein sehr lohnendes Wandergebiet bzw. -ziel.*

**Ausgangspunkt:** Krzymów (Hanseberg), 48 m, Kirche;
**Anforderungen:** Leichte Wanderung auf Feldwegen und alten Pflasterstraßen, ein längeres Stück auch auf einer Asphaltstraße, jedoch auch auf ziemlich sandigen Waldwegen. In der Dämmerung oder bei Dunkelheit sollte die Tour nicht gemacht werden – zu groß ist die Gefahr, sich in dem sehr weitläufigen Wald zu verirren.
**Einkehrmöglichkeiten:** Keine, nur in Krajnik Dolny (→ Variante).
**Variante:** Als erweiterte, nicht nur im Wald verlaufende Variante sei empfohlen, auf guten Feldwegen von Krajnik Dolny via Krajnik Górny nach Krzymów zu gehen; ab Krajnik Dolny 6 km einfache Strecke: Der Weg beginnt in der großen Kurve in der Straße nach Chojna rechts an dem gelben, alten deutschen Haus, in der Ortsmitte von Krajnik Górny an der Bushaltestelle links abbiegen.
**Sehenswert:** Krzymów: verfallendes Gutshaus und Feldsteinkirche mit Turmhaube aus Beton.
**Hinweis:** Die Region ist nur auf wenigen erhältlichen Karten zu finden; Karte Nr. 246 Schwedt-Angermünde-Gryfino-Chojna (Verlag Dr. Barthel) sowie die Topographische Freizeitkarte Nationalpark Unteres Odertal 1:50.000, wobei die Wegeverläufe in der Natur den eingezeichneten nicht ganz eindeutig entsprechen. Auch sind die in diesen Karten rot und blau markierten Wanderwege bzgl. der Ausschilderung und/oder Markierung in der Realität nur an wenigen Stellen zu entdecken. Zudem ist der rot markierte Weg in seinem Verlauf im Gelände verwirrend – er hat keine eindeutig von A nach B führende Trasse, sondern ist eine Art Sternweg.

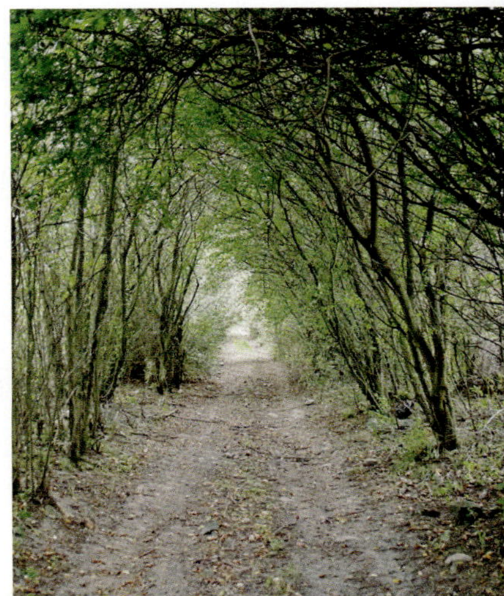

*Hohlweg bei Krzymów.*

Von **Krzymów ❶** gehen wir entlang der Mauer des Gutsparks und an dessen Ostende in Richtung Stoki südwärts aus dem Dorf hinaus. Am südlichen Ortsende knickt die Straße etwas links ab, wir gehen halb rechts auf einem schönen Allee- und Buschweg mit leichtem Anstieg auf den Wald zu. Etwa 200 m nach Betreten des Waldes kommen wir zu einer **Wegekreuzung ❷**. An ihr gehen wir geradeaus weiter, jetzt auf einem recht sandigen, breiten Waldweg. Er steigt leicht an, erreicht eine unlängst geschlagene Lichtung und rund 300 m weiter eine zweite, aber viel kleinere **Lichtung ❸**. Hier kommt von links ein rot markierter Pfad aus einer Schonung heran. Wir biegen an dieser Stelle mit der roten Markierung nach rechts auf einen Waldweg ab, auf dem teils noch eine alte Pflasterung vorhanden ist.

Auf diesem Weg kommen wir nach etwa 750 m auf die breite Pflasterstraße aus Kuropatniki. Hier biegen wir links ab und erreichen nach etwa 200 m einen **Abzweig ❹**, an dem sich Rot zusammen mit Blau nach rechts wendet. Der sandige Weg steigt an und ab, wir folgen der roten Markierung, der Weg wendet sich allmählich nach rechts und wir erreichen schließlich einen von links verhältnismäßig steil abfallenden **Waldhang ❺**, die

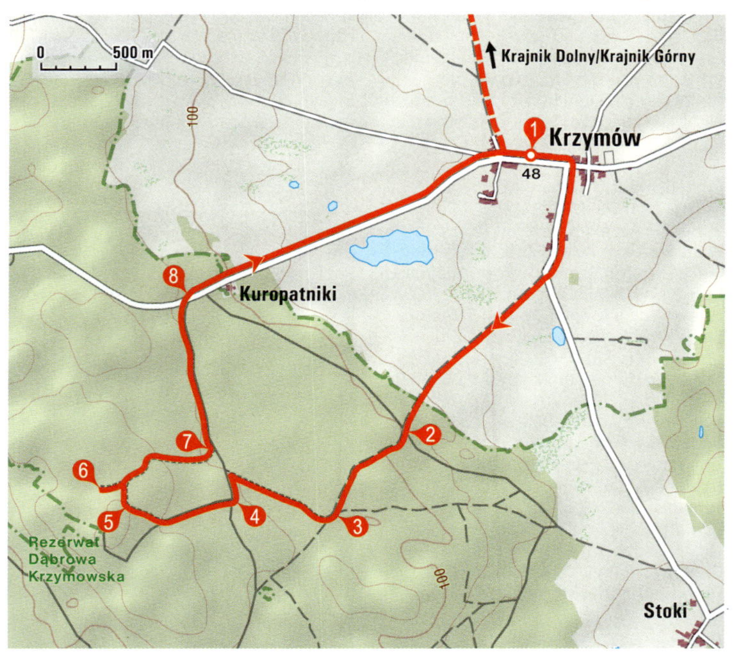

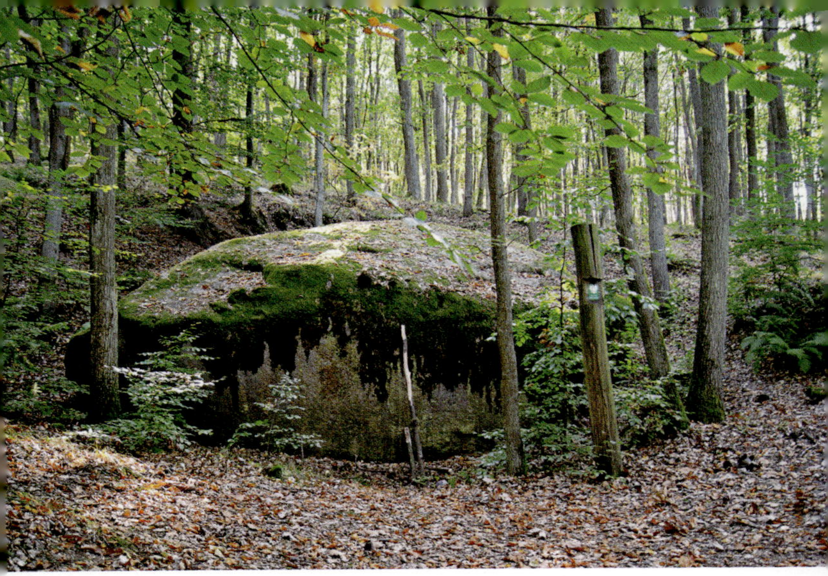

*Die eindrucksvollen Findlinge liegen kaum auffindbar tief im Wald versteckt.*

Ostflanke des Gór Czarny Bocian; rechts liegt ein kleiner Talgrund. Gleich danach gelangen wir an eine breite Querstraße mit einem von ihr spitzwinklig bergab führenden Waldpfad (hier befindet sich ein verwirrender Wegweiser mit markierten Pfaden, die in keiner Karte eingezeichnet sind). Wir folgen der Querstraße etwa 150 m nach links zu den **Findlingen** 6.
Von hier gehen wir zurück zum Abzweig und gehen jetzt mit Rot geradeaus weiter, bis wir nach etwa 700 m und einer kleinen, aber deutlichen Linkskurve die schon erwähnte **Pflasterstraße aus Kuropatniki** 7 erreichen. Hier ist eine rote Markierung deutlich zu erkennen. Der Pflasterstraße nach links (nordwärts) folgend kommen wir nach gut 1 km zur Straße Krzymów–Piasek, schräg gegenüber steht das ehemalige Jagdschlösschen Hanseberg, polnisch **Kuropatniki** 8, heute in Privatbesitz.
Auf der Asphaltstraße gehen wir nach rechts, passieren die Försterei Kuropatniki und durch eine sehr schöne Allee geht es nach **Krzymów** 1 zurück.

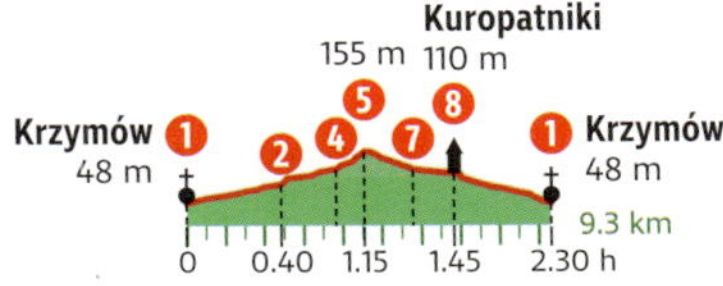

TOP

48

# Durch das Tal der Liebe

↗ 110 m | ↘ 110 m | 10.5 km

3.15 h

**Tiefe Waldschluchten und ein verwunschener Märchenwald an der Oder**

*Nicht einem profanen Fluss namens Liebe, sondern wahren Gefühlen verdankt das Tal der Liebe (polnisch Dolina Miłości) seinen Namen. Anna von Humbert ließ den Landschaftspark um 1850 anlegen, um ihrem nach langer Reise zurückkehrenden Mann Carl Philipp als Ausdruck ihrer Liebe eine besondere Überraschung bereiten zu können. Früher war die steil zur Oder abfallende Hügelkette als »Nieder Saathener Höhen« bekannt. Im Jahr 1827 war der ganze Landstrich, wie auch das nahe, heute nicht mehr existierende Gutshaus Hohen Kränig (Krajnik Górny), in den Besitz der Hugenottenfamilie von Humbert gekommen, die schon seit dem 17. Jh. bei Schwedt ansässig war. Heute ist das Tal der Liebe ein zauberhafter, 80 ha umfassender Landschaftspark um und auf einer wild zerklüfteten, bis zu 90 m aufsteigenden Anhöhe über der Oder, etwa 3 km oderaufwärts vom Grenzübergang Schwedt-Dolny Krajnik gelegen. Wegen der Grenzlage durfte nach 1945 niemand mehr den Park besuchen und er verwilderte. Erst 2010/11 konnte in deutsch-polnischer Zusammenarbeit der Landschaftspark restauriert werden. In den Buchenwaldungen des Tals der Liebe trifft man auf viele geschützte Pflanzen wie Bärlauch und Knabenkraut. Dank der Flussnähe sind hier sogar der Eisvogel, Schwarzspecht und Seeadler beheimatet. Das Tal der Liebe ist selbst bei den Brandenburgern auf der Westseite der Oder bis heute kaum bekannt – aber eines der großartigsten Ausflugsziele, die sich in der Region zwischen Berlin und Stettin befinden.*

**Ausgangspunkt:** Krajnik Dolny (Nieder Kränig), 9 m, Grenzübergang; Parkmöglichkeit; mit dem Bus 492 ab Schwedt ZOB bis Krajnik Dolny und an der ersten Haltestelle nach der Grenze aussteigen.
**Anforderungen:** Von Krajnik Dolny bis zum Tal der Liebe verläuft ein breiter, teilweise befestigter Weg, innerhalb des Landschaftsparks geht es auf Waldpfaden teilweise steil hinauf und hinab. Bei Regen und im Herbst (Blätter!) besteht Rutschgefahr. Mit gut 10 km Länge bietet sich die Tour schon wegen des zauberhaften Märchenwalds als kindergeeignet an. Innerhalb des Landschaftsparks existiert ein rot markierter Weg, es ist die längste und anspruchsvollste Strecke, sowie eine blau und eine schwarz markierte Route von geringerem Umfang. Die vorliegende Tourbeschreibung bezieht sich auf den roten Weg.
**Einkehrmöglichkeiten:** Krajnik Dolny: wegen des Grenzübergangs gibt es verschiedene, sämtlich empfehlenswerte Lokale. Nicht am Weg: Zatoń Dolna (Nieder Saathen): Sehr lohnend ist der Besuch des urigen Cafés »Wiejski Kocur« (Tel. +48 91 4185007), bis 1945 Restaurant »Waldkater«, in der Ortsmitte, etwa 500 m oderaufwärts vom Eingang in den Landschaftspark. Es wird von dem landesweit bekannten Heimatfreund und Park-Aktivisten Ryszard Matiecki als Einkehrmöglichkeit in Verbindung mit einem Begegnungszentrum, Übernachtungsgelegenheit und Touristeninformation betrieben (auch Land- und Ansichts-

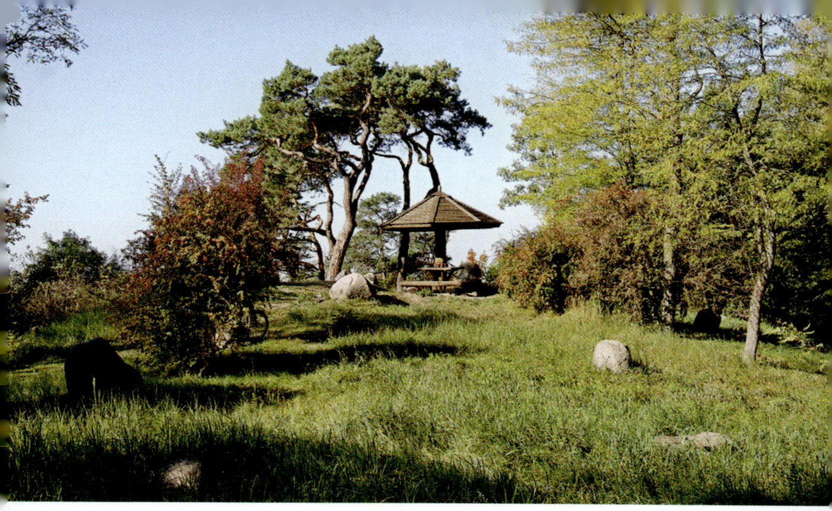

*Auf dem Heldenberg lädt ein idyllisches Rastplätzchen zur Pause ein.*

kartenverkauf), www.wiejskikocur.pl; Café Beata, Tel. +48 91 4142551, bekannt für hervorragende Kuchen und Torten. **Sehenswürdigkeiten:** Die 1711 erbaute Dorfkirche von Zatoń Dolny. Sie liegt etwas oberhalb der Ortsmitte – von ihr hat man einen großartigen Blick über das Odertal. Lohnend ist auch der Besuch des ehemaligen Gutsparks in Krajnik Górny. Wenngleich das Schloss in den letzten Kriegstagen niederbrannte, spürt man in dem ebenfalls durch Anna von Humbert angelegten Park noch den Atem der untergegangenen Welt ostelbischer Gutsherren. Die sogenannte Weingartenallee vom Park in Richtung Tal der Liebe wie auch der alte Mühlenweg (heute Asphaltstraße) von Krajnik Górny nach Zatoń Dolny sind weitere, eine Begehung lohnende Ziele.
**Hinweis:** Mit dem Pkw von Krajnik Dolny über Krajnik Górny nach Zatoń Dolna fahren und von dort aus 500 m bis zum Parkeingang (Wegpunkt 2) gehen.

Wir beginnen die Wanderung in **Krajnik Dolny** ❶ direkt an der Oderbrücke und wandern unmittelbar am Ufer flussaufwärts. Nach etwa 2 km gelangen wir zu einem ersten Weg nach links ins Tal der Liebe, bleiben aber noch auf dem Hauptweg, der sich etwas vom Ufer entfernt hat. Nach etwa 500 m zweigt nach links ein Weg zu einer Lichtung ab, wo sich ein Vorwerk und ein sogenanntes Schweizerhaus befunden haben, eine Art Gartenpavillon im damals modischen alpenländischen Stil. Wir gehen jedoch weiter an der Oder entlang und kommen nach knapp 400 m zum Hauptzugang des **Landschaftsparks** ❷. (Von hier sind es – wer einkehren will oder die Kirche aufsuchen möchte – rund 500 m bis in die Ortsmitte von Zatoń Dolna.) Wir gehen aber in das Tal der Liebe hinein und folgen dem rot markierten, etwas ansteigenden Weg. Wo von schräg links der Weg von der Bastei herunterkommt, befand sich rechter Hand die Försterei. Wir gehen weiter und passieren am Hang links ein Trockenrasengebiet. Bald ist eine der zentralen Stellen im Tal der Liebe erreicht, die **Teiche** ❸ mit den Figuren von Adam und Eva – eigentlich sollen sie jedoch Apollo und Diana darstellen. Es sind Kopien, die Originale wurden in der unmittelbaren Nachkriegszeit zerstört. Mit der roten Markierung gehen wir hier nach rechts, der Weg steigt deutlich an, wendet sich bald in rechtem Winkel nach rechts in Richtung Oder und wir wandern mit ständigem leichten Anstieg durch den Mischwald bis zum Waldrand. Erneut gibt es eine scharfe Wendung – diesmal nach links – dann weiter am Waldrand empor, bis der Weg kurz unterhalb des höchsten Punktes nach links in den Wald zu einer **Kreuzung** ❹ kommt, an der wir rechts abbiegen. Bald kommen wir wieder zum Waldrand, wo der Weg in einer weiten 180°-Kehre erneut in den Wald hineinführt. Dort gelangen wir sogleich zu einer Gabelung, an der wir nach rechts leicht bergab zu einer hölzernen Schranke gehen. Dahinter verzweigt sich der Weg erneut; wir halten uns wieder rechts und folgen dem Weg durch eine weite Linkskurve, parallel zum Waldrand. An einem kleinen Abzweig gehen wir nach rechts und unser roter Weg mündet nach wenigen Metern in einen breiteren blau markierten Weg ein – wir gehen mit Blau und Rot auf ihm nach rechts weiter und abermals erfolgt ein Anstieg. Am höchsten Punkt des ganzen Bergs erreichen wir gleichsam das Heiligtum des Tals der Liebe, den **Heldenberg** ❺ oder Gedenkberg (Wzgórze Pamęci). Hier kann man nicht nur den vielleicht hinreißendsten Blick der ganzen Wanderung erhaschen, sondern auch zahlreiche Granitsteine bewundern, in die die Namen bedeutender Persönlichkeiten der deutschen Geschichte eingemeißelt sind, so u. a. Robert Koch, diverse Preußenkönige, Königin Luise, Bismarck, Moltke, Richard Wagner, Luther, Dürer, Mozart, Hindenburg etc. Diese Steine wurden 1930 angefertigt und überstanden seltsamerweise die Nachkriegszeit. Besonders bemerkenswert ist ein steinerner Tisch, an dessen Platte seitlich die Worte »Deutschland, Deutschland, über alles« zu lesen sind.

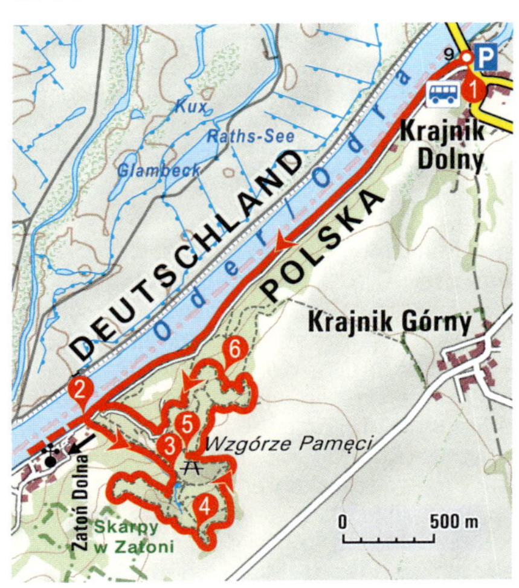


Am Heldenberg verlassen wir den blauen Weg und gehen mit Rot nach rechts. Bergab gelangen wir zur Teufels-

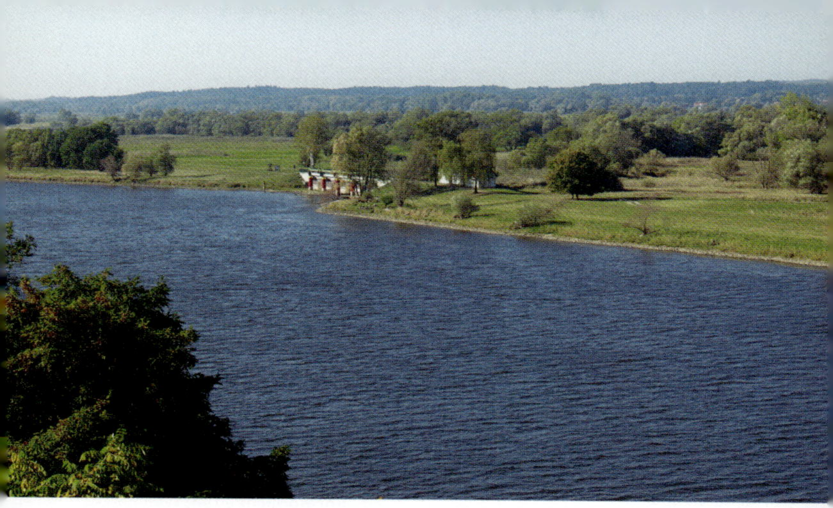

*Blick vom Heldenberg über die Oder.*

brücke, die eine der zahlreichen Waldschluchten überspannt. Nach der Brücke wendet sich der Weg allmählich nach rechts, wieder einmal zum Waldrand hin, und wir erreichen die Stelle, wo die Allee aus Krajnik Górny herankommt. Wir bleiben aber auf unserem rot markierten Pfad und erreichen fast unmittelbar danach den fast ausgetrockneten Herthasee, der etwas unterhalb unseres Wegs liegt. Der Weg senkt sich wieder ab und wir wenden uns alsbald in einer Haarnadelkurve mit Rot/Blau (diese Markierung war inzwischen wieder dazugekommen) nach links. Weiterhin bergab überqueren wir erneut eine Brücke und erreichen eine **Gabelung** 6, an der man rechts rasch hinab zum Oderufer gelangen könnte, wir jedoch gehen mit Rot halblinks weiter. Nun wendet sich der Weg in einer großen Linkskurve nach Westen und gelangt zu einer weiteren Kreuzung, über die wir geradeaus hinweggehen. Nach etwa 250 m lenkt uns ein Wegweiserstein nach rechts zur Bastei, ein weiterer Aussichtspunkt, den wir nach 300 m erreichen – wir genießen den Blick über Oder und Aue, steigen von hier direkt hinab zum Hauptzugang des **Landschaftsparks** 2 und gehen von dort, so wie wir gekommen sind, zum Ausgangspunkt in **Krajnik Dolny** 1 zurück.

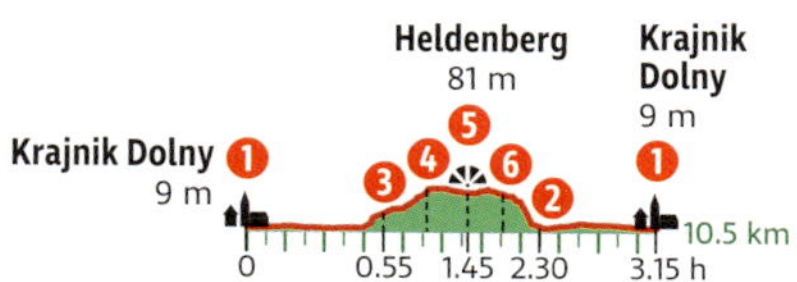

↗ 70 m | ↘ 70 m | 19.5 km

# 49 Das Odertal bei Widuchowa und sein Hinterland

4.30 h

## Durch stromdurchglänzte Auen und unberührte Hügellandschaften

*Besonders reizvoll ist das Oderufer nordöstlich von Schwedt auf der polnischen Seite. Zwar ist hier kein Nationalpark ausgewiesen, die Gegend ist aber durch ihre jahrzehntelange Grenzlage nach dem Zweiten Weltkrieg annähernd unberührt geblieben. Widuchowa (Fiddichow), einst Stadt, ist seit den immensen Zerstörungen des Frühjahrs 1945 nur ein Dorf, das hie und da noch den Charakter eines pommerschen Ackerbürgerstädtchens anklingen lässt. Dennoch lohnt ein Besuch wegen der malerischen Lage des Orts auf einem Hügel über der Oder. Von Widuchowa führt diese ganz individuelle Wanderung in die stillen Flusslandschaften an der Oder, in das weltferne Dörfchen Marwice (Marwitz) und von dort durch Hügel, Wiesen und Wälder zurück.*

**Ausgangspunkt:** Widuchowa (Fiddichow), 14 m, Kirche.
**Anforderungen:** Leichte, jedoch längere Tour, die Abschnitte Oderdamm–Marwice und Marwice–Dębogóra (Brusenfelde) verwandern durch Wiesen, die sehr feucht sein können.
**Hinweis:** Sollte der Wiesenweg vor Marwice (Wegpunkt 3) wegen Nässe unpassierbar sein, gibt es knapp 1 km weiter oderabwärts eine zweite Querverbindung nach Marwice – oder man geht zum Abzweig beim Teich zurück und von dort direkt in die Ortsmitte.
**Karte:** Verlag Dr. Barthel Nr. 246
Schwedt-Angermünde-Gryfino-Chojna.
**Einkehrmöglichkeiten:** Widuchowa; während der Saison entlang des Uferwegs Imbiss-Stände; Café von Agnieszka Madej: Nadodrzanska 17a (Übernachtungen), Tel. +48 91 4158726 bzw. Tel. +48 663 188868), www.urlopnawsi.com.pl.
**Sehenswürdigkeiten:** Kirche in Widuchowa mit einer originalen Glocke aus dem Jahr 1787, gegossen im nahen Königsberg/Neumark (heute Chojna), die im Kirchhof vor dem Eingang in einem besonderen Glockenstuhl aufgehängt ist und in einer deutschen Inschrift ihre Entstehung dokumentiert.

In **Widuchowa** ❶ gehen wir rechts an der Kirche vorbei hinunter zum Oderufer und wandern von hier nach rechts die Uferstraße entlang. Wir verlassen das recht lang gezogene Dorf erst nach 1 km. Gleich hinter den letzten Häusern führt nach rechts ein **Weg** ❷ in die verhältnismäßig steile Hügellandschaft empor, über den wir am Ende der Wanderung zurückkommen. Etwa 2 km danach erreichen wir eine kleine Kreuzung – hier kann man nach links einen Abstecher auf den Oderdamm machen (400 m ent-

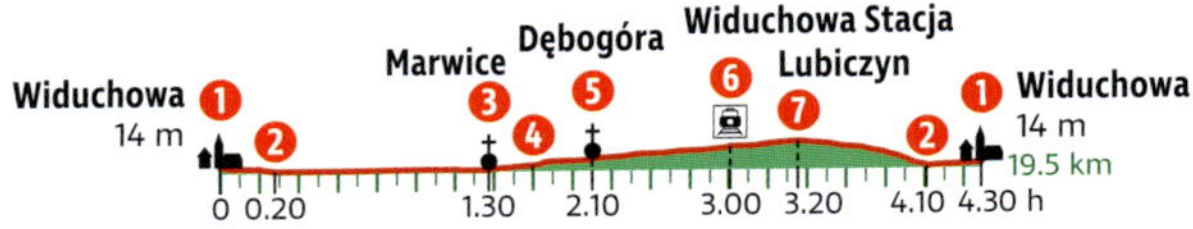

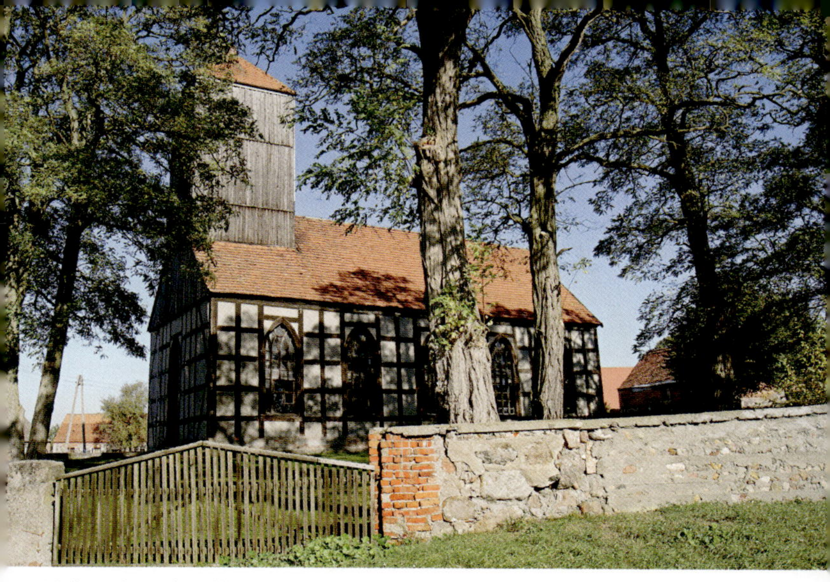

*Die barocke Fachwerkkirche von Marwice überstand den Krieg unzerstört.*

fernt). Unser Weg verläuft weiter geradeaus eingebettet zwischen Oderaue und bewegter Hügellandschaft, bis wir nach etwa 1,7 km am Ortsrand von Marwice angekommen sind. Rechts liegt ein kleiner Teich. Hier schlagen wir nach links einen Dammweg ein, der in weitem Bogen um Marwice herumführt. Von diesem sehr reizvollen Weg, der uns an den Oderdamm heranführt, biegen wir nach knapp 1,5 km rechts in einen Wiesenweg ein. Er führt direkt auf Marwice zu (→ Hinweis). Im Ort gehen wir nach rechts bis zur Kirche in der Dorfmitte von **Marwice** ❸ und und verlassen den Ort hier nach links auf der leicht ansteigenden Asphaltstraße nach Pacholeta (Pakulent). Nach etwa 600 m zweigt im spitzen Winkel nach rechts ein unscheinbarer Wiesenweg ab (Verbotsschild »5 t«). Auf ihm gehen wir etwas bergab, entfernen uns nach und nach von der Teerstraße und kommen zwischen allerlei Buschwerk auf einen ebenso schmalpfadigen **Querweg** ❹. Diesem folgen wir nach links durch fast urwaldartiges Gehölz und gelangen nach etwa 200 m an einem Teich zu einem breiten Fahrweg. Wir gehen nach rechts, passieren ein Gehöft und wandern leicht ansteigend durch wunderbare Wiesenlandschaften, bis links eine Betonmauer erscheint. An ihrem oberen Ende biegen wir an einer Gabelung rechts ab und wandern nach links geradeaus durch das Dorf bis zur Kirche von **Dębogóra** ❺ (Brusenfelde). Weiter geradeaus gelangen wir zum Gutshof und dem etwas heruntergekommenen Gutshaus. Hier gehen wir nach links, bis zur Staatsstraße 31.

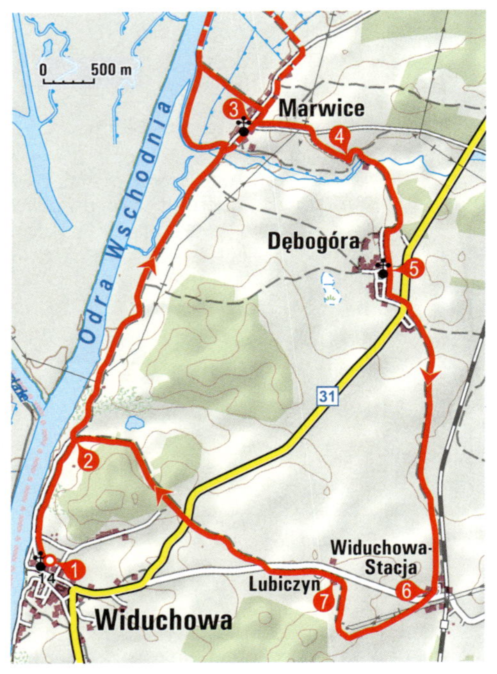


Wir biegen rechts in sie ein und verlassen sie bei dem kleinen Laden nach links. Bei der spitzwinkligen Gabelung hinter den letzten Häusern nehmen wir den rechten Weg und gehen auf ihm nun immer geradeaus. Der Feldweg wird bald zu einer wunderbaren alten Pflasterstraße, dann zu einem Plattenweg, dann geht es unbefestigt ein Stück bergab; kurz müssen wir dem plötzlich überwucherten Weg auf einem Pfad entlang des Ackers ausweichen. Von links kommt die Bahnlinie Szczecin–Kostrzyn heran, auch wird links das Dörfchen Bolkowice (Wilhelmsfelde) sichtbar. Zuletzt kommen wir unmittelbar neben dem Bahngleis zur breiten Straße nach Widuchowa nahe dem **Bahnhof von Widuchowa** ❻ (Widuchowa Stacja), der gut 4,5 km östlich des Dorfs liegt (links über die Brücke gelangt man hinab zum Bahnhof mit reizvollen alten Bahnarbeiterhäusern). Wir gehen jedoch über die Straße auf einen Feldweg, der leicht bergab und rechts von einem größeren Teich verläuft. Nach gut 1 km kommen wir in der Nähe einiger landwirtschaftlicher Betriebsgebäude zu einem breiteren Weg, auf diesem gehen wir nach rechts bergan ins Dorf **Lubiczyn** ❼ (Obervorwerk), wo wir wieder auf die Straße nach Widuchowa treffen. Hier biegen wir nach links ab und schlagen etwa 200 m nach dem Ortsausgangsschild nach rechts einen Feldweg ein. Nach rund 1 km überqueren wir die Staatsstraße 31, gehen geradeaus weiter, halten uns am Waldrand halbrechts bzw. geradeaus und folgen nun diesem Weg etwa 1,2 km durch schönste Hügellande. Am Schluss senkt er sich teilweise steil ab, bis wir wieder den **Weg** ❷ am Ufer erreichen. Hier gehen wir nach links auf dem Hinweg nach **Widuchowa** ❶ zurück.

↗ 160 m | ↘ 160 m | 27.6 km

**7.00 h**

# Durch die Umgebung von Gryfino



## Malerisch: Wälder, Bachtäler, ein Badesee und seltsame Bäume

*An der Ostseite der Oder steigt bei Gryfino (Greifenhagen) eine idyllische Hügellandschaft auf. Trotz der Nähe zur Großstadt Szczecin und zum Kohlekraftwerk Dolna Odra ist sie größtenteils unberührt. Neben höchst vielfältigen Naturschönheiten bringt diese Tour eine Begegnung mit dem seltsamen »Krzywy Las«, unweit des Kraftwerks. Bei diesem »Schiefen Wald«, oft auch »Krummer Wald« genannt, weisen die Baumstämme höchst ungewöhnliche Verbiegungen und Krümmungen auf, deren Ursache nicht eindeutig geklärt ist.*

**Ausgangspunkt:** Gryfino, 18 m, Bahnhof; ab Stettin Hbf., zu erreichen von Berlin mit RE 66.
**Anforderungen:** Lange, jedoch sehr vielfältige Tour. Der erste Teil durch den Wald zwischen Gryfino und Wełtyń ist bei Dämmerung oder an einem trüben Tag nicht zu empfehlen, zu undeutlich sind die Waldpfade und zu schlecht ist die Wegmarkierung. Gleiches gilt für den Abschnitt zwischen dem See Jezioro Wełtyńskie und Wirów. Der erste Wegabschnitt bis (Wegpunkt 8) folgt einer roten Markierung, auf die man sich jedoch keineswegs verlassen kann. Dies gilt auch für die schwarze Markierung, besonders am See Jezioro Wełtyńskie.
**Karte:** Okolice Szczecina (Umgebung von Stettin) 1:75.000, Verlag ExpressMap.
**Einkehrmöglichkeiten:** Nur einige wenige in Gryfino: Arkadia, Armii Krajowej 6, Tel. +48 91 4163655, www.arkadia-gryfino.pl; Pizzeria Wenecja, Krasińskiego 82, Tel. +48 91 4045404, www.restauracjawenecja.com; Na Tarasie, Konopnickiej 12, Tel. +48 537 692880.
**Variante:** Abkürzungsmöglichkeit um knapp 7 km: In Żórawki (Wegpunkt 13) auf der Ulica Jaśminowa etwa 150 m geradeaus, dann rechts in die Stokrotki, nach weiteren 500 m Anschluss an den Hauptweg (Wegpunkt 16).

**Sehenswürdigkeiten:** Die Oderbrücke von Gryfino (Straße zum Grenzübergang Mescherin); Oder- und Stadtpanorama von der Westseite der Brücke; Bahner Tor (Brama Banska) im Süden der Innenstadt; Bademöglichkeit am See Jezioro Wełtyńskie.
**Hinweis:** Wegen der sehr schlechten Markierungen ist die Tour im Folgenden auf das Ausführlichste beschrieben.

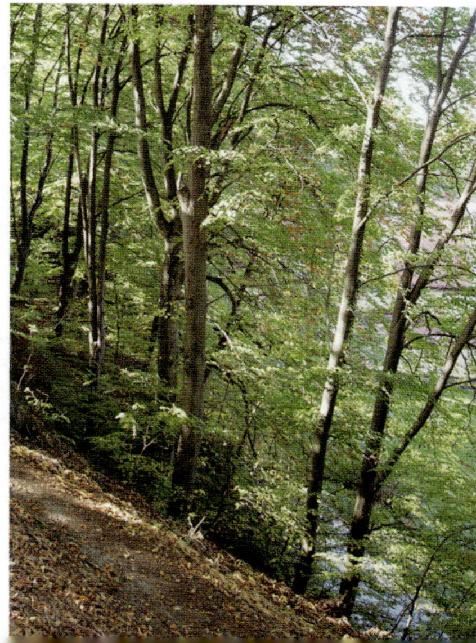

*Steil geht es aus dem Tal der Tywa empor.*

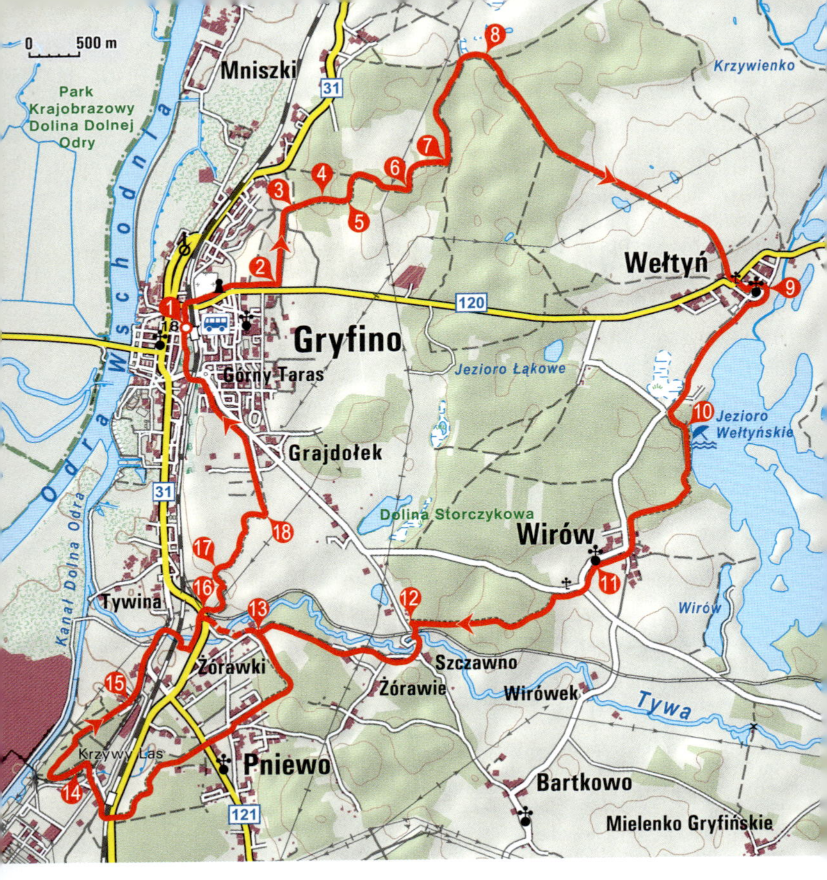


Vom Bahnhof **Gryfino** ❶ gehen wir nordwärts bis zur Grunwaldska, biegen hier rechts ab, wandern unter den Bahngleisen hindurch und am Friedhof entlang auf der Wojska Polskiego bergauf. Am oberen Ende des Friedhofs biegt links die Hugo Kołłataja ab, wir gehen jedoch geradeaus weiter bis zum Ende der großen **Laubenkolonie** ❷, biegen hier links ab und wandern entlang der Kolonie bis zu deren Ende. Hier gehen wir nach rechts zum Wald. Wo der Weg nach links abknickt und dann zum Waldrand parallel verläuft, gehen wir direkt in den Wald hinein, wo uns ein kaum erkennbarer Pfad weiterführt. Gleich nach dem Eintritt in den Wald ist an einer **Eiche** ❸, nur schwach sichtbar, eine rote Markierung angebracht. Wir folgen dem undeutlichen und teilweise verwachsenen Pfad durch den Wald, passieren eine Schonung und gehen direkt auf eine Eiche zu, die wieder eine deutlichere rote Markierung zeigt. Gleich danach erreichen wir einen **Querweg** ❹. Wir halten uns halbrechts und nach einer Waldkreuzung, mit kurzem Anstieg bergan. Oben gelangen wir erneut zu einem **Querweg** ❺, wo wir uns nach links wenden und uns nach knapp 300 m dem Waldrand nähern. Kurz davor treffen wir abermals auf einen Querweg und gehen hier nach rechts (deutliche rote Markierung). Nach etwa 500 m erreichen wir eine breite, dreieckähnliche **Wegkreuzung** ❻, an der wir links abbiegen, erneut zum Waldrand kommen und kurz davor halbrechts abbiegen (rote Markierung); die Markierung führt uns gleich danach erneut nach rechts und nun geht es leicht bergab zu einer Lichtung. Hier kommen wir zu einer **Weggabelung** ❼ und gehen halblinks, Rot ist deutlich erkennbar, und kommen gleich zu einem breiten Fahrweg, auf dem wir unsere Wanderung nach links fortsetzen. Jetzt geht es durch angenehme Lichtungen. Nach etwa 1,2 km gelangen wir wieder an den Waldrand und zu einer grün-weißen Schranke. An der Wegkreuzung nach dieser Schranke biegen wir rechts ab. Nach gut 200 m kommen wir zu einer Gabelung, wo sich der rot markierte Weg nach links wendet, und ein schwarz markierter nach **rechts** ❽ führt. Wir gehen mit schwarz nach rechts und wandern gut 1,5 km leicht bergauf und bergab, bis der Weg den Wald verlässt. Von links zieht auf dem freien Feld eine schöne Birkenallee heran, wir gehen geradeaus weiter, kommen nach 2 km auf die Staatsstraße 120 und gehen hier nach links in das Dorf **Wełtyń** ❾ (Woltin) hinein, wo wir die hübsche Dorfkirche bewundern. Wir gehen einmal um die Kirche herum und dann über die Koscielna und die Wirowka (schwarze Markierung) in südwestlicher Richtung aus dem Dorf hinaus bis zum Friedhof. Hier gabelt sich der Weg, wir halten uns rechts, der Weg ist nun teilweise befestigt. Von links rückt nach und nach der Jezioro Wełtyńskie (Woltiner See) heran. Am Waldrand kommen wir zu einer größeren Kreuzung, wo wir uns mit Schwarz nach links wenden. An einer Gabelung erneut nach links und durch die Wochenendhauskolonie

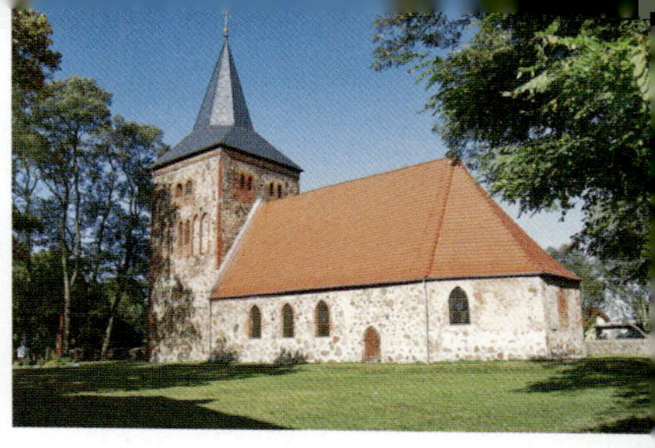
*Kirche in Wełtyń.*

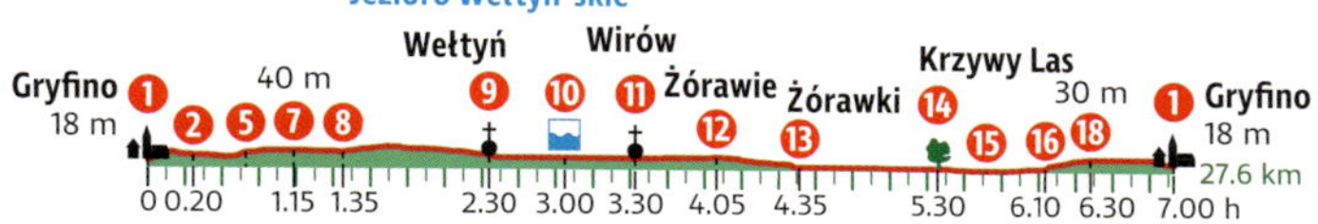

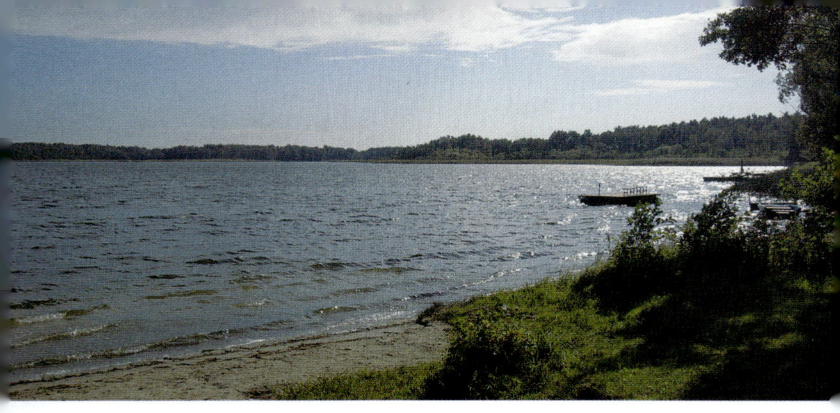

*Badestelle am Jezioro Wełtyńskie.*

Rusałka hinunter zum Ufer des **Jezioro Wełtyńskie ⑩**. Dort gehen wir nach rechts durch ein Metalltor und direkt unterhalb der Wochenendhäuser am Ufer entlang. Nach etwa 500 m passieren wir eine Badestelle und kommen weiter am Seeufer entlang zu einer Weggabelung, an der wir wieder die schwarze Markierung erkennen. Laut der Karte geht es mit Schwarz geradeaus/halblinks südwärts zum Jezioro Wirowskie, doch endet dieser Weg bald. Wir folgen also nach rechts einem nicht ganz deutlichen Waldweg, der bald entlang des Waldrands verläuft, bis wir nach etwa 750 m die Teerstraße Wełtyń–Wirów (Wierow) erreichen. Auf ihr gehen wir nach links bis zum Ortsrand Wirów und nach rechts in Richtung der Kirche von **Wirów ⑪**. Nach dem Ort treffen wir auf die Straße nach Gryfino, wo wir uns nach rechts wenden und nach etwa 250 m hinter einer Brücke nach links auf einen Sandweg in den Wald abbiegen. Hier sehen wir wieder die schwarze Markierung, die uns, wenngleich nur sporadisch, bis zur Staatsstraße 31 begleitet. Wir wandern auf dem Sandweg gut 1,5 km in westlicher Richtung, bis wir bei **Żórawie ⑫** (Kronheide) auf eine alte Pflasterstraße stoßen. Auf dieser nach links geht es auf einem äußerst idyllischen Wegabschnitt talwärts. Unten überqueren wir den Bach Tywa und schlagen unmittelbar nach der Brücke nach rechts einen schmalen Pfad ein. Er bringt uns steil aus dem Tal aufsteigend zu einer Fahrstraße im höhergelegenen Ortsteil von Żórawie; hier wenden wir uns nach rechts. Nach etwa 150 m halten wir uns an der Weggabelung erneut rechts (Wegweiser »Żórawie 30-33«) und gehen leicht ansteigend aus der Siedlung hinaus. Wir bleiben nun auf diesem Weg, der sich von seiner höchsten Stelle rasch wieder absenkt, eine weite Linkskurve beschreibt und die Siedlung **Żórawki ⑬** erreicht. Am ersten Abzweig biegen wir nach links in die Ulica Miodowa ein (geradeaus: → Variante). Wir passieren eine Kreuzung und biegen nach insgesamt etwa 650 m bei der zweiten Kreuzung rechts ab. Bald verlassen wir den Wald, und der

Weg heißt nun »Lipowa«. Wir kommen zur Querstraße Polna, gehen nach links und gleich nach rechts in die Kasztanowa (das Kohlekraftwerk ist nun schon unübersehbar) und hinab zur Staatsstraße 121. Wir gehen geradeaus über sie hinweg, nähern uns verschiedenen landwirtschaftlichen bzw. Industriebetrieben und halten uns an der ersten Gabelung links. Der Weg führt durch ein Wäldchen, macht vor einem Betrieb eine deutliche Linkswendung, passiert ein Wohnhaus und wir gelangen mit einigem Zickzack, stets am Waldrand entlang, zur Staatsstraße 31. Beim Eisenbahnhaltepunkt Dolna Odra überqueren wir die Bahnlinie und schlagen direkt danach den Asphaltweg nach rechts ein. Ab hier begleitet uns wieder die rote Markierung. Der Weg erreicht einen größeren Platz, vor uns liegt ein Wohnhaus, deutlich mit der Hausnummer 51 gekennzeichnet. Direkt rechts daneben bringt uns der rot markierte Weg in den Wald. Nach etwa 50 m folgen wir an einer Kreuzung Rot nach links, nach etwa 100 m liegt links vom markierten Weg der erwähnte »Krumme Wald« **Krzywy Las** ⓮. Wir gehen auf dem markierten Waldpfad weiter; nach etwa 250 m biegt er in spitzem Winkel nach rechts ab und trifft nach etwa 400 m geradeaus auf einen Querweg. Wir biegen links und gleich wieder rechts ab – die rote Markierung ist vorhanden, jedoch nicht auf Anhieb zu erkennen. Jetzt geht es knapp 700 m geradeaus durch den Wald zur **Zufahrtsstraße** ⓯ zum Kraftwerk aus Gryfino 31. Auf dieser wandern wir nach links in Richtung Gryfino und gehen etwa 50 m vor dem Ortsschild Gryfino nach rechts in Richtung einer Bahnunterführung. Wir unterqueren die Bahn, gehen danach nach rechts und mit einem Linksknick wandern wir zur Staatsstraße 3.

*Ein seltenes Naturphänomen: die verkrümmten Stämme im »Krummen Wald«.*

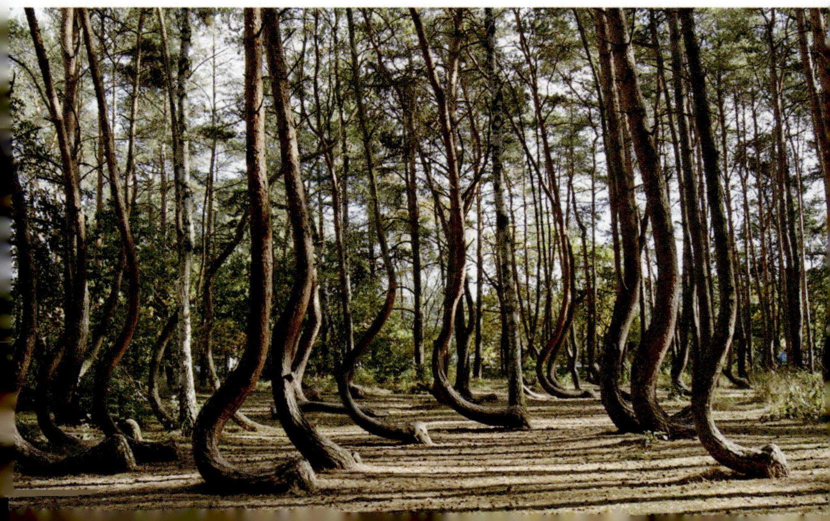

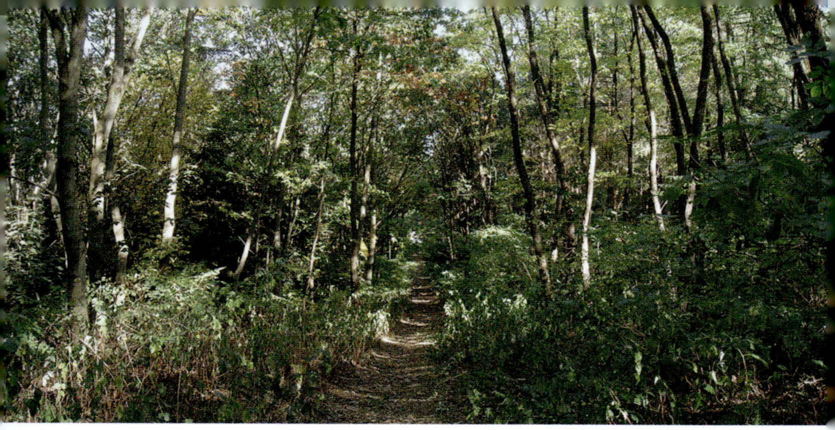

*In den Wälden zwischen Gryfino und Wełtyń.*

Wir folgen ihr nach links und wenden uns am Ortsendeschild von Żórawki nach rechts auf einen **Pflasterweg** 16, der jedoch bald zum Sandweg wird. An der ersten Gabelung halten wir uns links, dann macht der Weg einen kleinen Rechts-links-Schwenk. Gleich darauf kommen wir zu einer **Feldwegkreuzung** 17 mit einer allein stehenden Eiche. Wir gehen nach rechts und über einige Kurven bergauf, bis von links an einer Hecke, direkt aus den Randsiedlungen von Gryfino, ein weiterer **Feldweg** 18 herankommt. Wir folgen ihm in Richtung Gryfino, kommen zu zahlreichen Neubauten und treffen geradeaus (der Weg wird zur Straße Letnía) auf die Straße Armi Krajowej. Diese bringt uns nach links nach Gryfino hinein. An der großen Kreuzung gehen wir nach links über die Bahn und gleich nach rechts durch den Stadtpark, immer parallel zum Bahngleis, bis wir am entgegengesetzten Parkende wieder den Bahnhof von **Gryfino** 1 erreicht haben.

*Die 1913 erbaute Brücke über die Ostoder bei Gryfino.*

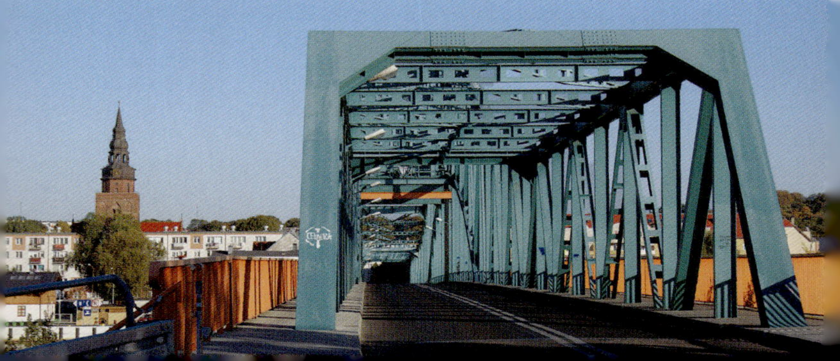

**4.15 h**

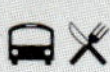

# Eine Tour bei Bobolín



## Abwechslungsreich: zwischen Stettin und der deutschen Grenze

*Der schmale Landstrich zwischen dem Westrand Stettins und der deutschen Grenze wird von Touristen so gut wie überhaupt nicht besucht. Die Wanderung durch diese Region bietet in ihrer Verknüpfung von einsamen Gefilden, neu erbauten Villenkolonien wohlsituierter Szczeciner und dem emsigen Treiben rund um den Grenzübergang Lubieszyn interessante Begegnungen mit Land und Leuten.*

**Ausgangspunkt:** Bobolín (Boblin), 60 m, Parkmöglichkeit an der Bushaltestelle bei der Kirche; ab Stettin Hbf. (Szczecin Głowny): mit der Straßenbahn 10 ab Plac Zawiszy 13 (300 m vom Bahnhof) bis zur Straße Kwiatowa 11, dort aussteigen, bis Kwiatowa 22 gehen, dort Bus 88 nach Warník, ca. 20 Min. bis Bobolín, Gesamtzeit ca. 1 Std.; von Berlin oder Angermünde nach Stettin mit RE 66 bzw. RB 66.
**Anforderungen:** Leichte, doch längere Wanderung überwiegend auf Feld- und Waldwegen, mit nur einem kleinen Anstieg zwischen Skarbimierzyce und Stobno.
**Einkehrmöglichkeiten:** Lubieszyn: Hotel-Restaurant Sens (etwa 500 m westlich des Wegs), Tel. +49 48 91 3118775, www.hotelsens.pl; McDonald's.
**Hinweis:** Von Bobolín bis Wąwelnica gehen wir auf einem in der Karte (Okolice Szczecina, 1:75.000, Verlag ExpressMap Polska) blau markierten Weg, jedoch ist in der Natur die blaue Markierung nur an wenigen Stellen angebracht und auch meist stark verwittert.
**Sehenswürdigkeit:** Der ehemalige Gutshof bei Skarbimierzyce wurde zu einer unkonventionellen Anlage mit Wohnungen, Büros und kleinen Läden umgewandelt, fast eine Art »Gated Community«, und nennt sich »Folwark Skarbimierz«, www.folwark-botanica.pl. Man sollte durchaus einen Blick hineinwerfen.

Von der Ortsmitte von **Bobolín ❶** gehen wir nordwärts zum Dorfende und biegen dort halblinks auf einen Feldweg ab. Eine blaue Markierung ist hier nur noch in geringen Resten an einem Baum erkennbar. Nach etwa 600 m überqueren wir eine für den motorisierten Verkehr nicht freigegebene Fahrstraße ins deutsche Schwennenz (2 km, sehenswerte Fachwerkkirche mit Feldsteinunterbau). Geradeaus und leicht bergab wandernd genießen wir herrliche Blicke über die pommerschen Lande dies- und jenseits der Grenze um Grambow. Dann passieren wir nach rechts einen kleinen Teich, unterqueren die Bahntrasse Pasewalk–Stettin und gelangen nach **Kościno ❷** (Köstin); sehenswert ist die kleine neoklassizistische weiße

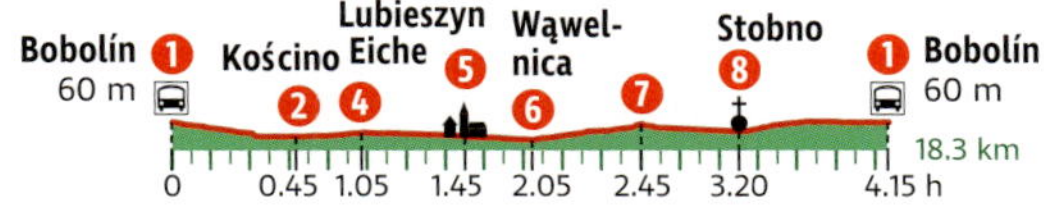

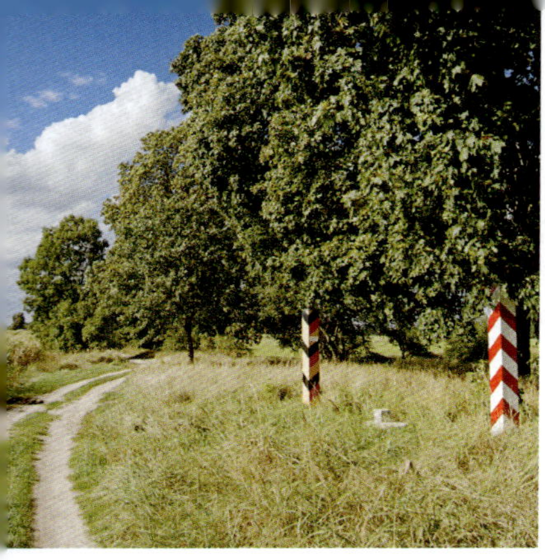

*Polnisch-deutsche Grenze bei Kościno.*

Dorfkirche am Ortseingang rechts (etwas zurückversetzt).
Der Weg wandelt sich zur Asphaltstraße und biegt in der Ortsmitte scharf rechts ab, wir gehen jedoch noch 400 m geradeaus bis zur **polnisch-deutschen Grenze** ❸. Hier lässt sich noch der einstige Kolonnenweg der polnischen Grenztruppen ausmachen – auch an den Grenzen zwischen den ehemaligen Bruderländern existierten solche Kontrollwege. Wir gehen zurück zur Dorfmitte, biegen links in die Hauptstraße ein und verlassen den Ort nordostwärts. Nach etwa 800 m (ab Dorfmitte) kommen wir rechts zu einer großen **Eiche** ❹ und schlagen hier nach links einen reizvollen Waldweg ein. Leider lässt sich die in den Karten eingezeichnete blaue Markierung für diesen Weg nirgendwo ausmachen. Wir wandern ein längeres Stück im leichten Auf und Ab geradeaus, der Wald wird bisweilen dichter, dann wieder aufgelichtet. Nach etwa knapp 2 km kommt von rechts ein Plattenweg von einem aufgelassenen Militärobjekt heran. Wir gehen weiter geradeaus, auch unser Weg ist jetzt mit Betonplatten befestigt. Nach gut 700 m erreichen wir in **Lubieszyn** ❺ (Neu Linken) die Staatsstraße 10 (500 m nach links: Restaurant Sens, 500 m weiter: Grenzübergang). Wir gehen nach rechts in Richtung Szczecin/Stettin, und wechseln bei dem großen Tankstellengelände (mit McDonald's) auf die andere Straßenseite. In dessen nordöstlicher Ecke steht ein unübersehbarer Mobilfunksendemast, an dem wir am Waldrand wieder auf die blaue Markierung stoßen. Wir gehen mit ihr auf einem Feldweg ostwärts, vorbei an neu entstehenden Siedlungen, nach **Wąwelnica** ❻ (Wamlitz) hinein.
An der Kirche überqueren wir die Straße aus Doluje und verlassen die blaue Markierung. Wir gehen geradeaus weiter, der Weg wird schnell zum Wiesenpfad, ist jedoch gut begehbar. Er steigt gut 30 Höhenmeter an und ist am Schluss von einer Buschreihe gesäumt. Auf dem höchsten Punkt passieren wir einige Bienenstöcke (Vorsicht!) und erreichen die Asphaltstraße nach Skarbimierzyce. Von hier haben wir einen prächtigen Blick auf Stettin und seine westlichen Vororte. Wir gehen nach rechts und kommen am Ortseingang von Skarbimierzyce (Sparrenfelde) an den großen Wirtschaftsgebäuden des ehemaligen Gutshofs vorbei, zwischen denen das kleine, eigentliche Gutshaus fast übersehen wird. Am Haupteingang des **Folwark Skarbimierz** ❼ überqueren wir die Staatsstraße 10 und gehen leicht nach links versetzt auf einem Feldweg weiter. Er wird bald zu einem teils zuge-

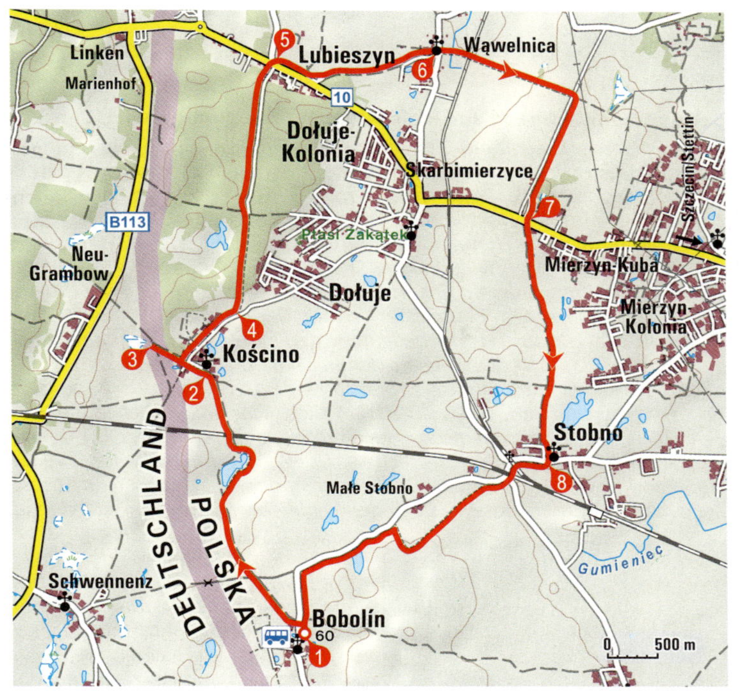


wachsenen Wiesenweg und kreuzt einen breiten unbefestigten Weg. Wir gehen geradeaus (ein kleines Stück rechts versetzt) auf dem Wiesenpfad nach **Stobno** 8 (Stöven). Hier gelangen wir bei der sehenswerten Feldsteinkirche (16. Jh.) auf eine weitere Straße nach Szczecin. Wir gehen auf ihr nach rechts zum Ortsende, queren ein stillgelegtes Bahngleis, wenden uns nach links, kreuzen sogleich ein weiteres Bahngleis (nicht stillgelegt) und folgen danach der Asphaltstraße in Richtung Bobolín nach rechts. Knapp 250 m weiter biegen wir nach links in einen leicht ansteigenden Feldweg ein und gehen etwa 1 km geradeaus auf einen Hügel empor. Hier wendet sich der Weg scharf nach rechts zurück zur Asphaltstraße (der in den Karten eingezeichnete Verbindungsweg südwärts zum eigentlich sehr reizvollen Feldweg Bedargowo–Bobolín existiert nicht). Bei den wenigen Häusern von Male Stobno schlagen wir die Asphaltstraße links ein. Bei der Kreuzung nach etwa 1 km biegen wir nach links ab (geradeaus: Schwennenz) und kehren zurück zu unserem Ausgangspunkt in **Bobolín** 1.

↗ 50 m | ↘ 50 m | 10.9 km

# 52 Stettin (Szczecin)

2.30 h

**Geruhsamer Rundgang durch die alte und neue pommersche Kapitale**

*Szczecin (Stettin) ist mit 410 000 Einwohnern Polens siebtgrößte Stadt und Verwaltungssitz der Wojwodschaft Westpommern (polnisch »województwo zachodniopomorskie«). Polen ist in 16 solcher Wojwodschaften gegliedert. Die Stadt, die bis 1945 Stettin hieß, entstand im späten 12. Jh. Im Jahr 1278 wurde sie Mitglied der Hanse, 1309 pommersche Residenzstadt. Stettin und das Pommerland fielen während des Dreißigjährigen Kriegs an Schweden. 1713 besetzte Preußenkönig Friedrich Wilhelm I. die Stadt und erwarb sie 1720 käuflich. Unter dem Baumeister Gerhard Cornelius von Walrave (1692–1773) wurde Stettin zu einer der bedeutendsten preußischen Festungen ausgebaut. Als 1815 nach dem Wiener Kongress die preußische Provinz Pommern entstanden war, avancierte Stettin zu deren Hauptstadt. Im August 1944 wurde die Altstadt zu 90 % zerstört. Glücklicherweise blieben die großen Gründerzeit- und Villenviertel größtenteils unbeschädigt. Obwohl der größte Teil des Stadtgebiets westlich der Oder liegt, kam die Stadt 1946 an Polen und heißt seither Szczecin. Als Hafenstadt war Szczecin eine höchst bedeutsame Rolle zugedacht. Doch der Wiederaufbau kam nur schleppend voran, da Stettin für die polnische Identität nur eine geringe Rolle spielte. Erst um das Jahr 2000 begann man mit der Restaurierung der Altstadt. Polens Eintritt in die EU 2004 und Stettins Nähe zu Berlin bewirkten ein immenses Aufblühen. Der Großraum Szczecin mit insgesamt etwa 700 000 Bewohnern zählt zu den attraktivsten und beliebtesten Lebensräumen in Polen. Die Kombination aus wiederentstandenen historischen Bauwerken (Hakenterrasse, Schloss, St.-Jakobi-Kirche etc.) mit den prachtvollen Gründerzeitvierteln und den modernen Büro- und Ladenkonstruktionen aus Glas und Beton schuf ein eindrucksvolles Stadtbild, dessen Wirkung sich der Besucher kaum entziehen kann.*

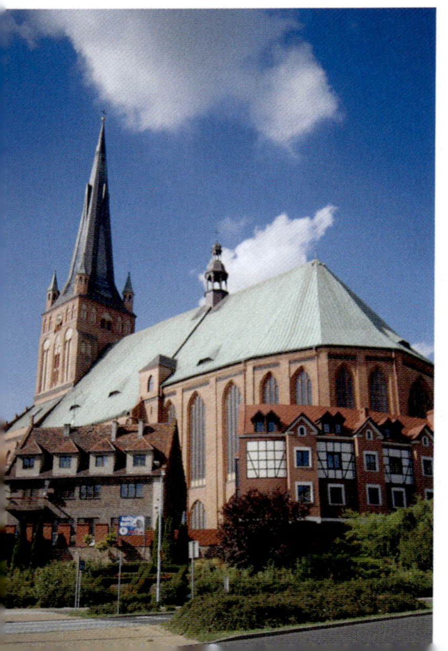

*Jakobikirche in Stettin.*

**Ausgangspunkt:** Szczecin (Stettin), 6 m, Hauptbahnhof: von Berlin oder Angermünde mit RE 66 bzw. RB 66.
**Anforderungen:** Abwechslungsreicher, jedoch längerer Stadtspaziergang ausschließlich auf befestigten Wegen mit einigen wenigen etwas steileren Abschnitten.
**Einkehrmöglichkeiten:** An der Hakenterrasse (Wały Chrobrego): z. B. Fischrestaurant Columbus, Tel. +48 91 4893401, Brauereischänke Chrobry Pub, Tel. +48 506011075 und Steakhaus Colorado, Tel. + 48 91 4881921, alle drei unter www.walychrobrego.com; sehr gut auch das Restaurantschiff Ladoga (direkt unterhalb der Hakenterrasse), Tel. +48 91 4345700, www.ladoga.pl; zahlreiche Lokale am Heumarkt (Rynek Sienny, bzw. Sienna).
**Sehenswürdigkeiten:** Schloss der pommerschen Herzöge (mit Stadtmuseum), St.-Jakobi-Kirche, Berliner Tor, Königstor, Altes Rathaus (alle Punkte werden auf der Wanderung berührt), Nationalmuseum Stettin (Muzeum Narodowe w Szczecinie).
**Hinweis:** Die vorliegende Tour und ihre Beschreibung kann und will eine eigene Stadtführung nicht ersetzen.

Vom **Hauptbahnhof von Szczecin** ❶ gehen wir etwa 200 m nordostwärts bis zum Kreisverkehr unter einer Eisenbahnbrücke. Hier biegen wir links in die Nowa ein, die gleich etwas ansteigt (rechts das markante Gebäude der Hauptpost). Unterhalb des repräsentativen roten Backsteingebäudes der Schifffahrtsverwaltung (bis 1945 Neues Rathaus) gehen wir nach rechts bis zur Dworcowa und geradeaus auf das weiße Gebäude mit seinem jugendstilartigen Turm zu, das heute eine medizinische Hochschule ist und vor 1945 Dienststellen der Stadtverwaltung beherbergte. Hier erreichen wir die Rybacka, gehen auf ihr über die Podgorna und auf einer Fußgängerbrücke über die breite Stefana Wyszynskiego bis zur gewaltig aufragenden gotischen **Kirche St. Jakobi** ❷. Ihr 111 m hoher Turm wurde nach den schweren Kriegszerstörungen des Gotteshauses erst 2009 wieder aufgesetzt. Der Blick von der Aussichtsplattform ist überwältigend.
Von der Kirche gehen wir über die Grodzka zum pl. Orła Białego (Platz des Weißen Adlers, vor 1945 Roßmarkt). Der Brunnen auf diesem Platz stammt von 1732 und wurde für die Wasserversorgung der Stadt erbaut. Er war durch unterirdische Holzrohre mit den gut 8 km südlich der Stadt liegenden Hügeln verbunden, von denen Quellwasser herangeführt wurde. Der preußische schwarze Adler wurde nach 1945 durch einen weißen polnischen Adler ersetzt.
Wir gehen zurück zur Grodzka, biegen rechts ein und gehen an der Hauptfeuerwache vorbei weiter zu einer großen Kreuzung, dem pl. Brama Portowa. Nach rechts führt die Al. Niepodległości (bis 1945: Paradeplatz) mit dem markanten Gebäude der alten Oberpostdirektion an der linken Seite.

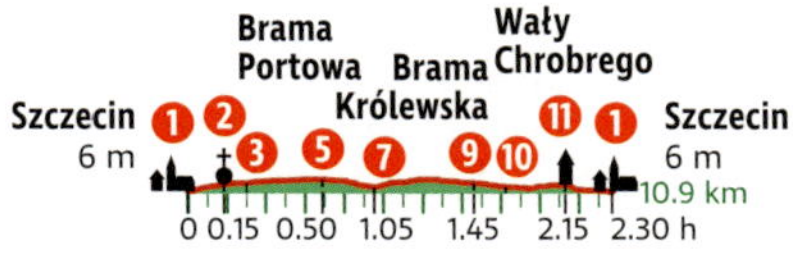

*Am wiederaufgebauten Heumarkt (Rynek Sienny), dem ehemaligen Marktplatz von Stettins Altstadt. Links das Alte Rathaus.*

In der Mitte des Platzes steht das beeindruckende ehemalige Berliner Tor, polnisch **Brama Portowa** ❸ (Hafentor), eines der wenigen Relikte der alten Festungsanlagen. Wir gehen rechts am Tor vorbei in Richtung pl. Zwycięsta, links steht in dessen Mitte die neugotische Adalbertskirche (ehem. Bugenhagenkirche) und rechts kommen wir zur ungewöhnlichen Herz-Jesu-Kirche (ehem. Garnisonkirche). Sie entstand 1919 als erstes deutsches in Beton und Stahlbeton errichtetes Gotteshaus. Nach ihr biegen wir nach rechts in die Więckowskiego ein, gehen am ehemaligen Garnisonsfriedhof vorbei (hier befand sich das Grab des im 19. Jh. so populären Generals »Papa« Wrangel), gehen weiter an der Śląska entlang, bis wir links in die Jagiellonska einbiegen. Jetzt sind wir mittendrin im Gründerzeitviertel.
Schnell kommen wir über die Jagiellonska zur Monte Cassino und gehen hier nach rechts bis zum **pl. Ogrodzenia** ❹, einst Friedrich-Karl-Platz. Wir gehen geradeaus über den Platz hinweg bis zur Wielkopolska. Hier biegen wir nach rechts ab und kommen bald zur Al. Papieża Jana Pawła II. (Straße des Papstes Johannes Paul II., vor 1945 Kaiser-Wilhelm-Str.), sicherlich auch heute eine der repräsentativsten Straßen der Stadt. Wir folgen ihr nach links, das Straßenende wird von dem prächtigen eklektizistischen, 1927 erbauten Landeshaus eingenommen. Bis 1945 beherbergte es Dienststellen der Provinzialverwaltung, seit 1946 ist es **Rathaus** ❺. Wir gehen auf der linken der beiden Gebäudedurchfahrten hindurch und kommen zur großen, 400 m langen Grünanlage Jasne Błonia (Quistorp-Aue), die von stimmungsvollen Platanenalleen eingerahmt wird. Die ganze Ecke um Rathaus und Grünanlage ist der Treffpunkt der alten und neuen Stettiner am Wochenende. Unser Weg führt durch die Grünanlage zu einem Denkmal

Johannes Pauls II. und weiter bis an das andere Ende dieser prächtigen Wiese. Wir queren die Piotra Skargi (Roonstraße) und erreichen über die Juliana Fałata das **»Denkmal der polnischen Heldentaten«** 6 von 1979. Hinter dem Denkmal erstreckt sich der Park Kasprowicza (Quistorp-Park); wir gehen halbrechts hinab zum idyllischen schmalen, lang gezogenen Jezioro Rusałka (Westendsee) und überqueren ihn auf einem Brückchen. Dann biegen wir rechts in die an der Nordseite mit hübschen Bürgerhäusern gesäumte Słowackiego (Mühlenstraße) ein, passieren die von links

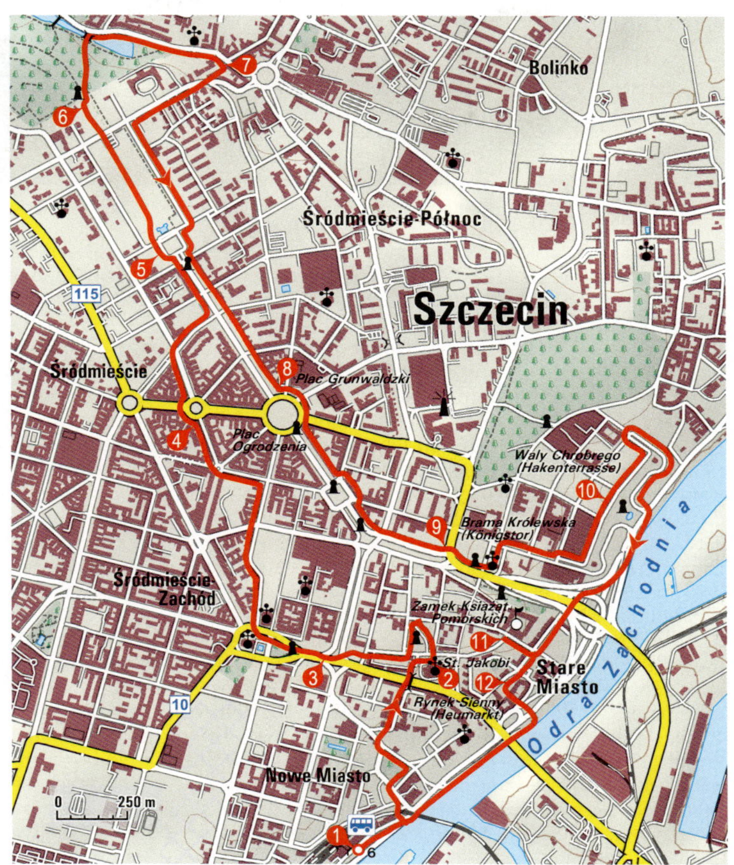

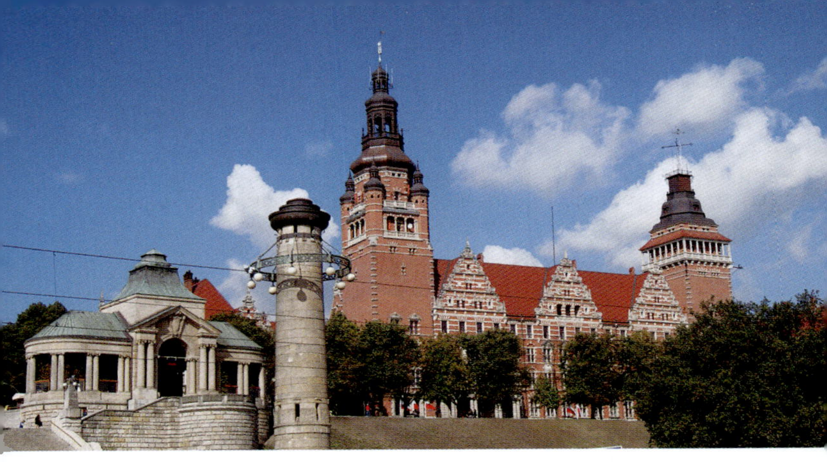

*Lustpavillon mit Restaurant und Nationalmuseum an der vormaligen Hakenterrasse.*

kommende Krasińskiego und gehen noch vor dem großen Kreisverkehr nach rechts in die schmale **Zaciszna** 7, die in die Piotra Skargi einmündet. Auf dieser gehen wir leicht ansteigend westwärts vorbei am Militärhospital von 1931, einst Landesfrauenklinik.

Bald stehen wir wieder an der Quistorp-Aue und gehen nun nach links über die Moniuszki entlang der Platanenallee in Richtung Rathaus und unter dem Gebäude nun an der Ostseite hindurch. Wir befinden uns wieder auf der Al. Papieża Jana Pawła II. und wandern auf deren Ostseite entlang reizvoller Bürgerhäuser aus den Jahren um 1900 bis zum größten der runden Verkehrsknotenpunkte im Gründerzeitviertel, dem **pl. Grunwaldzki** 8, vormals Kaiser-Wilhelm-Platz. Wir gehen geradeaus weiter und gelangen zu einem quadratischen Platz, dem pl. Lotników (Platz der Flieger, bzw. Augustaplatz). Weiter geradeaus erreichen wir eine der größten Kreuzungen der Innenstadt, den pl. Żolnierza Polskiego (Platz des polnischen Soldaten). Von links kommt hier die Al. Wyzwolenia mit ihren riesigen Einkaufszentren, Multikinos und Geschäftshäusern aus Glas heran. Wir gehen über die Kreuzung halblinks weiter, vorbei an der ehemaligen Sparkasse von Stettin (heute Bezirksgericht) – dieser Teil des erwähnten pl. Żolnierza Polskiego mit Grünstreifen in der Mitte ist der ehemalige Königsplatz – und kommen zum barocken Königstor, **Brama Królewska** 9, dem östlichen Ausgangstor der preußischen Festung Stettin. Rechts vor uns erscheint in einiger Entfernung das Schloss der Pommernherzöge (Zamek Książąt Pomorskich). Wir bleiben auf dieser Straßenseite, passieren eine große Freifläche, die besonders Skateboarder nutzen, und hinter der links das neue, architektonisch eigenwillige Gebäude der Philharmonie steht. Dann gehen wir an der kleinen Peter-und-Pauls-Kirche mit ihren individuellen Reliefköp-

fen aus dem Mittelalter vorbei, biegen aber gleich nach ihr nach links ab (pl. Świętych Piotra i Pawla), gehen auf die Polizeidirektion zu und biegen gleich nach rechts in die Malopolska ab. Die Straße senkt sich zur Oder hinab und wir gehen in die zweite Straße nach links, die Jarowlita, und gleich wieder nach rechts und kommen auf die berühmte Hakenterrasse, heute **Wały Chrobrego** ⑩ genannt (wörtlich übersetzt: »Chrobry-Wälle«), mit ihren eindrucksvollen Repräsentationsgebäuden. Sie erhielt ihren Namen nach dem Bürgermeister Hermann Haken, unter dem von 1910 bis 1914 auf den Resten der Festungswälle diese Anlage entstand. Die Polen sprechen übrigens oft auch von der Hakenterrasse und nicht nur von den Wały Chrobrego. Erstes Gebäude an der Hakenterrasse, das wir passieren, ist die Seefahrtsschule (ehemals Finanzamt), ihr schließt sich das Nationalmuseum (vormals Pommersches Landesmuseum) mit seinem 54 m hohen Kuppelbau an, schließlich erreicht man den Sitz der Wojwodschaftsverwaltung (ehemalige Provinzialregierung), ein beeindruckender Bau in niederländischer Neorenaissance. Vor dem Museum führen Treppen neben zwei Aussichtspavillons hinab zur Oderstraße.
Wir gehen bis zum Ende der Hakenterrasse, dann über die Fahrstraße hinab zur Oder und wandern von dort südwestwärts, unter der eigenartigen Konstruktion der Auf- und Abfahrten der Stadtautobahn hindurch über die Panieńska in die eigentliche Altstadt. Deren Wiederaufbau wird aber, wie die Gegend zeigt, noch lange nicht abgeschlossen sein. Links steht, gleich unterhalb des Schlosses, der Siebenmantelturm. Er ist das letzte Relikt der Stadtbefestigung. An ihm geht es vorbei bis zur Kusnierska, wo wir nach rechts kurz zum Herzogsschloss **Zamek Książąt Pomorskich** ⑪ emporsteigen und im großen Innenhof die berühmte Uhr bestaunen. Das Schloss, das gegen 1600 seine Form erhalten hatte, wurde 1944 schwer zerstört und dann wiederaufgebaut. Wir gehen wieder hinab zur Panieńska und rechts bis zum Heumarkt, **Rynek Sienny** ⑫, dem einstigen Marktplatz der Altstadt, der seit 2000 in teils originalgetreuer Form wiederentstanden ist. Hier befindet sich auch das gotische Alte Rathaus. Vom Heumarkt aus gehen wir an die Uferstraße, überqueren diese und wandern direkt am Fluss entlang auf einer schönen, erst vor Kurzem vollendeten Promenade südwestwärts bis zum **Hauptbahnhof von Szczecin** ①.

*Blick auf die wiederaufgebaute Stettiner Altstadt und das Schloss.*

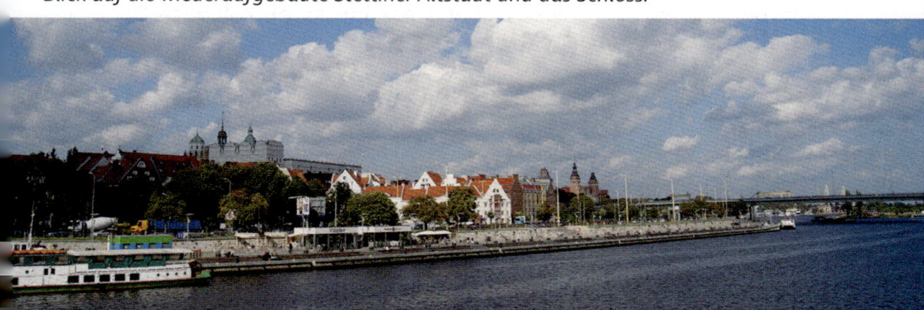

# STICHWORTVERZEICHNIS

Umschlagbild: Sommerstille bei Augustfelde (Tour 20).
Bild Seite 1: Frühlingslandschaft östlich von Warnitz (Tour 27).

Alle Fotos vom Autor.

Kartografie:
52 Wanderkärtchen im Maßstab 1:25.000 / 1:50.000 / 1:75.000
Geodaten © OpenStreetMap und Mitwirkende,
kartografisches Design: Freytag & Berndt Prag, www.freytagberndt.com
sowie 2 Übersichtskärtchen im Maßstab 1:500.000 und 1:250.000
© Freytag & Berndt, Wien



2., vollständig überarbeitete und erweiterte Auflage 2021

ISBN 978-3-7633-4497-0

FSC www.fsc.org
MIX
Papier aus verantwortungsvollen Quellen
FSC® C021956

Wir freuen uns über jeden Korrekturhinweis zu diesem Wanderführer!
**Bitte per E-Mail an: leserzuschrift@rother.de**

**ROTHER BERGVERLAG** · Keltenring 17 · D-82041 Oberhaching
Tel. +49 89 608669-0 · www.rother.de